西部地区旅游资源开发与城镇化建设研究

陈绍友　朱　平　田　洪　著

科学出版社
北　京

内 容 简 介

基于旅游业发展和城镇化建设是西部地区发展的两大抓手且旅游与城镇存在着多方面良性互动的背景，在旅游资源开发与城镇化建设互动发展的理性认识基础上，建构西部地区旅游资源开发与城镇化建设互动发展的基本框架；在审视西部地区城镇化发展和旅游业发展基础上，形成互动发展的战略格局；从传统旅游资源、文化旅游资源、产业旅游资源展开具体的互动发展路径和时间演变，提出互动发展的保障措施。

本书适合于旅游管理、城镇建设的专业人士、理论研究者和政府管理人员阅读；也可供相关领域的学术界与业界人士参考。

图书在版编目(CIP)数据

西部地区旅游资源开发与城镇化建设研究 / 陈绍友, 朱平, 田洪著. — 北京：科学出版社, 2021.5

ISBN 978-7-03-068715-9

Ⅰ. ①西… Ⅱ. ①陈… ②朱… ③田… Ⅲ. ①区域旅游-旅游资源开发-关系-城市化-建设-研究-中国 Ⅳ. ①F592.7②F299.27

中国版本图书馆 CIP 数据核字（2021）第 080778 号

责任编辑：叶苏苏 / 责任校对：杨 赛
责任印制：罗 科 / 封面设计：墨创文化

科学出版社出版
北京东黄城根北街16号
邮政编码：100717
http://www.sciencep.com

四川煤田地质制图印刷厂印刷
科学出版社发行 各地新华书店经销

*

2021年5月第 一 版 开本：B5（720×1000）
2021年5月第一次印刷 印张：13
字数：262 000

定价：139.00 元

（如有印装质量问题，我社负责调换）

前　言

基于旅游业是西部地区的战略性产业、西部地区需要加快城镇化建设，且旅游城镇化是城镇建设与优化发展的一种重要模式，旅游与城镇存在着多方面的良性互动，本书对西部地区旅游资源开发与城镇化建设展开了深入研究。在“一带一路”倡议引领下和中国进入“新常态”的时代背景中，本书的研究具有积极的实践意义和良好的理论价值。

本书沿着理论基础—发展背景—路径展开—保障措施的研究思路共形成了 4 篇 10 章，其中，理论基础篇(第 1～2 章)是对选题背景、研究对象、研究思路的说明和国内外文献的综述，基于发展内涵框架的梳理与城镇化建设、旅游业发展的理论基础，建构西部地区旅游资源开发与城镇化建设的基本框架。发展背景篇(第 3～4 章)为西部地区城镇化和旅游业的发展审视，这是西部地区旅游资源开发与城镇化建设及其互动路径展开的基础。路径展开篇(第 5～9 章)，在明确西部地区旅游资源开发与城镇化建设的总体格局思路(第 5 章)后，从传统旅游资源开发与城镇化建设(第 6 章)、文化旅游资源开发与城镇化建设(第 7 章)和产业旅游资源开发与城镇化建设(第 8 章)三个角度来展开西部地区旅游资源开发与城镇化建设的路径研究，进一步论述了旅游资源开发与城镇化建设的时间演变(第 9 章)。保障措施篇(第 10 章)包括西部旅游资源开发与城镇化建设的体制机制保障、旅游收益惠及当地居民机制、旅游可持续发展机制等宏观保障措施，这是各个具体路径推进措施基础上的总体设计引导；在总结本书研究成果的基础上，进一步指出西部地区的探索，可能形成新的认识、新的经验与启示。

本书的核心是西部地区旅游资源开发与城镇化建设的实施路径框架及其展开。其中，“路径框架”及“战略格局”是创新性研究，可以为西部地区旅游资源开发发展与城镇化建设实践探索提供理论基础和宏观指导；民族文化资源旅游开发与城镇化建设是西部地区的优势特色，本书论述了民族餐饮、民族服饰、民族节庆、民族工艺品等单品类旅游开发和旅游演艺的整合旅游开发，形成了较为系统的民族文化旅游开发框架路径，具有良好的创新性和实践指导性；关于西部地区旅游资源开发与城镇化建设的总体格局思路、发展，以及旅游景区城镇化、产业旅游资源开发与城镇化、旅游与城镇互动的时间演变等研究，是在前人研究基础上结合西部地区的实际而展开的，具有一定程度的创新。

同时，本书还形成了如下三个方面的基础理论创新：一是经济发展的路径框架。应当从发展内容优化与空间格局安排及二者的联动三个角度展开经济建设与发展，特别是将“空间安排”引入，是对主流经济学忽视“空间”的有效弥补。二是城镇化发展的系统内涵，包括经济社会发展、地理空间变化、城镇居民个体进步、城镇建设推进力量等四个方面的系统内涵。三是旅游已经成为推动经济社会发展的重要路径，应当将旅游与政府的发展路径有机结合，这是应实践发展需要的创新，对现实发展具有积极的启示意义。

此外，本书还在前人研究基础上形成了如下四个方面的整合性创新：一是关于旅游资源内涵与旅游发展功能的拓展；二是关于旅游与城镇化互动发展的内在逻辑；三是关于西部旅游发展的宏观审视与创新路径；四是关于旅游收益惠及当地居民机制。

本书的研究成果，是项目组成员精诚协作、深入探索的结果；是西部地区及东中部相关地区的人员对调查走访热心配合、大力支持的结果；是查阅、借鉴众多的相关文献的结果。衷心感谢调查走访地的众多领导、企业家及普通员工，衷心感谢相关专家学者的前期研究及对本书研究提出指导意见的人员。

特别感谢本书成果的鉴定专家，您的评审意见对本书成果的改进有很大帮助，本书作者对您致以由衷的敬意与谢意！

目　录

※ 理论基础篇 ※

※ 发展背景篇 ※

※ 路径展开篇 ※

※ 保障措施篇 ※

※ 理论基础篇 ※

研究西部地区旅游资源开发与城镇化的互动，是在“发展内涵基本共识”的梳理基础上进一步明确旅游和城镇化是促进发展的两大重要抓手、旅游与城镇化良性互动在国内外均呈现出良好的态势等背景认识后展开的。基于国内外学者对旅游城镇化研究的文献回顾，建构西部地区旅游资源开发与城镇化建设的路径框架，包括宏观、中观、微观三个层面和传统旅游资源、文化旅游资源、产业旅游资源三个角度，其中，中观层面又分为景区(含古村镇)、郊区、城镇三个空间形态。此框架是本书的核心与基石。

1 旅游资源开发与城镇化建设的理性认识

西部地区旅游资源开发与城镇化建设研究，是在旅游资源开发与城镇化建设基础上展开的，需要首先明晰旅游资源开发与城镇化建设的理论机理。本章从发展的基本共识推及旅游与城镇化互动发展的时代意义，进而明确旅游资源开发与城镇化建设的战略选择；通过实践探索回顾与理论研究总结，进行旅游资源开发与城镇化建设的内在机理论述，形成旅游资源开发与城镇化建设的理论总结。

1.1 发展、旅游发展与城镇化

1.1.1 发展及其内涵扩展与基本共识

发展是人类社会永恒的主题。从古到今，基于人类自身的“生存需要”渐次推及“发展需要”和“享受需要”，人类社会开启了日益丰富多彩的发展实践探索，发展的内容也日益复杂多样；从世界到国家、地区，从社会到家庭、个人，发展均是一个需要在众多内容中做出有效选择与持续推进的系统过程；发展问题成为从个人到社会、从微观到宏观都需要积极参与、共同探索的大问题。1986年12月联合国大会第41/128号决议通过的《发展权利宣言》指出：“发展是经济、社会、文化和政治的全面进程，其目的是在全体人民和所有个人积极、自由和有意义地参与发展及其带来的利益的公平分配的基础上，不断改善全体人民和所有个人的福利。”[1]伴随着发展实践的探索创新，人类已经越来越清晰地认识到：发展，是从无到有、从小到大、从点到面、从少到多、从简单到复杂的规模扩张和从混沌蒙昧、杂乱丛生到开放相容、传承整合再到特色优势彰显、个性多样共生的结构优化及从低级到高级、从旧质到新质、从单调到多元的水平提升的系统变化过程[2]。

国际社会从20世纪五六十年代开始进入“发展的时代”[3]，世界各国各地区都在积极探索发展创新。改革开放后的中国，围绕着“以经济建设为中心”展开了中国发展的积极探索，在不断化解日益多样的发展实践问题中实现了中国发展水平的快速提升。今天的中国，需要面对经济、政治、文化、社会、生态等复杂多样的发展内容，需要统筹市场化、国际化、工业化、城镇化、信息化等复杂多样的发展任务，需要自下而上“摸着石头过河”的实践探索创新与自上而下“加强顶层设计”的宏观指导。

面对纷繁复杂的发展内容，寻求合适的发展路径，是每一个国家和地区都要时刻探究的问题。其中，如下四个方面是新常态时期中国发展的共识。

1）经济发展是一切发展的根本

一个国家或地区的发展，首先是从经济建设与发展开始的，没有经济发展，其他发展难以展开和持续；改革开放以来坚持“以经济建设为中心”，带动了中国的快速崛起。一方面，经济建设引领着发展，带动影响经济建设与生产力发展的社会、政治、文化及生态的变革与创新；另一方面，当经济建设与发展达到一定的水平时，相应的社会、政治、文化及生态可能成为经济建设的障碍因素而凸显成为一定时期的发展主题，变革创新发展以后，经济建设再次焕发生机与活力，并进一步引领社会、政治、文化、生态的建设与发展。

2）经济发展内容具体要求

经济发展表现为三个内容的渐次叠加与相互交织：一是经济发展内容的不断拓展，包括新的行业产业部门的新生(从农业到工业到服务业)与原有行业产业部门的创新(如农业部门自身创新发展形成的观光农业、采摘农业、休闲农业)两条路径；二是经济发展结构的不断优化与升级，这是经济发展内容不断拓展及复杂多样过程中必须面对的问题；三是经济发展优势的形成与提升，表现为特色产业、优势产业的培育与发展及其集聚发展，这是经济全球化及区域经济一体化和市场机制起决定作用的时代要求。三个内容的叠加与交织，表现在区域经济发展，要在综合研究各种动力因素与阻力因素基础上，处理好经济发展内容结构的“一般”与“特色”关系，“特色”面向国内及国际大市场的竞争格局而培育和彰显区域特色产业与优势产业，其基础是满足区域内居民生存、发展的“一般需要”的经济供给，最初各地区通常都需要发展第一、第二、第三产业及产业内相关行业部门；随着区域经济一体化和经济全球化的发展及交通通信的快捷，“经济空间距离”被压缩，特定地区可能放弃某些“一般内容”而凸显“特色内容”，区域经济发展的“特色度”(专业化度)提高。

3）经济发展要注重“内容”与“空间”的有机结合

首先，要充分认识与高度重视“空间”的经济意义。特定的空间地域是特定的经济活动的起始点与落脚点，特定空间的经济建设与发展总是从特定空间的具体条件出发，发挥条件优势、规避条件短板；符合特定空间条件的经济建设获得持续发展，进一步彰显特定空间条件；违背特定空间条件的经济发展内容安排，导致经济建设与发展的失败，形成经济空间的紊乱与空间结构的失配，反过来进一步阻碍经济发展。因此，经济建设与发展“内容”与“空间”的配合，是经济发展的本源含义(图 1-1)。

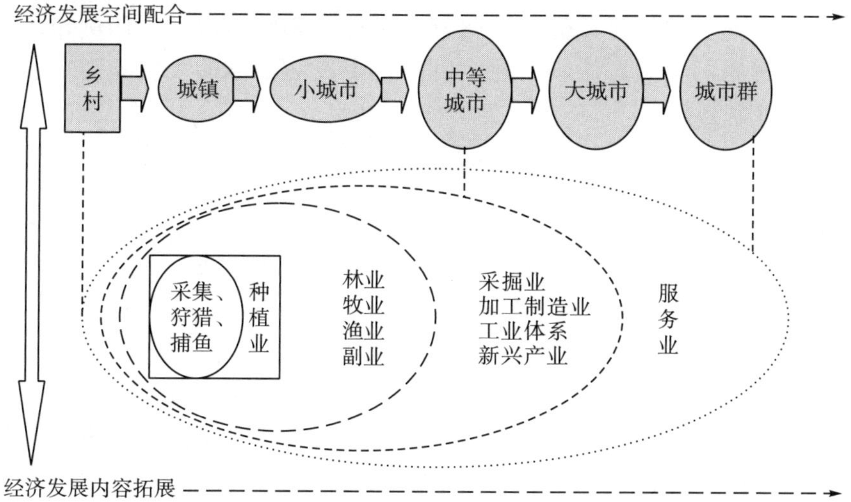

图 1-1　经济发展的内容拓展与空间展开

当今世界，“空间失配”的普遍存在，诸如美国的黑种人居住地与工作地的失配[4]、中国近年来城镇新区形成“空城”“鬼城”等，反映了人类对“经济建设发展需要‘内容’与‘空间’配合”的本源含义的认识不足，“空间的生产”作为一种新的判断视角与理论方法，需要人们越来越多地认识接受和实践探索[5]。这是未来经济发展需要时刻警醒和重视的大问题。

其次，要处理好三种基本的经济空间关系，一是宏观上的区域协调，如我国从沿海地区优先发展到西部大开发、中部崛起、东北振兴的四大板块战略安排到京津冀协同发展、长江经济带发展、“一带一路”建设三大区域经济发展新布局，这是国家层面的空间协调发展；二是中观上的区域协调，从国家和省级层面将国土空间划分为优化开发、重点开发、限制开发和禁止开发四类主体功能区，各自发展侧重不同；三是微观上的区域协调，主要是城乡协调发展，既要通过城镇化建设发展来带动区域经济发展，实现现代城市文明的发展壮大，又要实现优秀乡村文明的传承与创新，让乡村文明与城市文明和谐共生。

最后，要着力经济发展内容与空间的联动。主要是处理好经济发展的“一般内容”与“特色内容”在不同范围空间里的结构关系。一是经济发展的共性内容在什么尺度的空间上呈现，如“菜篮子市长负责制”“米袋子省长负责制”反映了蔬菜副食品生产供应的城市趋同性与粮食生产供应的省区趋同性，在经济一体化空间拉大和市场流通地区阻隔减弱的潮流中，这种责任制与趋同性又将呈现出不同程度的变化；二是经济发展的特色内容在什么尺度的空间上呈现，其特色产业、优势产业是在本地市场、地区市场、区域市场还是在国内市场、国际市场上显现其特色与优势，这是一个值得探索的问题。例如，“乡村旅游”

一般是本地市场上的优势，但发展得好也可能成为国内市场、国际市场上的优势与特色，例如，美国、法国、意大利等许多发达国家的乡村旅游、农业旅游都能吸引全球游客。

4) 经济发展“背景因素”进入经济领域

随着经济社会发展的深入，以前作为经济发展的“背景因素”越来越多地进入经济发展的视角与领域，成为经济发展的新内容、新机遇、新引领。例如，当前经济发展的两个热点：文化经济发展与绿水青山开发——现代社会，文化因素、生态因素正在越来越明显地成为经济建设发展的内在因素，文化产业、生态经济正在成为经济发展的新方向、新亮点。文化与经济的关系，先后经历了对立论—割裂论—补充论—主体论—主导论的演变过程，在经过韦伯文化精神是影响和决定经济发展的重要因素、诺斯文化是隐性制度、舒尔茨文化是人力资本的发现与论述后，人们越来越清晰地认识到：文化是经济增长不可忽略的重要决定因素；文化成为一种资源、一种资本、一种生产力，文化产业正在蓬勃发展；文化资源逐渐成为推动经济发展的主导性力量，文化引领经济发展[6,7]。生态与经济的关系，过去“穷山恶水”是欠发达地区经济发展的障碍和桎梏，现在“穷山恶水”是“绿水青山”，在交通便捷、休闲需求蓬勃兴起的条件下，“绿水青山”就是“金山银山”，于是拥有了新的发展优势与发展机遇。

1.1.2　旅游促进发展已经成为普遍共识

在发展的众多内容选择中，旅游逐渐成为各地的共同选择。从消费的角度看，旅游是游山玩水、休闲度假。当普通老百姓都能外出旅游时，旅游成了人们的生活必需品，开发旅游资源、发展旅游经济便有了良好的市场基础和广阔的发展空间，于是，发展旅游成为现代社会各地发展的新路径、新手段、新工具，旅游具有“消费方式”与“发展工具”的两面性。

1) 旅游已经成为现代人的生活必需品，成为一种普遍的消费方式

旅游活动，古已有之，但古时的旅游是帝王将相、文人墨客等少数人的活动。第二次世界大战后，旅游才逐渐成为普通老百姓的消费内容和一种普遍的社会现象。这是因为，从 20 世纪 50 年代开始，全球经济增长促使大众阶层的收入增加、闲暇增多，加上生活节奏加快、环境恶化等，越来越多的普通老百姓产生越来越强烈的旅游需求；交通的发展、通信的进步，各种现代服务设施的建设与服务项目的开展等，形成了日益丰富的旅游供给。旅游供求的快速增长及其与旅游需求的良好对接，促使现代旅游产业快速发展，旅游人数快速增长。数据显示，1950～1960 年，全球旅游人数年均增长 10.6%，1960～1970 年增长 9.1%，1970 年全球

旅游人数达到 1.658 亿人次[8]；2018 年全球旅游总人次达到 121.0 亿人次，总人口 75.94 亿人，全球人均出游约 1.6 次[9]。

中国大众旅游是从 20 世纪 80 年代中期逐渐开始的，在 1995 年 5 月开始“周末双休”、1999 年国庆开始“7 天长假”后，富裕起来的中国人外出参加旅游活动的热情逐渐高涨起来。2000～2018 年，在入境旅游规模和收入分别增长约 0.7 倍和 6.83 倍的同时，国内旅游规模和收入分别增长 6.44 倍和 15.15 倍，出境旅游规模增长 12.64 倍(表 1-1)。目前，旅游已经成为中国国民的日常生活“必需品”，成为一种普遍的消费方式，越来越多的中国人走出去旅游观光、休闲度假，在双休日、节假日，各大景区、各大城市、城郊农村，大量的旅游者流动，成为中国一个独特的景象。

表 1-1　2000 年与 2018 年中国旅游发展比较

项目		2000 年	2018 年	2018 年/2000 年
入境旅游	规模/亿人次	0.83	1.41	1.70
	收入/亿美元	162.24	1271.03	7.83
国内旅游	规模/亿人次	7.44	55.39	7.44
	收入/亿元	3175.54	51278	16.15
出境旅游	规模/亿人次	0.11	1.50	13.64

资料来源：根据 2000 年、2018 年中国旅游业统计公报整理

2)旅游业发展已经成为各地发展的一种重要推动“工具”

在国外，从英国旅行商托马斯·库克(Thomas Cook，1808—1892)1841 年第一次组织团队旅游开启旅游经济运行，到 20 世纪 90 年代国际旅游收入占世界出口收入的比重达到 8.25%(超过石油出口的 6.5%、汽车出口的 5.6%、机电出口的 4.6%)，成为世界第一大产业[10]，世界各国越来越重视旅游业发展，当今世界，“旅游促进发展”已经成为大多数国家和地区的共识。在旅游活动已成为全球普遍现象和发展成为人类共同话语的背景下，旅游业成为“发展的工具”[11,12]。美国、法国、西班牙等发达国家都把大力发展旅游业作为重要战略，日本更是响亮地提出了“观光立国”战略，韩国也提出了“全体国民观光职业化，全部国土观光资源化，观光设施国际标准化”的口号[13]。

旅游业从入境旅游优先发展，到国内旅游蓬勃兴起，再到国内旅游、入境旅游、出境旅游三足鼎立的发展阶段，目前旅游已成为中国人的生活必需品，成为一种普遍的消费方式。旅游资源开发有了日益广阔的市场基础，国内旅游有了良好的发展前景，中国旅游业日渐完善、快速发展，40 多年中国的快速发展时期也是中国旅游业的蓬勃发展时期。同时，旅游业展现出多方面的积极效应，进一步促使各地更加重视旅游开发与旅游发展。2009 年 12 月国务院出台了《关于加快发展旅游业的意

见》，更是从国家层面提出把旅游业培育成国民经济的战略性支柱产业和人民群众更加满意的现代服务业，中国旅游业进入到一个全新的历史发展阶段。目前，全国绝大多数省区市都提出建设“旅游大省”“旅游强市”的目标，绝大多数地市县都期望通过旅游开发来促进本地经济社会的全面发展。旅游业发展已经成为各地推动发展的重要选择，成为一种发展“工具”，各地旅游开发呈现出百花齐放的良好态势，推动各地发展呈现出欣欣向荣的喜人局面。

1.1.3　城镇化是中国发展的重大战略

在发展的空间优化中，城镇化成为各国共同着力的重大战略。历史已经充分证明，城镇化是人类经济社会发展的客观要求和必然趋势，是现代化的必然产物和综合标志，是一个国家或地区的经济社会快速发展的原动力和必要手段。在中国，城镇化曾经带来了现代化发展的巨大成就，目前依然是“新常态”发展的大战略。

1) 中国城镇化正在快速推进

一方面，这是世界城镇化的规律与经验给予我们的启示。一是世界城镇化的规律显示：一个国家和地区的城镇化水平在30%以下和70%以上，其城镇化速度较慢，而在30%～70%，其城镇化发展最为迅速，这就是著名的“城镇化国际曲线”[15]。1996年，中国城市化率达到30.48%，从此进入城镇化快速发展时期。二是一国的城镇化率增长速度随着世界城镇化率的增长而加快[16]：当今世界，城镇化正以前所未有的速度和规模向前发展——世界城镇化率第一次增长10个百分点花了100年，经过50年增长了15个百分点，随后增长10个百分点花的时间分别为30年、25年、20年，此后在高位缓慢增长(表1-2)，这必将拉动中国城镇化建设与发展进入快速推进轨道。另一方面，中国城镇化的环境条件正在优化。随着基础设施建设的显著加强、产业结构的不断优化及“新型城镇化”战略的实施，中国城镇化将进一步稳健地向前快速推进[17]。

表1-2　世界城镇化加快推进的趋势

年份	1800	1900	1950	1980	2005	2025	2030	2040	2050
城镇化水平/%	3.2	14.0	29.6	39.3	49.2	58.3	60.4	64.5	68.4

资料来源：1800年与1900年数据来源于顾文选. 中国城镇化的速度与目标问题.城市问题，2008,（1）：5-6；1950年及以后数据来源于United Nations. Department of Economic and Social Affairs, Population Dynamics.（1）. World Urbanization Prospects: the 2018 Revision, Online Edition. 2008. https://population.un.org/wup/Download/

2) 城镇化是中国进一步持续健康发展的需要

一方面，改革开放40多年，数以亿计的农民进入城市、从事非农产业，劳动力资源的配置效率得到提高，这成为经济发展的强大动力，中国国内生产总值

(gross domestic product，GDP)增长与城镇化建设发展“完全同步”“高度相关”，城镇化为中国经济增长做出了积极贡献。这是中国发展的实践经验。另一方面，中国的城镇化发展在地区间还有明显的差距，还有很大的发展空间，特别是西部地区，城镇化水平还较低，不仅影响西部地区的发展，而且不利于全国的全面发展。因此，中国经济社会的全面发展仍然需要城镇化的快速推进，需要以全新的方略、创新的方式全面推进城镇化，这已经成为未来中国全面发展的核心问题[18]。

1.2　旅游资源开发与城镇化建设的实践回顾与理论总结

1.2.1　实践探索回顾

旅游与城镇的互动发展是在托马斯·库克 1841 年组织团队旅游后才开始的。在此之前，旅游大多是文人墨客的游山玩水与帝王将相的巡游、王公贵族的出游，城镇大多是政治中心或军事中心，旅游与城镇发展关系不大。在此之后，旅行向旅游转化[19]，旅游与城镇开始有了较为亲密的接触和一定程度的互动，城镇发展与旅游资源开发逐渐同步。20 世纪 50 年代以来，旅游资源开发应城镇居民旅游需求的增加而蓬勃开展，并因旅游需求的日益个性化与多样化而多姿多彩，城镇成为旅游客源输出地与旅游客源接待地，旅游资源开发与城镇化建设密切联系、互动发展，“旅游促进城镇化发展”受到越来越广泛的重视。

在实践中，旅游推动城镇化大致起始于 1930 年美国拉斯维加斯通过发展旅游实现城镇建设与发展，随后美国奥兰多、法国尼斯、葡萄牙阿尔加维、日本豪斯登堡、澳大利亚黄金海岸、巴西玛瑙斯、泰国巴塔亚、墨西哥坎昆、古巴巴拉德罗等通过旅游促进城镇化建设发展的众多成功案例逐渐进入人们视野。在中国，旅游与城镇的互动发展是在改革开放后伴随着旅游业的快速发展而逐渐展开探索与实践创新的，安徽黄山、四川峨眉山与都江堰、湖南张家界、云南丽江与普洱、福建武夷山、山西五台山、山东曲阜、新疆楼兰、海南海口和三亚、贵州黄果树、江西井冈山、黑龙江五大连池等地区的快速发展，都得益于旅游资源开发、旅游经济的带动。目前，城镇发展使旅游焕发生机、旅游与城市结合发展、城市通过旅游而振兴发展、旅游发展催生新的城镇等，已经成为基本的实践共识。

总之，在实践发展中，旅游与城镇互动已经呈现出良好的发展态势。以我国旅游城镇化典型案例湖南张家界市为例，1978 年张家界林场最早拉开湖南旅游开发的序幕，到 1982 年张家界国家森林公园成为中国第一个国家森林公园，公园所在地相继于 1985 年、1988 年成立县级市、地级市，辖区范围扩大，旅游经济发展，城市实力增强，并进一步推动旅游发展，旅游与城镇化良性互动(表 1-3)。旅游资源开发给予张家界市持续良好的发展福利，张家界市给予旅游开发持续的热情，2018年，张家界市进一步深入实施“对标提质，旅游强市”的发展战略。

表1-3　湖南张家界旅游立市的历史变迁

时间	行政区划演变及旅游成就
1958年	张家界国营林场建立
1978年	张家界林场最早拉开湖南旅游开发的序幕
1982年	中国第一个国家森林公园——张家界国家森林公园建立
1985年5月	原属永顺专区管辖后划归湘西土家族苗族自治州管辖的大庸县成立县级市
1988年	张家界武陵源风景名胜区被列入国家重点风景名胜区； 大庸市升格为地级市，设永定区、武陵源区，辖原属常德市的慈利县和湘西土家族苗族自治州的桑植县两县
1992年	由张家界国家森林公园等三大景区构成的武陵源风景名胜区被联合国教育、科学及文化组织列入《世界自然遗产名录》
1994年4月	大庸市更名为张家界市，辖永定、武陵源两区和慈利、桑植两县
2004年2月	张家界国家森林公园被列入全球首批“世界地质公园”
2007年	张家界国家森林公园被列入中国首批国家5A级旅游景区
2017年	张家界被授予“国家森林城市”荣誉称号

资料来源：根据“百度百科——湖南张家界”的数据资料进行整理

1.2.2　理论研究梳理

旅游与城镇互动发展的理论研究，国外开始于1991年澳大利亚学者帕特里克·马林斯(Patrick Mullins)提出“旅游城镇化”(tourism urbanization)的概念。在此之前，伴随着旅游与城镇互动发展实践的推进，理论研究中形成了一些零星的、不系统的相关认识，多为实践经验的总结，尚未站在两者“良性互动”的视角上进行系统的探讨。在此之后，“旅游城镇化”受到了学者的广泛关注，推动了积极的实践探索创新发展，“旅游开发成为城镇化建设发展的重要动力”成为共识。

1.2.2.1　国外研究成果

国外学者对“旅游城镇化”的研究，形成了产生背景、内涵及特征与动力、模式类型、旅游移民、局限性和影响6个方面的研究成果。

1)旅游城镇化的产生背景

(1)大众享乐消费的兴起使城镇成为重要的旅游客源地。第二次世界大战结束后，伴随着世界经济的恢复与发展和第三次科技革命的广泛影响，在收入逐渐增多过程中人们的消费观念出现了结构性变化，享乐型消费逐渐取代日用型消费成为主流，20世纪70年代开始进入大众享乐消费(mass consumption of pleasure)新时期[20]，消费的符号意义、象征意义及感官性、体验性日渐明显。因工业发达、集聚经济而拥有较高收入的城镇居民，外出旅游需求日渐强盛[21]，引领着城镇旅游的潮流，城镇逐渐成为旅游客源的输出地。

(2) 城镇成为重要的旅游接待地与目的地，城镇旅游开发成为城镇发展与振兴的创新路径。一方面，城镇自身的综合实力增强与环境质量提高及餐饮、住宿、娱乐设施的完善，成为现代旅游的支撑点[22]；另一方面，城镇旅游及重大事件(事件旅游)使一些老工业基地或城市焕发新的生机而成为城市"再生"(regeneration)的新动力[23]；Glasgow(格拉斯哥，英国)、Hamburg(汉堡，德国)、Lyon(里昂，法国)和Rotterdam(鹿特丹，荷兰)等许多欧洲城市开始实施"旅游复兴城市"政策[24]，美国一些大都市的区域发展甚至出现严重依赖旅游业的现象[25]。

2) 旅游城镇化的内涵及特征与动力

"旅游城镇化"是一种建立在享乐的销售与消费基础上的新的城镇化模式[26]。1991 年 Mullins 在研究澳大利亚黄金海岸后，概括旅游城镇化的特征为：以独特象征性城市符号吸引旅游者、政府积极推动、大众享乐与定制化消费、弹性生产体系等催动，出现人口和劳动力迅速增长、常住人口空间分异等新变化。1998 年，Gladstone 在将美国的旅游城镇化区分为旅游大都市和休闲城市两种类型后，分析了 Mullins 的旅游城镇化特征在这两类旅游城镇上的表现差异(表 1-4) [25]。

表 1-4 Mullins 的旅游城镇化特征在城市、大都市与休闲城市的表现

旅游城镇化特征(Mullins)	澳大利亚旅游城市	美国旅游大都市	美国休闲城市
大量小资产阶级的出现与存在	√	×	√
符号化特征鲜明	√	√	√
人口与劳动力迅速增长	√	√	√
居民以成人、外来人口为主，核心家庭较少	√	×	√
大众化享乐与定制化的消费	√	√	×
劳动人口集中于金融、保险、房地产、贸易、商业服务、个人服务等产业中就业	√	√	√
沿海岸线呈带状发展	√	×	√

资料来源：根据参考文献[25][27]整理

关于旅游城镇化的动力机制，学者提出了如下结论：房地产建设有助于提高旅游城镇化水平[28]；道路有效连接与运输服务配套，带来大批游客涌入，促进酒店、度假屋、私人旅馆及商店、餐馆的建设与发展，推动旅游城镇化[29]；旅游者的涌入、为旅游者服务的基础设施与服务设施的扩大及休闲与文化活动的开展是旅游城镇化的长期动力[30]。

3)旅游城镇化的模式类型

总体上，旅游城镇化包括两个大的类型：大都市开发旅游而形成大都市发展的旅游城镇化与贫困地区发展旅游而形成新城镇的旅游城镇化。2015年，Luchiari将其概括为“旅游城镇化”(tourism urbanization)与“为旅游而城镇化”(urbanization for tourism)，前者是基于自身吸引力和物价稳定，通过私人企业、个人资金和当地人同意而发展旅游促进城镇发展；后者是贫困但有旅游发展潜力的区域，通过国家投资基础设施而发展旅游实现城镇化[31]，如阿尔卑斯整个区域，旅游发展使其原来的农业区域演变成为城镇化区域[32]。

城市旅游资源开发的城镇化因开发城市资源的侧重点不同而呈现出多种子模式，如“采矿业开发旅游模式”——以宾夕法尼亚州里海谷(Lehigh Valley)为代表，“生产制造业中心开发旅游模式”——以布拉德福德(Bradford)和利兹(Leeds)及巴尔的摩(Baltimore)和波士顿(Boston)的内城为典型案例[33]，“历史名城(famous historical cities)开发旅游模式”“转型城市(converted cities)开发旅游模式”[34]等。

贫困地区旅游开发的城镇化是应旅游业快速发展之需而开发新的旅游景区点、形成新的城镇和城市的新发展，如澳大利亚的黄金海岸和阳光海岸、日本的海岛度假区、葡萄牙阿尔加维等。根据旅游资源开发内容的不同与开发规模的大小，又可以细分为旅游大都市和休闲城市，前者主要建设主题公园，发展博彩、娱乐，以人造旅游资源吸引游客，如美国的大西洋城、拉斯维加斯、里诺、奥兰多等；后者靠以海滨风光为代表的自然旅游资源和休闲环境吸引游客，如美国的那不勒斯、雷克兰、萨拉塔、西部棕榈海滩、匹尔斯堡、巴拿马城、迈尔斯堡、代托纳比奇[25]等。

4)旅游发展带来旅游移民，推动城镇化

旅游资源开发、旅游产品形成及运营，吸引大量旅游者到来；旅游目的地的服务行业发展壮大，需要大量的旅游劳工，促使旅游劳工移民(旅游地从业的移民)出现和发展[35-37]。随着旅游劳工移民的发展壮大与优化及旅游产业集聚发展、旅游地软硬环境优化，旅游消费移民(到旅游地进行旅游消费)开始增多[38]。为推动旅游移民研究，国际地理联合会(International Geographical Union，IGU)1999年在美国召开了“可持续乡村环境：全球化问题、移民和旅游”的主题学术会议[39]。

学者研究发现：移民是城镇化过程中必然出现的现象，旅游在一定程度上成为移民的媒介[40]；根据旅游移民停留的时间长短、移民动机和相关所有权状况，消费导向的旅游移民可进一步细分为第二居住地移民(second home migration)、季节性迁移(seasonal migration)、生活方式迁移(lifestyle migration)和退休移民(retirement migration)[41-43]。

5)旅游城镇化的局限性

(1)旅游促进城市转型不适合所有衰退型城市。通过发展旅游来促进城市转型，需要多种条件配合与系统推进，并非“旅游一试就灵”。Judd全面回顾了美国密歇根州东南部的工业城市——弗林特(Flint)市旅游转型的失败[44]，该例充分说明了这一点。

(2)旅游城镇化面临旅游者与市民需求的差异。旅游城镇化的实施取决于游客的到来和旅游业的发展，大量游客的到来客观上会形成对城镇资源的占用[45]，当游客与市民产生水、土壤、景观、空间、设施等资源使用的竞争甚至冲突时，当地居民会反对发展旅游业，旅游城镇化将被停止和纠正[30]。必须看到，区别于游客的市民需求、公民需求是城镇化建设发展应当持久关注的[46]，这就必然要求旅游城镇化的不同时间、不同空间的宏观审视。

(3)旅游城镇化只是城镇化过程的一个阶段与特殊现象。Makowska-Iskierka讨论了由旅游业导致农村向城镇空间转换包含的多个亚阶段，城市人口与劳动力、城市用地等的增加及其引致的城市规模扩大、产业发展等只是城镇化过程的一个阶段与特殊现象[47]。

6)旅游城镇化的影响

(1)旅游城镇化加快了城镇化建设与发展，但如果没有适当的规划和管理则可能导致城镇化扭曲。

(2)旅游城镇化凸显了以旅游服务业、批发零售业、建筑业为主的城镇产业发展，改变了传统的城镇发展方向、增添城镇化发展的新内容[48]，要充分注意这种经济结构的不稳定性[27]。

(3)旅游城镇化一方面会造成海岸线景观、乡村景观变化及自然环境的退化、海岸生态系统的破坏及土地利用矛盾等[49]，如爱琴海和地中海沿海因旅游城镇化而导致了含水层过度盐碱化、海岸沿线建筑密集等不良状况[50]；另一方面也促进了人们对自然景观价值的重新评估和原有资源的挖掘与再利用。

(4)旅游城镇化还会带来精英阶层对某些区域，尤其是自然景观较好区域的占用与隔离，产生相应的社会冲突，当“稳定物价、社会正义”的诉求受阻时，则可能酿成较为激烈的矛盾冲突。

1.2.2.2 国内旅游城镇化研究成果

1)“旅游与城镇结合发展”是中国旅游发展的重要战略思路

中国旅游发展一开始就同城镇建设发展紧密相连。改革开放初期，国家给城市建设及旅游业发展投资，旅游业获取收益后还可支持城市建设。[14]20世纪80年代以来，中国历史文化名城和中国优秀旅游城市的评选，有效地把城镇建设与旅游资源开发联系在一起，推进了旅游资源开发与城镇建设的良性互动。旅游与城镇结合发展，成为各地进行旅游资源开发建设、发展旅游的重要思路。

2)城镇化发展对旅游资源开发提出更高新要求，提供更多支持

一方面，中国的城镇化还将进一步加快推进，城镇化将驱动人口在城镇集中和各种经济要素在城镇集聚，拉动经济的进一步发展和人民生活水平的进一步提升，从而形成更大规模的旅游人群和更加多样的旅游需求，进而对旅游资源开发建设提出更高的要求，具体表现为：一是城镇化发展扩大了旅游客源规模，对旅游资源开发提出新的要求。城镇化发展以城镇人口比重的提高为主要标志，2016年我国城镇化水平、城镇人口分别达到57.4%、7.9亿；未来还将有更多的人口在城镇集聚，从而形成最活跃、最能引领潮流风向的旅游客源[51]。同时，城镇化及城乡一体化发展，也将带动农村现代化和农民收入增加，在城镇居民旅游的示范性、棘轮效应[52]带动下，农村居民旅游需求兴旺起来，农村旅游客源市场成为一个看得见的新兴旅游市场。因此，学者研究发现：城镇化发展促进了旅游的发展、城镇发展与旅游发展密切相关、城镇化水平越高旅游经济越发达[53,54]。二是城镇化发展催生旅游需求内容多元、层次多样，从而对旅游资源开发提出新要求。在旅游客源规模变大的同时，旅游需求的差异化特征进一步凸显，旅游者或休闲度假、自我调节，或自驾远行、随遇而安，或购物娱乐或探险猎奇，或求知访胜或强身健体，等等，不一而足。大众化中的多样化、多元化、个性化、精细化，对旅游开发、建设、运营、管理、服务等提出了新的更高的要求。

另一方面，城镇化的建设与发展，又对旅游业的发展运营提供了更多的支持[51,55]。首先是直接支持，包括从商场、餐馆到工厂、学校，从特色街区、名人旧居到休闲广场、公园、社区，从城市标识物、特型建筑、雕塑小品到城市夜景、市区水域景观、城市绿化带、市政建设等等，城市建设成果为旅游所用，成为游客乐于欣赏的旅游景观、乐于体验的旅游活动。其次是间接支持，包括城镇的城市文明、社区文化、市民生活、城市活动、信息集散等旅游活动背景支持；策划、开发、经营、管理等优秀旅游人才支持和旅游教育科研机构的智力支持；交通通畅、社会经济文化协调发展、较高的国民素质、完整的安全保障体系与较强的抗灾减灾应变能力及城市开放、经贸往来和资金流、信息流、物流等的宏观环境支持。最后，随着城镇的发展，城镇对旅游资源开发和旅游业发展的支持越来越多样。

3)城镇发展拓展旅游资源开发空间，优化旅游业发展

一方面，城镇自身成为重要的旅游景区和旅游目的地。城镇不仅是一种空间聚落，在某种意义上城镇还是一种商品，城镇本身及其文化表征是可以进行生产、交换和运营的，有的城镇甚至直接演变为旅游城镇；城镇的现代气息与本身具有的深厚文化底蕴和丰富旅游资源吸引着越来越多的旅游者，“望得见山、看得见

水、记得住乡愁”的新型城镇化使城镇成为一个大景区，使城镇在人们旅游活动中的地位日益凸显，城市旅游成为中国旅游的主体[56,57]，调查显示，大约有 60%的旅游者在从事各种旅游活动时会经历城市旅游[58]。另一方面，城镇带动周边景区的升级发展。城镇因其较大规模的潜在客源而给予周边景区以良好的发展机遇和较高的投资回报可能，城镇周边景区开发建设、提档升级、创新差异便渐次展开。在现实中，已经出现“城市等级与旅游景区等级良好契合”的发展态势：城市规模越大，周边分布的景区越多[59]。可见，旅游资源的开发对城镇具有明显的依赖。

4）城镇旅游开发促进城镇进一步发展

一是城镇旅游接待直接提高城镇发展水平。现代旅游业的持续发展，基于旅游吸引力的旅游大环境综合性能优化是关键[60]。城镇旅游接待的开展和旅游业的发展，必将带动城镇经济、社会、文化、管理的综合优化与全面发展以及特色、优化的形成与彰显。首先是旅游接待给予城镇宾馆、饭店、餐饮、娱乐、休闲、商贸等以新的市场、新的销售和新的收入，促进城镇集聚发展。其次是城镇旅游开发和主题公园、旅游景区、旅游度假区等建设，在丰富城镇景观、壮大城镇旅游产业的同时，也联动着城镇产业结构的重组与优化，诸如城镇“退二进三”、用地功能调整、城镇空间结构优化等，使城镇发展具有更持续的动力。再次是城镇的文化彰显与社会进步，今天的城镇旅游正在逐渐淡去其“经济色彩”而增加“社会进步色彩”，如近些年来杭州西湖、南京玄武湖和越来越多的城镇公园、博物馆等的免费开放，其放弃了门票收入却促进了城镇社会文明的进步。于是，主动利用诸如世界博览会、奥林匹克运动会和创设各种博览会、展销会为城市旅游发展与城市经济发展注入新的活力，成为各级各类城市竞相争取、积极着力的有效抓手；旅游业发展水平日益成为城镇发展的一面镜子、一种标志[61]。

二是旅游资源开发促进城镇功能完善，形成和彰显城镇特色与个性。旅游资源开发的关键在吸引力，吸引力的基础是“差异”与“特色”。旅游资源开发建设，要满足“旅游者另一空间的生活”的共性需求，发展多种多样的旅游项目，进而带动和促进城镇功能的完善；更重要的是要不断强化和创新城镇的“差异”与“特色”——从有形的实物、项目到无形的文化，通过城镇文化内涵的挖掘与开发、城镇居民文化保护意识的强化与文化建设的自觉、城市文保工作从被动到主动、从静态到动态的转变等，在满足“追求和感受不同空间自然、文化的差异和个性”的旅游需求中彰显城镇更多的魅力、更好的特色、更高的品位。

三是“城镇通过旅游而振兴、发展”从尝试、探索走向共识。昆明世界园艺博览会(1999 年 5 月 1 日至 10 月 31 日)、北京奥林匹克运动会(2008 年 8 月 8 日至 24 日)、上海世界博览会(2010 年 5 月 1 日至 10 月 31 日)等会展节事成功举办形成的积极效应，促使人们越来越清晰地认识到旅游对城镇振兴发展的积极贡献。旅游为城市注入强劲推力；“展会、节事是城市发展重要的发动机与推动器”、旅游成为城市竞争胜出的重要法宝，已经成为普遍的共识。目前，北京、上海、广州、深圳及成都、重庆、武汉等城市都已建设国际会展中心以争办各种大型节事、赛事、展会活动；建设滨水路、娱乐区、体育馆，举办各种节事活动与事件旅游，成为各大城市政府提高城市综合竞争力与国际化水平的重要抓手[62]。

5）景区旅游发展推动景区城镇化建设发展

一是围绕“旅游者需求”的产业集聚支撑景区城镇形成与初步发展。应旅游者游、吃、住、行、娱、购等需求而展开的景区开发与相关建设，围绕着“旅游活动轨迹”而“聚集”，在游客进一步增多、旅游服务项目多样化中而进一步发展和扩散，各种资金、技术、人才、信息聚集和增多，早期单一为旅游者服务的旅游产业渐渐为当地居民服务，旅游地逐渐演变成为当地的经济中心和文化中心，旅游地逐渐成为城镇。同时，为当地居民服务与区域发展的产业逐渐发展壮大，旅游地城镇化建设渐次展开。

二是旅游经济发展带动旅游移民，推动景区城镇化。旅游地的开发建设与旅游接待的发展，首先促使农村人口及外来人口在旅游地聚集，从事非农产业，这是景区城镇化的初始表现。其次，伴随着旅游地的进一步完善发展，一些旅游者季节性地迁徙到旅游地居住一段时间，成为当地的城镇居民，如挪威人季节性迁往西班牙，并在当地拥有第二个“家”[63]；东北居民冬季到海南的第二个“家”里过冬等，使旅游地的城镇人口进一步增加，这是景区城镇化的延伸表现。

三是景区旅游促进城镇空间结构优化。首先是景区的城镇化使区域城镇数量增加、水平提高；其次是区域城镇空间结构变化，旅游景区型城镇因旅游的持续拉动而产生连锁反应与“蝴蝶效应”，促进了区域内的交通、通信等基础设施的改善与城镇间的联系与互动，区域协调发展与城镇空间优化得到加强，如长江三角洲地区的旅游城镇化促进了城市和城市旅游的区域一体化发展[64]。

6）景区城镇化在中国城镇化建设与发展中的价值正在凸显

近些年来，中国的城镇化建设面临着诸多的问题，其中，城市新区“空城”“鬼城”的出现、资源枯竭型城市的转型、城镇就业压力增大等凸显了城镇产业发展的不足；城镇文化混乱、千城一面、大拆大建等凸显了城镇文化建设的滞后；贫困落后地区的城镇化建设滞后、西部农村地区青壮年的大量外出等凸显了城镇发展的茫然；等等，反衬出景区城镇化的特色价值，因为景区城镇化正好可以化解当前中国城镇化面临的诸多问题——发展产业、实现就业、传承城镇文化、张扬城镇特色；在贫困落后地区，旅游资源开发不仅使外出的青壮年劳动力回流，而且吸引城市投资、带动人才集聚、资金信息管理等集中，使贫困落后地区走出困境，走向发展。于是，景区城镇化，特别是广大中西部地区的景区城镇化，在理论探索和实践创新上正在呈现如火如荼的新趋势。

在学术界，2001 年刘嘉纬和蒙睿在分析西部城市发展基本类别基础上，指出了旅游驱动西部城镇化建设发展的诸多新思路[60]；2003 年赵福祥和李全德发现“社区旅游有助于加快少数民族地区城市化进程”[65]；王先锋认为贫困落后地区拥有未有效开发利用的独特自然资源和良好自然环境，发展旅游业能形成区域增长极和推进型产业，发展成为旅游型城镇，这是落后地区的“飞地”型城镇发展道路[66]；2005 年刘晓鹰和杨建翠指出“飞地”型城镇化是我国西部欠发达民族地区的一种独特的城镇化方式，是一种“没有必要经过工业化阶段而直接实现从农村向城镇的转变”的新的城镇化模式，尽管与经典的工业化推进城镇化理论截然不同，但所产生的聚集扩散效应却是基本一致的[67]。

另外，景区旅游城镇化发展带来如下问题需要进一步加强研究。

一是景区旅游产业集聚问题。景区旅游城镇化的一个重要环节是旅游产业集聚及其持续发展。景区旅游产业集聚的形成受资源禀赋、区位优势、旅游客源等“前导因素”的影响[68]；景区旅游产业集聚的发展受制度介入、供求驱动等“后导因素”制约，要运用制度、政策帮助旅游产业集聚“锁定”与“累积”，要不断激励旅游供给对旅游需求的适应、引导与创新，着力推动旅游产业集聚的持续发展和整个区域经济的增长[69]。

二是景区城镇化的内容形态演变问题。景区通过旅游开发建设发展最终形成城镇、促进城镇发展的过程，受到诸多的因素影响，是多种因素综合作用的产物。从内容看，旅游景区城镇化是在不断拉动与扩大旅游客源的过程中，旅游基础设施、接待服务设施、商业设施和旅游服务项目类别增加、质量提升及旅游设施、旅游服务与城镇化建设结合并为城镇居民服务等内容渐次叠加与不断演变的[62]。从形态看，旅游景区城镇化一般经历乡村中的旅游景区点—旅游小镇在乡村—城镇带动乡村发展的演变轨迹[70]。

三是旅游移民问题。旅游景区的建设发展，必将带来从“就业人口”到“旅游者”的旅游移民，在我国的实践中已经是客观事实。旅游移民既是旅游景区城镇化的表现，也是旅游景区城镇化的动力。因此，有必要认真探讨旅游移民的类型、动机、素质能力、发展取向及其与景区城镇化发展的关系。

7) 旅游资源开发发展促进城镇发展是西部地区城镇化的重要模式

在中国城镇化动力模式的多样化、“旅游城镇化”发展、“文化城镇”凸显的时代背景中，欠发达的西部地区城镇化的模式和路径，应当根据各自的特殊条件和现状进行科学的选择。其中，通过旅游资源开发促进西部地区城镇化发展是较多学者的共识(表 1-5)。

表 1-5　学者的西部地区城镇化模式描述汇总

作者及年份	城市化模式	资料来源
刘晓鹰和杨建翠(2005)	乡村向城镇转变渐进型，城镇向乡村辐射扩散型，乡村二、三产业发展内生扩张型，大城市边缘区与乡村融合型，候鸟型“飞地”性旅游推进型	刘晓鹰，杨建翠. 2005. 欠发达地区旅游推进型城镇化对增长极理论的贡献. 西南民族大学学报(人文社科版)，(4)
李澜(2005)	功能辐射型、产业开发型、科技创新型、市场主导型、生态建设型、文化保护型	李澜. 2005. 西部民族地区城镇化：理论透视·发展分析·模式构建. 北京：民族出版社
刘晓鹰等(2008)	资源开发型、旅游开发型、商业贸易型、工贸型、边贸带动型、综合型	刘晓鹰，等. 2008. 中国西部欠发达地区城镇化道路及小城镇发展研究. 北京：民族出版社
高德胜和金哈斯(2011)	资源能源型城镇、生态移民型城镇、民族文化旅游型城镇、边疆口岸贸易型城镇	高德胜，金哈斯. 2011. 浅谈西部少数民族地区牧民人口城镇化. 学理论，(36)

8)旅游城镇化成为一种重要的城镇化模式

随着国民出游频次的增多及国内旅游规模的扩大，旅游业成为可以持续发展的朝阳产业，旅游业推动城镇从无到有、从小到大、从困顿到再生的动力更强劲、更持续。于是，旅游城镇化成为一种重要的城镇化模式而引起了实践界与学术界的广泛关注。

以国内期刊“旅游城镇化”论文的研究对象所属区域为例，2016 年 12 月 31 日前的 539 篇期刊论文中，除了站在全国层面进行共同性的规律性探讨外，对东部、中部、西部及东北四大区域的“旅游城镇化”探索创新的文章均有(表 1-6)，

表 1-6　国内“旅游城镇化”期刊文献研究对象所属区域统计

年份	东部	全国	西部	中部	东北	合计	年份	东部	全国	西部	中部	东北	合计
1993	▼												
1994	1					1	2006	2	7	4	3		16
1995	0	▼				0	2007	3	13	4	4		24
1996	0	1				1	2008	1	4	1	0		6
1997	0	0				0	2009	0	5	4	1		10
1998	1	0				1	2010	1	6	7	2	▼	16
1999	0	2				2	2011	3	7	5	1	1	17
2000	2	1				3	2012	3	9	5	7	0	24
2001	1	3	▼			4	2013	6	19	12	7	3	47
2002	0	7	1			8	2014	9	45	28	13	6	101
2003	1	8	2			11	2015	18	47	23	16	3	107
2004	1	3	3	▼		7	2016	18	41	32	23	3	117
2005	2	5	6	3		16	合计	73	233	137	80	16	539

▼表示“下一年开始有文献”，即国内“旅游城镇化”期刊文献中对相关区域的研究起始时间分别是东部 1994 年、全国 1996 年、中部 2005 年、西部 2002 年、东北 2011 年

只不过论文数量和时间先后不同。其中，对西部地区“旅游城镇化”的总结、提炼、优化的研究，尽管起始时间相对较晚些，但论文数量最多，占四大区域论文总数的45%(137/306)。据此可以认为，旅游城镇化是贫困落后地区城镇化建设的一种有效模式。

同时，学者还指出：中国西部地区宜实行集中化的旅游城镇化战略。应依托丝绸之路、黄河古道、世界屋脊、南昆铁路、长江三峡等重点旅游走廊，形成骨架型旅游城镇[71]；旅游资源丰富的西部小城镇应在开放协作、产业协同等原则指导下，大力发展第三产业，提高服务水平和质量[72]；要合理选择和确定城镇发展的主题，建设较为完善的城镇旅游服务设施体系，为城镇旅游发展提供坚实的支撑[73]。

9)旅游城镇化呈现出多种模式与多元化模式内容

旅游与城镇的关系，走过了从“旅游只是个别城镇的独特职能”到“旅游全面推动城镇发展”的过程。早期，中国的城镇中只有少数以发展旅游为重心，旅游是这些少数城镇的特有职能；现在，旅游已经成为绝大多数城镇的发展动力，既可以是城镇化的原动力而使城镇从无到有、从小到大，也可以是城镇化的后续动力而使城镇转型、再生，至此，旅游城镇化呈现出多种模式与多样化的内容，如以典型代表命名的黄山模式、曲阜模式、泰安模式、大连模式、武陵源模式[74,75]等；以空间差异命名的城市旅游与城镇化、环城游憩带和城市郊区化、旅游景区城镇化等模式，其中城市旅游与城镇化又细分为旅游城市的旅游城镇化、转型城市(老工业城市、新兴城市)的旅游城镇化和综合性城市的旅游城镇化三种模式[76]。

10)应当加强旅游城镇化的综合评价与综合施策

旅游城镇化发展既有良好的积极效应也有不可忽视的负面影响，当然也有一些中性的改变。其中，积极作用主要表现在：促进城镇优势产业形成及更替，促进经济发展和提高当地居民生活水平，城镇人口、产业、用地等规模扩张而使城镇发展，区域开放、观念更新、融入经济大循环，文化挖掘与保护传承，城镇个性特色逐渐形成与彰显等。

中性改变主要表现在：城镇产业主要以“轻资产”运行(制造业不是主体)，经济运行淡旺季明显易波动，以成人、老年人(退休者)和外来人口为主。

负面影响主要表现在：①旅游资源开发建设的基础问题。主要是“旅游资源开发建设资金”与“旅游市场开拓”两个问题，今天的中国旅游业不再是改革开放初期那样“投入小、收益大”，而是需要较大资金量进行景区建设、设施配套、市场开拓的“投入大、风险大、收益高”的行业[77]，没有坚实的资金基础，旅游资源开发可能“中途停摆”；没有良好的市场基础，旅游城镇化可能“虚高”而难持续。②旅游资源开发建设的过程问题，诸如各自为政、资源分割，协调不力、难以整合，各吹各调、五花八门，一哄而上、重复精准，模仿抄袭、创新不力等。③旅游资源开发建设的结果问题，诸如环保不力、污染渐重，商业过度、破坏较大，文化挖掘不够、传承难续，旅游项目相互拥挤、冲突，对旅游消费引导不力，以及产品单一、产业同构、景区老化等。

因此，应当充分关注旅游城镇化的各种影响，判断其变化趋势，张扬积极作用、关注中性变化、控制负面影响；建立涵盖自然、经济、社会、文化等多方面指标的综合影响评价体系，实施旅游城镇化影响的综合评估；根据旅游城镇化的阶段特征进行重点施策与综合施策，既要有现实针对性与操作性的策略，又要有全局观与长远性的策略。

1.2.2.3　国内外研究小结与启示

1)国内外“旅游城镇化”研究文献小结

纵观国内外学者对“旅游城镇化”的研究，可以得到如下结论。

(1)研究趋势上：国外学界对“旅游城镇化”的关注趋于减少，而国内学术界的相关研究正在成为热潮。这可能与城镇化水平有关。旅游城镇化的目的是城镇化，而欧美国家和地区的城镇化水平已经较高，因而旅游城镇化是个案现象，学术界少有人持续研究似乎在所难免。中国的情况恰好相反，中国城镇化仍然在快速地推进，旅游对城镇化的推进作用正在凸显，且对先前快速成长起来的城镇也有优化的功能，因此国内学术界对旅游城镇化的研究还有很广阔的空间。

(2)研究内容上：一是关于旅游城镇化的内涵、模式类型、旅游与城镇良性互动、利弊等均已呈现，国内外学者已经形成基本共识。也许今后还会有新的认识，如旅游城镇化的概念尚未统一、旅游城镇化的模式类型还可能有新的概括与描述、积极作用与消极影响还会有新的表现等，但不影响这些基本共识的延续。二是基于中国仍然处于城镇化快速推进的时期，尽管国外学者已经指出“旅游城镇化并不适合所有城镇”，但国内学者仍然强调“旅游城镇化是中国城镇化的重要模式”。三是中国旅游发展一开始就和城镇紧密结合，景区发展旅游正在加快景区的城镇化进程并催生越来越多的新城镇，各级各类城镇应当充分借助旅游开发来促进新型城镇化的良性发展，应当对旅游城镇化的影响进行综合评价与综合施策等。

2)国内外研究的启示

总体上看，国内外学者对“旅游城镇化”的研究成果还比较分散，还不成体系。表现在：可以从众多的国内外研究文献中感知“旅游城镇化很必要、很重要”“旅游城镇化形成了很多成功的案例与多元化模式”“城镇应积极发展旅游和张扬城镇旅游的功效”等，但旅游城镇化到底应该如何展开、其系统的内在机理如何、应该如何因时因地而异地有效施策等，还需要很好地探索、总结与提炼。

另外，城市发展与旅游发展的互动是动态的，既相互促进也相互制约，而且两者的互动是非线性的、多模式的。对其研究不够、认识不足、把握不好、施策不当，均可能削弱城镇化发展政策或旅游开发发展政策的有效性而使旅游城镇化难以达到理想的效果。

参考文献

[1] 韩小兵, 喜饶尼玛. 以人为本理念下的中国少数民族发展权. 中央民族大学学报(哲学社会科学版), 2010, (1): 5-10.

[2] 中国社会科学院语言研究所词典编辑室. 现代汉语词典. 5 版. 北京: 商务印书馆, 2005.

[3] Sachs W. The Development Dictionary: A Guide to Knowledge as Power. London: Zed Books, 1992.

[4] 周江评. “空间不匹配”假设与城市弱势群体就业问题: 美国相关研究及其对中国的启示. 现代城市研究, 2004, (9): 8-14.

[5] 王丰龙, 刘云刚. 空间的生产研究综述与展望. 人文地理, 2011, (2): 13-19, 30.

[6] 李海舰, 王松. 文化与经济的融合发展研究. 中国工业经济, 2010, (9): 5-14, 25.

[7] 李永刚. 文化如何成为经济学研究的对象. 经济学家, 2012, (2): 5-12.

[8] Burns P, Holden A. Tourism: A New Perspective. London: Prentice Hall, 1995.

[9] 罗珊珊. 2018 年全球旅游 121 亿人次 总收入 5. 34 万亿美元. 人民日报, 2019-01-17, 6 版.

[10] 第十届世界旅游旅行大会前方报道组. 世界旅游旅行大会大盘点: 新起点·新领域·新发展[2010-05-27]. http: //www. china. com. cn/travel/txt/2010-05/27/content_20131096. htm.

[11] 白廷斌, Geoffrey Wall. 旅游与发展: 一个分析框架的形成与演变. 旅游学刊, 2010, (4): 13-19.

[12] Tian H, Chen S Y. Tourism: consumption pattern and development tool. ICSSM [2014 International Conference on Social Science and Management, Chicago, Illinois, USA], 2014: 14-16.

[13] 陈名杰. 发挥旅游业在城乡统筹发展中的支撑带动作用. 旅游学刊, 2011, (12): 8-9.

[14] 中共中央文献研究室, 国家旅游局. 邓小平论旅游. 北京: 中央文献出版社, 2000.

[15] Northam R M. Urban Geography. New York: John Wiley & Sons, 1975.

[16] 肖海霞. 城市化进程中失地农民的现状分析. 企业家天地: 理论版, 2008, (3): 251-252.

[17] Chen J. Rapid urbanization in China: a real challenge to soil protection and food security. Catena, 2007, 69: 1-15.

[18] 中国经济增长与宏观稳定课题组. 城市化、产业效率与经济增长. 经济研究, 2009, (10): 4-21.

[19] 章海荣. 都市旅游研究——前沿热点·专题与案例. 上海: 复旦大学出版社, 2008.

[20] Mullins P. Tourism urbanization. International Journal of Urban and Regional Research, 1991, 15(3): 326-342.

[21] Mullins P. Class relations and tourism urbanization: the regeneration of the petite bourgeoisie and the emergence of a new urban form . International Journal of Urban and Regional Research, 1994, (184): 591-608.

[22] Page S. Urban Tourism. London and New York: Routledge, 1995.

[23] Hannigan J A. Tourism urbanization. Current Sociology, 1995, 43(1): 192-200.

[24] van den Berg L, van der Borg J, van der Meer J. Urban Tourism: Performance and Strategies in Eight European

City. Euricur Series. Ashgate: Aldershot, 1995.

[25] Gladstone D L. Tourism urbanization in the United States. Urban Affairs Review, 1998, 33(1): 3-27.

[26] Mullins P. Cities for pleasure: the emergence of tourism urbanization in Australia. Built Environment, 1992, 18(3): 187-198.

[27] Mullins P. Tourism urbanization. International Journal of Urban and Regional Research, 1991, 15(3): 326-342.

[28] Kesgin M. Local authorities'and NGOs'perceptions of tourism development and urbanization in Alanya. Original Scientific Paper, 2007, 55(3): 309-322.

[29] Dandapath P, Mondal M. Urbanization and its impact on coastal eco-tourism in West Bengal . International Journal of Science and Research, 2013, 2(1): 114-119.

[30] Martins J C. Sun, sea and extended urban territories. Lisbon: Second International Conference of Young Urban Researchers, 2011: 1-9.

[31] Buckley R. Tourism and environment. Annual Review of Environment and Resources, 2011, 36: 397-416.

[32] Bätzing W, Perlik M, Dekleva M. Urbanization and depopulation in the Alps. Mountain Research and Development, 1996, 16(4): 335-350.

[33] Chang T C, Simon M. Urban heritage tourism: the global-local nexus. Annals of Tourism Research, 1996, 23(2): 284-305.

[34] Judd D R, Fainstein S S. The Tourist City. New Haven, CT: Yale University Press, 1999.

[35] King R. Tourism, labour and international migration//Montanari A, Williams A M. European Tourism: Regions, Spaces and Restructuring. Chichester: Wiley, 1995.

[36] Williams A, Hall C. Tourism and migration: new relationships between production and consumption. Tourism Geographies, 2000, 2(1): 5-27.

[37] Szivas E, Riley M. Tourism employment during economic transition. Annals of Tourism Research, 2003, 30(1): 64-76.

[38] King R, Warnes A M, Williams A M. Sunset Lives: British Retirement to Southern Europe. Oxford: Berg, 2000.

[39] Williams A, Hall C. Guest editorial: tourism and migration. Tourism Geographies, 2000, 2(1): 2-4.

[40] Oigenblick L, Kirschenbaum A. Tourism and immigration: alternative approaches. Annals of Tourism Research, 2002, 29(4): 1086-1100.

[41] King R, Warnes A M, Williams A M. Sunset Lives: British Retirement Migration to the Mediterranean. Oxford: Berg, 2000.

[42] Rodriguez V. Tourism as a recruiting post for retirement migration. Tourism Geographies, 2001, 3(1): 52-63.

[43] Truly D. International retirement migration and tourism along the Lake Chapala Riviera: developing a matrix of retirement migration behaviour. Tourism Geographies, 2002, 4(3): 899-918.

[44] Judd D R. Promoting tourism in US cities. Tourism Management, 1995, 16(3): 175-187.

[45] Mullins P. The evolution of Australian tourism urbanization//Hoffman L M, Fainstein S S, Judd D R. Cities and Visitors: Regulating People, Markets and City Space. Oxford: Blackwell Publishing, 2003.

[46] Safavi H P. The process of urbanization and its implications for tourism sector: a sustainability approach: the case of

famagusta/TRNC. Famagusta: Eastern Mediterranean University, 2012.

[47] Makowska-Iskierka M. Spatial and morphological effects of tourism urbanization in the Łódź Metropolitan Area. Tourism, 2013, 23(2): 33-42.

[48] Martins J C. Tourism urbanization in Algarve(1965—2004). Algarve: Book of Proceedings Vol. Ⅱ-International Conference on Tourism & Management Studies-ALGARVE, 2011.

[49] Allen J S , Kang Shou Lu , Potts D T. A GIS-based analysis and predict ion of parcel land- use change in a coastal tourism destination area//Miller M I, Auyong J, Hadley N P. Proceedings of the 1999 International Symposium on Coastal and Marine Tourism: Balancing Tourism and Conservation, 2002: 45-58.

[50] Burak S, Doğan E, Gazioğlu C. Impact of urbanization and tourism on coastal environment. Ocean & Coastal Management, 2004, (47): 515-527.

[51] 周少雄. 试论旅游发展与城市化进程的互动关系. 商业经济与管理, 2002, (2): 55-58.

[52] 余凤龙, 黄震方. 中国城镇化进程对农村居民旅游消费的影响. 经济管理, 2013, (7): 125-134.

[53] 孙根年, 杨姣. 30年来西安城市化对旅游业发展的影响. 陕西师范大学学报(自然科学版), 2014, (4): 78-84.

[54] 余凤龙, 黄震方, 曹芳东, 等. 中国城镇化进程对旅游经济发展的影响. 自然资源学报, 2014, (8): 1297-1309.

[55] 朱竑, 贾莲莲. 基于旅游“城市化”背景下的城市“旅游化”——桂林案例. 经济地理, 2006, (1): 151-155.

[56] 苏伟忠, 杨英宝, 顾朝林. 城市旅游竞争力评价初探. 旅游学刊, 2003, (3): 39-42.

[57] 李明德. 城市旅游功能的形成和保障. 中国城市经济, 2006, (7): 6-8.

[58] 张玲. 城市旅游与旅游城市化. 网络财富, 2009, (8): 61-63.

[59] 谢志华, 党宁, 张歆梅. 中国资源型景区与城市空间关系研究. 旅游学刊, 2007, (7): 29-33.

[60] 刘嘉纬, 蒙睿. 关于旅游业对西部城市化动力驱动的研究. 陕西师范大学学报(自然科学版), 2001, (s1): 156-160.

[61] 戴斌. 旅游, 城市发展的一面镜子. 光明日报, 2012-04-24.

[62] 徐红罡. 城市旅游与城市发展的动态模式探讨. 人文地理, 2005, (1): 6-9.

[63] Haug B, Dann G M S, Mehmetoglu M. Little norway in Spain: from tourism to migration. Annals of Tourism Research, 2007, 34(1): 202-222.

[64] 张建庆, 李晓光. 长三角旅游城市化发展背景分析. 上饶师范学院学报, 2005, (6): 98-100.

[65] 赵福祥, 李全德. 少数民族地区开展社区旅游的思考. 云南师范大学学报, 2003, (3): 137-140.

[66] 王先锋. “飞地”型城镇发展: 基于落后地区城镇化道路研究——以湖南省张家界为例. 中国社会科学院博士学位论文, 2003.

[67] 刘晓鹰, 杨建翠. 欠发达地区旅游推进型城镇化对增长极理论的贡献——民族地区候鸟型“飞地”性旅游推进型城镇化模式探索. 西南民族大学学报(人文社科版), 2005, (4): 114-117.

[68] 谷凯, 杰夫瑞·沃. 海南快速城市化过程分析. 国外城市规划, 2002, (2): 41-43.

[69] 孙钰霞, 刘今朝, 杨庆媛, 等. 大城市边缘地区旅游业集聚机制研究——以成都市龙泉驿区为例. 特区经济, 2008, (1): 183-185.

[70] Andriotis K. Hosts, guests and politics: coastal resorts morphological Change. Annals of Tourism Research, 2006, 33(4): 1079-1098.

[71] 刘锋. 西部旅游腾飞之路. 中国经济导报, 2000-1-17, 11 版.

[72] 黄小斌, 林炳耀. 西部小城镇建设初探. 城市规划汇刊, 2001, (2): 56-58, 62.

[73] 王冬萍, 阎顺. 旅游城市化现象初探——以新疆吐鲁番市为例. 干旱区资源与环境, 2003, (5): 118-122.

[74] 李鹏. 旅游城市化的模式及其规制研究. 社会科学家, 2004, (4): 97-100.

[75] 梁留科, 安传艳. 旅游城市化的影响分析及模式探讨. 集团经济研究, 2007, (6): 256-256.

[76] 陆林. 旅游城市化: 旅游研究的重要课题. 旅游学刊, 2005, (4): 10.

[77] 陈绍友. 旅游经济系统发展与发展系统. 重庆师范大学学报(哲学社会科学版), 2004, (5): 72-78.

2　西部地区旅游资源开发与城镇化建设的基本框架

在明确旅游资源开发与城镇化建设的理性认识基础上，本章进一步建构西部地区旅游资源开发与城镇化建设的基本框架。其中，首先要明晰旅游资源开发与城镇化建设在西部发展中的地位，即旅游资源开发与城镇化建设是西部地区发展的两大重要抓手，这是本书立论及展开的基础与前提。

2.1　旅游资源开发与城镇化建设在西部发展中的地位

2.1.1　西部地区的发展基础

从区域发展的角度，中国内地31个省区市①分为“四大板块”，即东部地区(含北京、天津、河北、山东、江苏、浙江、上海、福建、广东、海南10个省市)、中部地区(含河南、山西、江西、安徽、湖北、湖南6个省)、西部地区(含云南、贵州、四川、重庆、西藏和陕西、甘肃、宁夏、青海、新疆及广西、内蒙古12个省区市)、东北地区(含黑龙江、吉林、辽宁3个省)。西部地区是中国发展的重要空间内容，从发展的角度看，西部地区具有如下基本特征。

一是地广人稀，生态环境脆弱。西部地区面积占全国陆地面积近3/4，人口却只有全国的1/4。西部地区有一半以上的面积是高原、丘陵、沙漠、戈壁等，地质地貌复杂，受自然条件的制约，西部地区的人口聚集与经济建设主要在湟水、拉萨河、嘉陵江、长江等河谷地带、绿洲地区、河谷平原(成都平原)及滇中、黔中等高原盆地，这些区域面积较为狭小，所以聚集的人口不多。另外，西部地区自然灾害频发、生态环境脆弱，资料显示，全国70%以上的突发性地质灾害和50%的生态脆弱县集中在西部地区[1]，如近年来中国发生的两次大地震——2008年5月的四川汶川大地震和2010年4月的青海玉树地震，目前中国的环境与生态危机主要发生在西部地区，不仅对西部地区造成直接影响，而且已经影响到中、东部地区的建设发展[2]。

二是自然资源丰富，利用粗放。目前，西部地区有全国50.45%的有潜在价值

① 港澳台数据暂缺，本书后列数据均不含港澳台，不再一一说明。

的矿产资源，一些稀有金属的储量在全国名列前茅；能源资源的已探明储量及蕴藏量中，西部地区的煤炭、石油、天然气及水力资源等分别占全国 36%、12%、64.5%及 82.5%，基于资源而发展是西部地区经济建设的特色。以资源型城市为例，西部地区资源型城市数量占全国 38.93%(表 2-1)。另外，人们对自然资源开采利用粗放，不仅给生态环境带来了压力，资源利用、经济发展也不持续，经济发展转型压力较大。

表 2-1　中国资源型城市的地区分布

区域	城市数量/个	比重/%	城市构成
东北	37	14.12	地级市 21 个、县级市 9 个、县(自治县、林区)3 个、市辖区 4 个
东部	49	18.70	地级市 20 个、县级市 10 个、县(自治县、林区)14 个、市辖区 5 个
中部	74	28.24	地级市 37 个、县级市 27 个、县(自治县、林区)10 个
西部	102	38.93	地级市 48 个、县级市 16 个、县(自治县、林区)31 个、市辖区 7 个
全国	262	100.00	地级市 126 个、县级市 62 个、县(自治县、林区)58 个、市辖区 16 个
说明	中国内地除东部地区的京津沪 3 个直辖市无资源型城市外，其他省区市均有		

资料来源：《全国资源型城市可持续发展规划(2013～2020 年)》(国发[2013]45 号)

三是经济总量小，贫困区域广。在经济总量上，2018 年，面积占全国近 3/4 的西部地区仅有全国经济总量的 1/5，西部(多数省区市)的经济总量在全国排位靠后，全国经济总量最大的广东是最小的西藏的近 66 倍，是西部最大的四川省的 2.39 倍(表 2-2)。由于经济发展滞后，西部地区的贫困状况就较为突出。国家 592 个扶贫开发工作重点县中，有 63.34%(375 个)在西部(表 2-3)；397 个集中连片特殊困难地区范围内的国家扶贫开发工作重点县中，有 68.01%(270 个)在西部；14 个国家连片贫困区 670 个县区市中，有 72.99%(489 个)在西部；14 个国家连片贫困区，有 7 个连片贫困区全部在西部，共 403 个县区市，有 2 个覆盖西部与中部地区、1 个覆盖西部与东北地区，3 个连片贫困区 166 个县区市中有 86 个在西部(表 2-4)。也就是说，西部地区集中了全国大多数贫困地区和贫困人口。

表 2-2　2018 年中国 31 个省区市 GDP 排名及区域比较

排名	省区市	GDP 总量/亿元	排名	省区市	GDP 总量/亿元	排名	省区市	GDP 总量/亿元
1	广东	97277.77	6	四川	40678.13	11	上海	32679.87
2	江苏	92595.40	7	湖北	39366.55	12	北京	30319.98
3	山东	76469.67	8	湖南	36425.78	13	安徽	30006.82
4	浙江	56197.15	9	河北	36010.27	14	辽宁	25315.35
5	河南	48055.86	10	福建	35804.04	15	陕西	24438.32

续表

排名	省区市	GDP 总量/亿元	排名	省区市	GDP 总量/亿元	排名	省区市	GDP 总量/亿元
16	江西	21984.78	21	内蒙古	17289.22	26	新疆	12199.08
17	重庆	20363.19	22	山西	16818.11	27	甘肃	8246.07
18	广西	20352.51	23	黑龙江	16361.62	28	海南	4832.05
19	天津	18809.64	24	吉林	15074.62	29	宁夏	3705.18
20	云南	17881.12	25	贵州	14806.45	30	青海	2865.23
						31	西藏	1477.63

	东部地区	东北地区	中部地区	西部地区	全国
区域总量/亿元	480995.84	56751.59	192657.90	184302.13	914707.46
在全国占比/%	52.59	6.20	21.06	20.15	100.00

资料来源：根据国家统计局网站资料整理。说明：全国 31 个省区市加总为 914707.46 亿元，国家公布数据为 900309.5 亿元，上表按照加总数据测算比重

表 2-3 国家扶贫开发工作重点县分省域情况(2012 年) (单位：个)

大区	省区市	国家扶贫开发工作重点县数量	大区	省区市	国家扶贫开发工作重点县数量
东部地区	河北	39	西部地区	内蒙古	31
	海南	5		陕西	50
	合计	44		甘肃	43
中部地区	河南	31		宁夏	8
	山西	35		青海	15
	安徽	19		新疆	27
	江西	21		广西	28
	湖北	25		云南	73
	湖南	20		贵州	50
	合计	151		四川	36
东北地区	黑龙江	14		重庆	14
	吉林	8		合计	375
	合计	22	全国		592

资料来源：中国网. china.com.cn.2012-03-19

表 2-4　国家连片贫困区所在省区市及县级单位数量汇总情况　（单位：个）

国家连片贫困区名称（县级行政单位数量）	西部各省区市（县级行政单位数量）	西部总数	非西部各省区市（县级行政单位数量）
六盘山区(61)	陕西(7)、甘肃(40)、青海(7)、宁夏(7)	61	
乌蒙山区(38)	四川(13)、贵州(10)、云南(15)	38	
滇桂黔石漠化区(80)	广西(29)、贵州(40)、云南(11)	80	
滇西边境山区(56)	包括云南保山、丽江、普洱、临沧、楚雄、红河、西双版纳、大理、德宏、怒江10市(自治州)，共56个县	56	
西藏(73)	辖拉萨、昌都、日喀则、林芝4个地级市，山南、那曲、阿里3个地区，共73个县(市/区)	73	
四省藏区(71)	青海(30)、四川(30)、云南(3)、甘肃(8)	71	
新疆南疆三地州(24)	和田(8)、喀什(12)、克孜勒苏柯尔克孜自治州(4)	24	
秦巴山区(75)	重庆(5)、四川(15)、陕西(29)、甘肃(9)	58	河南(10)、湖北(7)
武陵山区(72)	重庆(7)、贵州(16)	23	湖北(11)、湖南(38)
大兴安岭南麓山区(19)	内蒙古(5)	5	吉林(3)、黑龙江(11)
燕山—太行山区(22)		0	河北(22)
吕梁山区(20)		0	山西(13)、陕西(7)
大别山区(36)		0	安徽(12)、河南(16)、湖北(8)
罗霄山区(23)		0	江西(17)、湖南(6)
说明	14个连片贫困区县全国合计670个，其中西部地区489个		

资料来源：根据中共中央国务院印发《中国农村扶贫开发纲要(2011～2020年)》. http://www.gov.cn/gongbao/content/2011/content_2020905.htm 及百度百科相关资料整理

2.1.2　西部地区发展的重要性

1) 中国发展离不开西部地区的发展

西部地区的发展，不仅需要西部各省区市自身努力，更离不开国家的支持。一方面，发展机会均等是国家及其公民的一项权利。西部的发展机会与发展权利，是中国整体发展必须关注和保障的。另一方面，西部地区发展的相对滞后，已经影响到中国东中西部的区域协调，影响到中国整体的持续、快速、健康发展，进而影响到中华民族的伟大复兴。

2) 西部地区发展的特殊价值

一是生态价值。西部地区是全国大江大河的源头和气候的上游区，是全国的生态屏障。国内外的实践经验已经表明，不重视生态建设、没处理好经济建设与生态保护的关系，从长远看，经济建设将付出越来越昂贵的代价。二是民族团结价值。我国少数民族主要集聚在西部地区(表 2-5)，加快西部地区的发展，是缓解地区发展不平衡、化解民族发展矛盾、让广大少数民族地区共享发展成果的根本。三是国家安全价值。西部地区是中国大陆边境区，与俄罗斯、哈萨克斯坦、蒙古、塔吉克斯坦、吉尔吉斯斯坦、阿富汗、巴基斯坦、尼泊尔、不丹、印度、缅甸、老挝、越南等国家接壤，有 1.8 万余千米的陆地边境线，战略枢纽位置十分重要[3]。

表 2-5　西部地区少数民族聚集

地区	少数民族数量	民族自治区数量	民族自治州数量	民族自治县、旗数量
西部地区/个	52	5	27	87
全国/个	55	5	30	124
西部占全国比重/%	94.55	100.00	90.00	70.16

资料来源：根据中华人民共和国国家民族事务委员会. http://www.seac.gov.cn/col/col121/index.html 相关资料整理

面对西部发展的重要价值，国家一直十分重视西部地区的发展。一是国家适时实施和大力推进西部大开发。早在改革开放初期，改革开放总设计师邓小平的“两个大局”的论断，就十分明确地将西部地区的发展纳入了“国家考虑”。1999 年 9 月，基于“两个大局”的战略构想和新世纪的中国发展，国家开启了“西部大开发”的重大实践，经过 10 年的不懈努力，西部发展取得了举世瞩目的巨大成就；2010 年 3 月 21～23 日胡锦涛在宁夏回族自治区考察工作时指出，西部大开发第二个 10 年将成为承前启后、深入推进的关键时期。二是“向西开放”和“丝绸之路经济带”将西部发展推到国家前沿。早在 1992 年，中国沿边开放战略仅涉及新疆、广西等西部省区市，就陆续有学者提出中国应向西开放[4-8]；21 世纪初，中国以 2001 年 6 月正式成立的上海合作组织为主要支撑平台，稳步推进“西进战略”[9]；2013 年 9 月 7 日习近平主席提出“丝绸之路经济带”，中国向西开放的战略布局已经基本到位[10]。丝绸之路经济带，直接涵盖西部的陕、甘、宁、青、新、云、川、渝、桂 9 省区市，中国与西亚各国的经济合作、文化交流给西部地区带来新的发展机遇。

2.1.3　旅游资源开发与城镇化建设是西部地区发展的重要抓手

1) 发展旅游是西部地区经济社会发展的战略内容

基于发展的基本共识，西部地区的发展，在经济、政治、社会、文化、生态“五位一体”有机结合、全面推进的同时，要着力推进经济建设的“内容”与“空间”的良好配合。其中，在经济发展内容方面，基于现有的资源禀赋、经济基础、人员素质、教育水平等，西部地区除了一些有条件的地区“以建设‘大产业、大企业、大项目’为目标，培育一批有较强市场竞争力的骨干企业与主导产品”之外，普遍上更适宜发展劳动密集型产业，用现代高新技术、信息技术改造、提升传统产业，培育特色优势产业。其中，旅游业是西部地区应当大力推进的重要特色优势产业，这是“比较优势理论”和“旅游独特贡献”的结论。

比较优势理论认为，一国或地区的经济应该选择自身具有比较优势的产业予以积极发展。西部地区强化旅游资源开发、大力发展旅游业，有明显的比较优势——资源优势(西部地区旅游资源丰富、独特)、市场优势(中国整体跨过温饱迈向小康的新时期蕴含强大的旅游需求、西部地区独特的旅游吸引力)、产业优势(相较于其他产业，西部地区更容易开展旅游业)等，因此，西部地区优先和大力发展旅游业，具有充分的理论合理性。

实践显现的旅游发展的独特贡献如下。一是旅游发展对经济发展有良好的促进作用。在实践中，我们可以看到许许多多的成功案例，发展旅游已经成为推动经济社会发展的一种重要工具；在理论上，国内外众多学者的实证研究表明，旅游业已成为经济增长的有效推动器。二是旅游发展是经济欠发达地区启动发展的有效路径。为突破低水平均衡发展，欠发达地区往往集中资源优先着力某一产业的投资建设；欠发达地区通常是“旅游资源富集区”，在旅游需求蓬勃兴起中，发展旅游对经济欠发达地区的发展具有明显拉动作用，这是被众多的实践发展案例与实证分析结果所证明的结论[11]；旅游业的突破相对于其他产业而言较为容易，只要思路正确、措施得当，不仅实现突破发展，而且会因为良好的综合带动功能而做出更大贡献。三是旅游发展契合建设“美丽中国”。旅游业是天然的生态型产业，发展旅游与环境美化相互支撑、相辅相成；面积广阔的西部地区的旅游资源开发，同时也是广阔面积上的环境美化与生态文明建设，对“美丽中国”建设无疑有推进作用。

因此，西部地区普遍把旅游业作为主导产业加以积极培育。早在 20 世纪 90 年代初，西部各省区市就纷纷把旅游业作为第三产业的经济新增长点、先导产业及优势产业加以积极培育和发展；随着实践的推移，旅游资源开发、旅游业发展相继进入西部 12 省区市的经济社会发展大战略序列中。

2)城镇化建设是西部地区发展的重要动力

一方面，中国的城镇化需要加快西部地区城镇化。西部地区的城镇化水平低于中国城镇化的平均水平，加快中国的城镇化不能缺少西部地区的快速城镇化。另一方面，西部地区的城镇化，是西部地区自身发展的客观需要。一是承载西部地区新型工业化。城镇化为工业化提供发展空间，是自然资源、劳动力、资金、技术、企业、产业的集聚载体，西部城镇化落后制约了西部工业化的发展，加快西部地区城镇化，着力城镇化、工业化、信息化的有机结合，将为西部地区新型工业化奠定坚实基础。二是促进城乡统筹，带动地区经济发展。城镇化吸纳了农村剩余劳动力，在促进城镇第二、第三产业发展的同时也促进了农村产业结构调整优化，实现了农业现代化与城镇化双向良性互动，带动城镇发展，城乡统筹，最终会使地区经济走出落后困境实现繁荣发展。三是促进西部地区发展。城镇化建设发展，会使西部地区政治和社会稳定、民族团结和边疆安全，从而促进我国现代化建设第三步战略目标和“两个100年目标”的最终实现。

纵观西部12省区市的发展战略，加快城镇化建设、以城镇化为发展动力，是各个省区市经济社会发展的共同选择与重要战略。表2-6是西部12省区市最近两次党代会上的报告对各自区域的城镇化建设发展的战略安排，从中可以看到城镇化在各个省区市经济社会发展中的战略地位，其是各个省区市党委政府推动发展的重要抓手。

表2-6 西部各省区市近两次党代会报告对城镇化建设发展的论述

省区市	党代会报告对城镇化建设发展的论述	
陕西	要深入实施关中创新、陕北持续、陕南循环区域发展战略，不断培育新的经济增长极。坚持城镇化与新农村建设衔接互动，推进大中城市建设。做大县城、发展乡镇，搞好县域工业园区和重点镇建设。[《推动科学发展 富裕三秦百姓 为全面建设西部强省而努力奋斗——中国共产党陕西省第十二次代表大会上的报告》(2012年5月7日)，《陕西日报》2012年5月11日]	把城镇建设作为强县兴县的重要基础，增强承接产业、聚集人口的能力，加快城乡基本公共服务均等化，建设沿黄河、沿汉江生态城镇带和一批特色小镇，构建特色鲜明、布局合理、相得益彰的城镇体系，确保全省城镇化率超过60%。[《决胜全面小康 加快富民强省 奋力谱写陕西追赶超越新篇章——中国共产党陕西省第十三次代表大会上的报告》(2017年5月7日)，《陕西日报》2017年5月15日]
甘肃	加快推进特色城镇化，坚持群落式布局、节点式推进、特色化发展，提升容纳人口、吸纳就业和承接产业功能，努力形成优势互补、布局合理、连接通畅、特色鲜明的城镇化建设新格局。[《科学发展转型跨越 民族团结富民兴陇 为与全国同步进入全面小康社会而努力奋斗——中国共产党甘肃省第十二次代表大会上的报告》(2012年4月24日)，《甘肃日报》2012年5月3日]	按照中心带动、多极突破的发展格局，立足各地资源禀赋和区位条件，优化空间开发和生产力布局，培育区域发展增长极。[《紧密团结在以习近平同志为核心的党中央周围 为加快建设幸福美好新甘肃而努力奋斗——中国共产党甘肃省第十三次代表大会上的报告》(2017年5月22日)，《甘肃日报》2017年6月3日]
宁夏	按照“把宁夏作为一个大城市来规划建设”的理念，加快沿黄城市带建设，努力形成西部重要的城市群。继续推进固原区域中心城市和宁南大县城建设。大力发展一批基础好、有特色、吸纳人口能力强的小城镇，统筹好城镇化的速度、质量和水平。[《高举中国特色社会主义伟大旗帜 为建设和谐富裕新宁夏 与全国同步进入全面小康社会而奋斗——中国共产党宁夏回族自治区第十一次代表大会上的报告》(2012年6月6日)，《宁夏日报》2012年6月13日]	要顺应以城市群为主体形态推进城市化的大趋势，以城际快速轨道交通为纽带，集约发展、集群发展、融合发展、引领发展。大力推进银川都市圈建设，推进产业发展协作互补、基础设施互联互通、生产要素统筹配置、公共服务共建共享，形成同城效应、整体优势。[《振奋精神 实干兴宁 为实现经济繁荣民族团结环境优美人民富裕 与全国同步建成全面小康社会目标而奋斗——中国共产党宁夏回族自治区第十二次代表大会上的报告》(2017年6月6日)，《宁夏日报》2017年6月12日]
青海	大力提升现代服务业的层次和水平。完善“四区两带一线”可持续发展格局，坚持相对集中发展理念，加快推进城镇化，完善城市布局和形态，有序发展新型农村社区，显著提高城镇化率。[《坚持科学发展 深化改革开放 为青海各族人民过上更加幸福美好的新生活而奋斗——中国共产党青海省第十二次代表大会上的报告》(2012年5月18日)，《青海日报》2012年5月24日]	围绕推进以人为核心的新型城镇化，全面提升城镇规划建设管理水平和综合服务功能，……积极培育特色小城镇，持续推进高原美丽乡村建设，构建更加开放、更具活力的新型城镇化格局。[《全面落实“四个扎扎实实”重大要求 为建设富裕文明和谐美丽新青海而奋斗——中国共产党青海省第十三次代表大会上的报告》(2017年5月22日)，《青海日报》2017年6月5日]

续表

省区市	党代会报告对城镇化建设发展的论述	
新疆	加快推进新型工业化、农牧业现代化、新型城镇化，大力发展现代服务业。树立现代城市发展理念，按照“以人为本、规划先行、城乡统筹、布局合理、集约高效、特色鲜明”的原则，促进大中小城市协调发展，力争到2015年城镇化水平达到48%。[《变化变革敢于担当务求实效 为实现新疆跨越式发展和长治久安而奋斗——中国共产党新疆维吾尔自治区第八次代表大会上的报告》(2011年10月26日)，《新疆日报》2012年4月18日]	积极稳妥推进新型城镇化，促进人口适度聚集，切实提高城镇规划、建设、管理水平，提高城镇居民的舒适感。形成结构合理、层次有序、功能互补、大中小城市和小城镇协同发展的城镇格局。[《坚定不移贯彻落实以习近平同志为核心的党中央治疆方略 为实现新疆社会稳定和长治久安而团结奋斗——中国共产党新疆维吾尔自治区第九次代表大会上的报告》(2016年10月29日)，《新疆日报》2016年11月10日]
内蒙古	内蒙古……难以形成由一、两个大型城市带动的城镇化格局，……也不宜发展特大型城市。以发展盟市所在地中心城区为重点，着力打造一批规模适度、宜居宜业的区域中心城市，加快构建多极支撑的生态型城镇体系。要充分发挥县城统筹城乡、保护生态的重要作用。[《坚持科学发展 推进富民强区 努力把内蒙古建设得更加繁荣富裕和谐美好——中国共产党内蒙古自治区第九次代表大会上的报告》(2011年11月10日)，《内蒙古日报》2011年11月16日]	要积极推进以人为核心的新型城镇化，促进大中小城市和小城镇协调发展。依托盟市、旗县所在地和中心镇，全面提升城镇服务功能，积极引导产业集聚。深化城乡户籍制度等相关改革，加快农村牧区转移人口市民化进程。[《紧密团结在以习近平同志为核心的党中央周围 把祖国北部边疆这道风景线打造得更加亮丽——中国共产党内蒙古自治区第十次代表大会上的报告》(2016年11月22日)，《内蒙古日报》2016年12月2日]
云南	坚持统筹城乡、优化布局，加快推进新型工业化、城镇化和农业现代化进程。走有云南特色的城镇化道路。优化城镇布局，积极发展城市群，促进大中小城市和小城镇协调发展。引导城镇、村庄、工业向适建山地发展，建设山地城镇。提高城镇规划、建设和管理水平，增强城镇综合承载能力。[《科学发展和谐发展跨越发展 为加快建设面向西南开放重要桥头堡而奋斗——中国共产党云南省第九次大会上的报告》(2011年11月25日)，《云南日报》2012年4月18日]	城镇化是提升云南经济社会发展水平的重要途径。……走出一条具有时代特征、民族特色、云南特点的新型城镇化发展路子。建设有历史记忆、文化内涵、地域特征和民族风貌，更加和谐宜居、富有活力、各具特色的现代化城镇。加强省内区域性中心城市建设，做大做强大城市，做精做优中小城市，做特做靓小城镇，扎实提高城镇化水平。[《紧密团结在以习近平同志为核心的党中央周围 勇于担当 奋发有为 为云南全面建成小康社会而努力奋斗——中国共产党云南省第十次代表大会上的报告》(2016年12月19日)，《云南日报》2016年12月30日]
贵州	强调坚定不移地实施工业强省和城镇化带动战略，大力推进……“三化”同步。通过城镇化孕育更多产业，吸纳更多的农村人口在城镇就业生活；大力实施城镇化带动战略，坚持走山区特色城镇化道路，促进大中小城市和城镇协调发展，为工业发展提供更加良好的发展条件，把更多农村人口转移到城镇。[《以党的十八大精神为指引 坚持科学发展奋力后发赶超 为与全国同步实现全面建设小康社会宏伟目标而奋斗——中国共产党贵州省第十一次代表大会上的报告》(2012年4月15日)，《贵州日报》2012年4月24日]	坚持以人为本、道法自然，加快山地特色新型城镇化进程。着力塑造一批彰显时代特征、民族特色、地域特点的山水城市，建设一批体现自然风光、民族风情、特色风物的绿色小镇。加强城市规划建设，让城市既有“面子”更有“里子”。有序推进农业转移人口市民化，稳步提高户籍人口城镇化水平。[《紧密团结在以习近平同志为核心的党中央周围 决胜脱贫攻坚同步全面小康 奋力开创百姓富生态美的多彩贵州新未来——中国共产党贵州省第十二次代表大会上的报告》(2017年4月16日)，《贵州日报》2017年4月25日]
四川	坚持以工业化带动城镇化，提升城镇化质量和水平。坚持走新型城镇化道路，构建人口、经济、社会、资源与环境相协调的城镇化格局。大力实施中心城市带动战略，突出发展大城市和区域性中心城市，促进大中小城市和小城镇协调发展。大力提升城镇综合承载能力。[《科学发展执政为民 为建设西部经济发展高地而奋斗——中国共产党四川省第十次代表大会上的报告》(2012年5月16日)，《四川日报》2012年5月23日]	必须坚持以新型工业化为主导、新型城镇化为载体、农业现代化为基础，促进城镇布局与产业布局、经济区与城市群发展有机交融，加快构建具有四川特点的现代产业体系、现代城镇体系和现代城乡形态。着力形成宜居宜业宜商的现代城镇体系。[《紧密团结在以习近平同志为核心的党中央周围 建设美丽繁荣和谐四川 推动治蜀兴川再上新台阶——中国共产党四川省第十一次代表大会上的报告》(2017年5月24日)，《四川日报》2017年5月31日]

续表

省区市	党代会报告对城镇化建设发展的论述	
重庆	要以工业化为引擎，以城镇化为依托，以农业现代化为基础，“三化”同步推进，形成重庆科学发展的强大动力。坚持把推进城镇化、打造城镇集群作为城乡区域协调发展的中心环节。[《深入贯彻落实科学发展观 为在西部率先实现全面建设小康社会目标而奋斗——中国共产党重庆市第四次代表大会上的报告》(2012 年 6 月 18 日)，《重庆日报》2012 年 6 月 25 日]	推进以人为核心的新型城镇化，着力打造现代化大都市区，大力发展区县城，有序发展有产业基础的重点镇，构建“一区两群”城镇发展格局。[《紧密团结在以习近平同志为核心的党中央周围 决胜全面小康开启社会主义现代化建设新征程——中国共产党重庆市第五次代表大会上的报告》(2017 年 5 月 20 日)，《重庆日报》2017 年 5 月 27 日]
西藏	加快城镇化建设，完善以拉萨市为中心，以地区所在地为支点，以县城、边境城镇、特色文化旅游城镇为网络的城镇体系，促进人口适度集聚，力争“十二五”末城镇化率达到 30%以上。[《坚定不移走有中国特色西藏特点发展路子为实现跨越式发展和长治久安而团结奋斗——中国共产党西藏自治区第八次代表大会上的报告》(2011 年 11 月 12 日)，《西藏日报》2012 年 4 月 18 日]	推进城乡协调发展，进一步完善城镇建设总体布局，积极稳妥推进新型城镇化建设，推动拉萨市引领发展、六个中心城镇率先发展、重点县城和特色城镇加快发展，加强配套基础设施建设，扩大人口容量，提升综合承载能力。[《坚定不移贯彻落实习近平总书记治边稳藏重要战略思想 奋力推进西藏长足发展和长治久安——中国共产党西藏自治区第九次代表大会上的报告》(2016 年 11 月 15 日)，《西藏日报》2016 年 11 月 18 日]
广西	加快推进农业现代化和社会主义新农村建设；加快新型城镇化跨越发展。深入实施中心城市带动战略，提高城镇规划、建设管理水平，增强城镇竞争力和辐射带动作用。[《深入贯彻落实科学发展观 加快实现富民强桂新跨越——中国共产党广西壮族自治区第十次代表大会上的报告》(2011 年 11 月 11 日)，《广西日报》2012 年 4 月 18 日]	积极稳妥推进以人为核心的新型城镇化，构建以城镇群为主体形态的城镇体系。加强城市规划建设管理，加快城市新区建设，推进产城融合；培育特色小城镇。[《营造“三大生态” 实现“两个建成” 谱写建党百年广西发展新篇章——中国共产党广西壮族自治区第十一次代表大会上的报告》(2016 年 11 月 21 日)，《广西日报》2016 年 11 月 28 日]

2.1.4 西部地区旅游资源开发与城镇化建设的创新价值

1) 旅游与城镇互动发展的条件已经成熟

旅游与城镇化的互动发展，源于旅游对城镇的依赖和城镇对旅游的倚重，前者表现为城镇在旅游行程中的地位凸显而成为旅游的重要节点，是旅游自身的结构优化而形成的旅游业发展；后者表现为因城镇经济发展的困顿和新需求而借用旅游来重整和发展城镇经济，旅游业成为城镇经济的重要组成部分，城镇经济因旅游业而勃发升级。但是，旅游与城镇化两者的互动，尚处于“单向互动”的局面，是“一方为主，一方为辅”的互动。目前国内大部分地区及国外部分地区的旅游与城镇化互动均属于这种情况，当然这种情况也是一种发展进步，无所谓“对”与“不对”、“好”与“不好”，这是一种发展状态，今后也会长期存在。

另外，中国经济社会发展已经进入“新常态”，中国发展模式与发展内容必将发生变革。在从温饱迈向小康的进程中，精神生活的需求无论数量规模还是类型层次都在快速凸显，“体验”不仅是外出旅游而且成为日常生活(甚至工作)的重要内容，不仅旅游业以“稳增长、调结构、惠民生、撑生态、荣文化、促交往”的全面优势而成为经济发展新常态下的新增长点，而且如百货商城、购物中心等现实商业形态都在顺应“体验”的需求增长而发生变革——增大体验内容、减少实体店比重。旅游正在以前所未有的方式和程度影响着社会发展的方方面面，旅游正在成为城市发展的新增长点、新制高点、新模式，旅游资源开发与城镇化建设正在进入“双向全面互动”的新时期。

2) 西部地区旅游与城镇互动发展的创新意义

一方面，旅游与城镇的双向良性互动发展的水平还不高。从理论上讲，旅游与城镇双向良性互动水平的相关研究还处于起步阶段，相互影响的机制尚处在研究初期，研究领域较分散，研究内容不够丰富，还未凝练成明确的研究领域和研究方向、形成能广泛应用的基础理论和较成熟的理论体系[12]。在实践上，城镇化建设发展受经济发展、政府力量、人口素质等多种因素的影响，旅游对城镇化建设发展的促进作用在近 10 年来才明显显现。王公为的实证研究发现：2008 年之前，我国旅游业在国民经济中的占比相对较低，旅游业发展对经济和社会发展的影响较弱，旅游城镇化效应不显著；2009 年《国务院关于加快发展旅游业的意见》将旅游业定位为国民经济的战略性支柱产业，此后我国旅游业的占比逐渐提高，对经济和社会的影响逐渐增强，旅游城镇化效应逐渐显现，旅游与城镇化的双向互动在实践中的创新探索才逐渐展开[13]。因此，旅游与城镇的双向良性互动实践尚需大力探索。

另一方面，西部地区旅游与城镇发展有望渐次推进双向良性互动。这是因为，旅游城镇化作为城镇化的一种模式，为中国的城镇化道路指明了方向[14]；西部地区的城镇化水平不高，旅游业是西部地区的重要战略产业，以旅游推动城镇化建设发展正是西部地区的战略选择，这不仅符合旅游城镇化的理论导向，而且符合旅游快速成长的实践导向，西部地区客观上可以从一开始就实现旅游与城镇的双向良性互动，并在旅游发展与城镇建设过程中渐次提升双向良性互动的水平与层次。

3) 民族地区通过旅游与城镇互动发展可以打开创新发展的新空间

西部地区也是民族地区，在区域经济空间联动和区域经济空间城镇极化日渐增强的新时期，民族地区经济、社会、文化及空间聚落、生存形态等的发展演变是一个不得不面对和思考的问题。过去的发展中，“市场经济裹挟下的同一化态势”是主流态势，无论是城镇的“千城一面”“文化趋同”，还是地方语言的“消失”、传统劳作方式的“所谓现代化”等，都在充分地佐证着。显然，这是发展的悖论，是不持续、不健康的发展。

另外，我们越来越清晰地看到：民族文化的差异性在经济全球化和地区一体化中显现出更多的魅力；民族文化的强化与彰显推动民族地区发展；旅游开发促进了民族文化的梳理、整合、保护与张扬。这使民族地区在发展经济的同时增强了文化认同与文化自信。

至此可知，旅游资源开发与城镇化建设及其二者的互动发展将给予民族地区更加开阔的发展空间，包括民族地区的民俗文化、传统习俗、节假日活动；特色建筑(如民族村寨、特色街区)、特色饮食、民族工艺；不同民族在改造自然和与自然和谐共处中的优秀成果(如云南哈尼的梯田)、目前的恬适状态；民族的历史演进、治理状况及其对今天的启示；民族艺术的挖掘、展示；等等，都可以进入旅游资源序列、进行旅游开发，发展旅游经济并促进民族地区的城镇化建设，并通过民族城镇和城镇与民族文化的双向互动进一步张扬民族文化，以特色、差异及其环境优化形成更大的魅力，实现更好的发展。如此，民族地区的旅游资源开发与城镇化建设将呈现出多样化、特色化且更有生命力与持续力的发展态势，推动西部地区与中国及世界“在经济趋同中展现文化多样，在文化多样中促进和谐进步”。

2.2 西部地区旅游资源开发与城镇化建设的路径框架

2.2.1 框架构建的基本思路

基于国内外学者对“旅游城镇化”研究的成就与不足，本书拟在前人成就的基础上，着力于“旅游城镇化的系统化研究”，即探究如何系统化地展开旅游城镇化并因时因地而异地有效施策。为此，需要首先明确几个基本的思路认识：

1) 应当从宏观、中观和微观三个层面认识“旅游城镇化”

旅游城镇化的核心内涵是“旅游作为城镇化的动力而推动城镇化”，国内外学者的研究成果大多数是关于“旅游催生新城镇”的探究，即通过发展旅游促进城镇形成和发展。我们同时应当看到，“作为城镇化的动力”，旅游也能有效地促进现有城镇优化发展，在“新型城镇化”的时代背景中，中国各级各类城镇都需要转型，尤其是大中城市，通过旅游实现转型是一条值得探索的有效路径。国内外学者的研究已经表明，旅游城镇化既包括“旅游催生城镇的城镇化”，也包括“旅游优化城镇的城镇化”，是旅游与城镇的多层次良性互动。尽管国外学者已经指出“旅游城镇化存在着局限性”，但并不否认“旅游优化城镇的城镇化”，只是城镇旅游的发展“要有市场基础和市场认同”(美国弗林特市通过旅游转型的失败应是城市旅游项目开发的失误)、要有效协调旅游者与城镇居民的需求差异、有效防止与化解旅游城镇化的负面影响。目前旅游业的大发展和新型城镇化的有效推进，预示着中国旅游城镇化正当时。

为此，本书作者认为，旅游城镇化应当从三个层面进行分解分析与有效把握。第一层面是基于城镇化发展形成的城镇人口集中—经济发展—人民生活水平提高—旅游需求增长，这是在观念层面的认识，有助于清晰全面地认识“旅游城镇化”。

第二层面是旅游与城镇互动发展(或称“旅游城镇化”)的类型区分，是把旅游作为一种动力来推动区域城镇化建设发展，进而推动经济转型发展、社会进步变迁和文化传承重构的系统转换过程。在空间上应当从景区(含古村镇)、城镇、城郊三大区域展开，应当有“景区旅游城镇化”、“城镇旅游化发展”和“郊区旅游城镇化”三种大的模式。“景区旅游城镇化”是指景区的旅游开发发展带动景区及其周边地区人口集中、产业集聚进而形成城镇化的现象；“城镇旅游化发展”是城镇旅游开发推动城镇新的发展的现象，表现为城镇内部景区点数量增多、城镇旅游规模扩大、城镇人口规模扩大、城镇环境优化美化、城镇化水平不断提高等；“郊区旅游城镇化”是指城市郊区农村适应城市居民周末休闲度假需求发展乡村旅游、休闲农业及特色小镇，促使城郊农村经济社会进步与文明提升的过程。应当看到，“景区旅游城镇化”和“郊区旅游城镇化”的发展，客观上形成新的城镇或使原来名不见经传的古村镇变成新城镇，这种新城镇的出现在改变城镇数量、提高城镇化水平的同时，也改变了城镇之间的空间联系，促进城镇空间结构优化，从而更好地发挥各个城镇的功能。

第三层面是对第二层面的进一步分解，是基于旅游与城镇互动视角的各类旅游资源开发，包括自然山水与人文古迹(传统景区)的开发与城镇化、产业旅游资源开发、文化资源开发。

2)三大“旅游城镇化”区域模式的旅游资源基础不同

旅游资源(tourism resources)是旅游开发的直接对象，是旅游活动得以展开的前提与基础，在中观层面上旅游城镇化的三大区域模式，将基于不同的旅游资源基础发展不同特色、不同内容的旅游业。“景区城镇化”依托独特的自然山水、厚重的人文古迹及奇异的民族风情；“城镇旅游化”依托的是现代的城市风貌、购物娱乐餐饮设施、城市文明及工业工厂旅游化；“郊区城镇化”则依托城郊农村的田园风光、农耕文明、农业生产、农民生活等。在三大区域模式发展中，“优秀传统文化张扬”“旅游资源新生与利用”“三大区域旅游资源开发思路借鉴”等是共同需要关注的内容。

这里涉及一个根本的理论认识问题，即“旅游资源的内涵”问题。关于什么是旅游资源，目前既没有统一的界定，实践中又呈现出不断拓展的态势。传统观念上的旅游资源多指自然山水、名胜古迹，传统的旅游就是游山玩水、赏古喻今，就是“走马观花”。伴随着实践的发展，特别是休闲度假旅游的凸显，一些学者开始注意并提出了“旅游资源内涵的新思想”，如2004年陈绍友提出“一切可以为旅游者服务的都是旅游资源，它可以是实物，也可以是一种观念、一种思想、一种想象”[15]；2006年李南认为旅游资源具有“开放性”[16]；2007年王衍用指出“应对旅游资源进行深度研究”[17]；2012年李庆雷和赵红梅认为旅游资源具有“可拓性”[18]。纵观实践发展与理论探索，可以看到：在自然山水、名胜古迹的传统旅游资源基础上，旅游资源已经和正在呈现出至少如下四个方面的内涵与外延拓展。

一是传统旅游资源构成中的某些要素凸显而使其吸引力提高进而从“不重要”到“重要”，如洁净的天空、清新的空气、负氧离子多、宁静的环境及温暖的冬季、冰雪世界等自然条件，民风民俗、民族服饰、地方美食、民族节庆等人文环境，居民好客、城市安全、方便快捷等社会环境，都已成为新的旅游吸引物而成为旅游资源。

二是利用经济社会文化发展的成就进行旅游开发、打造人造旅游景观而形成新生旅游资源。例如，深圳依托人造景观(世界之窗、锦绣中华、中华民俗文化村……)实现旅游业的快速崛起；工业旅游(如北京的 798 艺术区、上海系列创意产业园区)、农业旅游(如云南罗平的油菜花观光、城郊采摘农业园)及城市购物、文化展览、体育赛事等，已经成为重要的旅游形态与旅游产品形式。

三是独特的自然现象、社会事件为旅游所用而成为新的旅游资源，如山东临沂依托溶洞营造地下荧光湖，广东丹霞山推出生命之旅，美国组织爱好者观察龙卷风、泥石流、火山喷发等，以及曾经的大寨、如今的华西村，张瑞敏“砸冰箱”、伊利牛奶生产过程等，都已经成为优异的旅游吸引物。

四是基于一定规模的人员流动而把相关的设施、服务组合起来形成旅游资源产生旅游消费。一场球赛、一次会议交流等，都能带来不少的人员流动和旅游消费；一个明星见面会，甚至明星都没到现场粉丝也能形成一场较大规模的聚会；等等。

事实上，这些思想观点顺应着实践发展也启示着实践发展。可以预见，西部地区旅游资源开发与城镇化建设的实践探索，将在更大程度上启示实践和推动旅游资源及旅游业新思想的丰富、新理论的形成。

至此，从实践创新发展的角度，我们已经清晰地看到：旅游资源，可以是实物，也可以是一种观念、一种思想、一种想象，“一切可以为旅游者服务的都是旅游资源”。我们在关注传统的自然景观与人文古迹的同时，还要放宽视野，努力寻求其他可以为旅游利用的各种资源。

“旅游城镇化”三大区域模式的旅游开发各有侧重、各成特色，便有了理论依据。其中，我们可以把工业、农业及商贸流通业等国民经济中已经存在的设施、设备及文化传承为旅游所用的，称为“产业资源开发”。

3)“旅游城镇化”的实践探索创新应因时而异

旅游城镇化的实践，应遵循时间演变规律。我们对旅游城镇化的实践探索与理论研究应注意时间阶段的差异，不同时期的旅游城镇化应有不同的促进策略，同一类型的旅游城镇化相互借鉴应注意时间阶段上的适用条件差异。

2.2.2 路径框架及其解释

基于“发展的内涵框架”，特别是“经济建设与发展大致从发展内容优化与空间格局安排两个角度展开”(前文1.1.1节)和上述“旅游城镇化发展框架构建思路”的认识，作者认为，西部地区旅游资源开发与城镇化建设良性互动的路径框架体系应在明晰西部地区的城镇建设发展与旅游开发发展现状基础上，从“开发内容”“空间格局”“时间演变”三个层面展开(图2-1)。

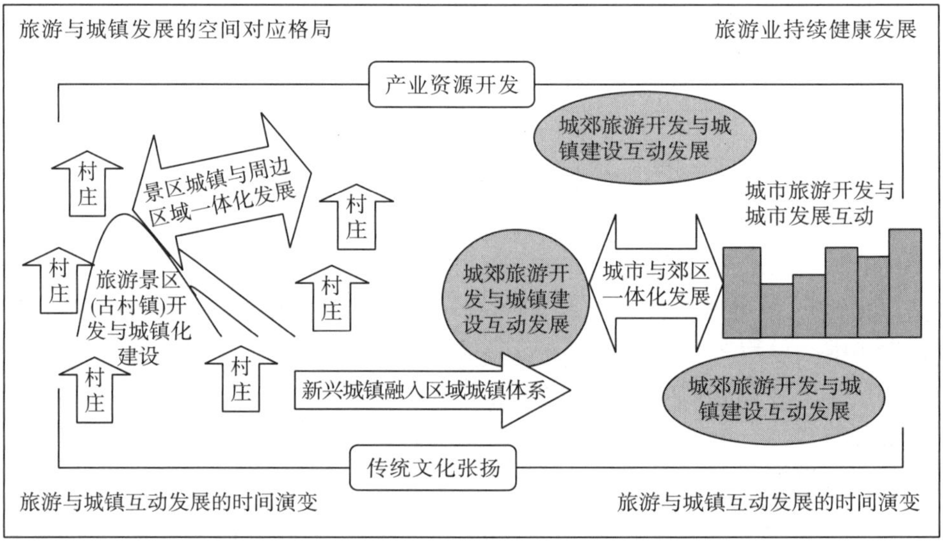

图2-1　西部地区旅游资源开发与城镇化建设的现实路径框架体系

其中，“开发内容”包括传统旅游资源(自然山水和人文古迹)、产业旅游资源(地区经济社会发展成就的旅游利用)和文化旅游资源三个层面，这与上文“旅游资源内涵的拓展”论述相吻合，也符合旅游法新时代的旅游开发发展新动向。三大开发内容在城镇、城郊和景区呈现出不同的开发发展及与城镇化建设互动的不同路径，这便是“空间格局”要探讨的内容(包括明确旅游资源开发与城镇化建设的战略格局及其在不同空间地域的展开)。同时需要注意的是，随着时间的推移，西部地区旅游资源开发与城镇化建设将出现不同的发展要求、开发重心、推进方略，这便是“时间演变”的研究内容。

本书后续研究首先对西部地区的城镇化、旅游发展的现状与创新走势进行宏观审视，然后按照“传统旅游资源开发”、“文化旅游资源开发”、“产业旅游资源开发”三个角度及“时间演变”等，分别进行论述，最后提出相应的保障措施。

需要特别说明的是，旅游资源开发对城镇化建设的推动及二者的良性互动，一个大前提是旅游业的持续健康发展。旅游资源开发是基于旅游市场的分析判断和旅游发展的良好愿景而展开的主观努力和实施的多种措施，正所谓良好的“因”并不一定必然产生良好的“果”，错误的“因”一定不会形成良好的“果”，“成功不一定带来成功”，旅游业的持续健康发展需要持续不断地优化发展旅游的诸多措施，要从资源开发、市场开拓、产业融合、空间优化、时间演变、管理保障六个方面渐次展开(图 2-2)，需要时刻关注旅游需求的变化与旅游竞争格局的态势，适时根据自身能力和资源禀赋进行发展旅游措施的调整与优化，着力实现旅游产品及服务与旅游需求的良好对接[19]。

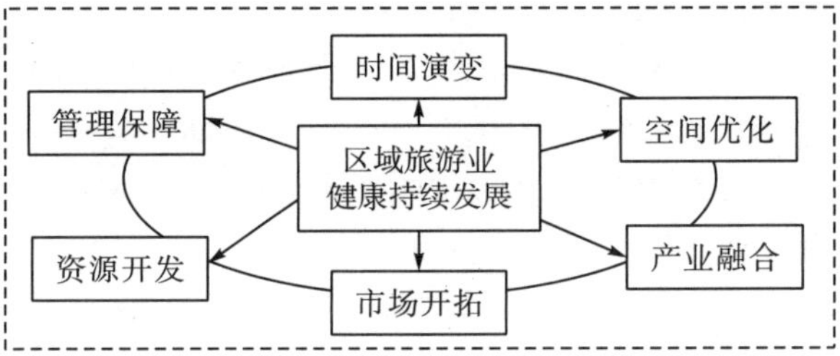

图 2-2 区域旅游业健康持续发展系统框架

同时，要抓住“经济要素集聚及其催生的经济、社会、文化、生态、制度等诸多方面的演变与优化”这个“城镇化”概念的核心内涵，不必纠缠“城市化”“城镇化”哪个概念更好或更合适[20]；特别是西部地区的城镇化，更需要着力于大中小城市城镇的全面建设发展。在这个基础上来探索和推进“西部地区的旅游资源开发与城镇化建设”互动发展的实施路径，对应现实提炼创新改进的对策措施。

参 考 文 献

[1] 张沛. 中国城镇化的理论与实践——西部地区发展研究与探索. 南京: 东南大学出版社, 2009.

[2] 刘嘉纬, 蒙睿. 关于旅游业对西部城市化动力驱动的研究. 陕西师范大学学报(自然科学版), 2001, (s1): 156-160.

[3] 张天德, 张宏彦. 关于中国西部军事安全问题的若干思考. 陕西师范大学学报(哲学社会科学版), 2009, (7): 24-27.

[4] 魏佩允. 试论我国向西开放的战略意义和实施对策. 兰州学刊, 1991, (4): 32-36.

[5] 陈铁军. 走向 21 世纪的西部向西开放方略. 云南社会科学, 1995, (5): 7-12.

[6] 赵健利, 牛铮超. 向西开放, 形成我国对外开放的新格局. 兰州学刊, 1999, (6): 3-5.

[7] 李豫新, 倪超军. 新疆在中国与中南亚区域经济合作中的战略地位与作用. 中国软科学, 2008, (6): 74-87.

[8] 张丽君, 陶田田, 郑颖超. 中国沿边开放政策实施效果评价及思考. 民族研究, 2011, (2): 10-20.

[9] 高飞. 中国的“西进”战略与中美俄中亚博弈. 外交评论(外交学院学报), 2013, (5): 39-50.

[10] 曹云. 丝绸之路经济带具四重战略目标. 中国社会科学报, 2014-01-11.
[11] 张谷. 旅游发展模式比较研究: 兼论西部旅游跨越式发展思路. 社会科学研究, 2010, (3): 39-43.
[12] 陈艳, 谭建光, 鲍宇阳, 等. 城市化对旅游的影响及其反馈机制研究进展. 北京师范大学学报(自然科学版), 2013, (6): 613-618.
[13] 王公为. 旅游城镇化效应的时空分异研究——基于省际面板数据的实证检验. 内蒙古民族大学学报(社会科学版), 2019, (3): 107-113.
[14] 陆林, 葛敬炳. 旅游城市化研究进展及启示. 地理研究, 2006, (4): 741-750.
[15] 陈绍友. 旅游经济系统发展与发展系统. 重庆师范大学学报(哲学社会科学版), 2004, (5): 72-78.
[16] 李南. 谈谈旅游资源的开放性. 旅游学刊, 2006, (2): 8.
[17] 王衍用. 对旅游资源应该进行深度研究. 旅游学刊, 2007, (2): 11.
[18] 李庆雷, 赵红梅. 旅游资源的可拓性及其认识论意义. 人文地理, 2012, (3): 125-130.
[19] 陈绍友, 王方富. 旅游精准扶贫的关键环节与推进. 重庆师范大学学报(社会科学版), 2019, (3): 95-104.
[20] 周一星. 城市研究的第一科学问题是基本概念的正确性. 城市规划学刊, 2006, (1): 1-5.

※ 发展背景篇 ※

探讨西部地区的“旅游城镇化”发展，首先需要审视西部地区的城镇化发展和旅游业发展，明晰城镇化发展的现状问题及创新路径、旅游业发展的基础与差距及未来走向。这是本书研究的实践基础。总体上看，西部地区城镇化和旅游资源开发均取得了较为明显的成就，但与中、东部地区相比还有不小的差距，在各自均在积极发展的背景下，西部地区需要更快更好地发展创新，这样才能缩小差距、实现协调共生发展。同时，西部地区推进旅游资源开发与城镇化建设互动，因互动而共振共生从而事半功倍，使两者互动发展具有良好的现实性。

3　西部地区城镇化发展审视

西部城镇化是西部旅游资源开发的基础，西部旅游资源开发要紧紧围绕西部城镇化建设发展而动。因此，需要首先明晰西部地区的城镇化发展现状及趋势，本章从“发展现状”、“未来走向”和“内涵与模式”三个方面展开西部城镇化的论述。

3.1　西部地区城镇化发展现状

3.1.1　城镇化发展水平低

1) 城镇数量少，规模小

以全国地级市为例，2017 年，全国 298 个地级市中，西部地区 95 个，占比 31.88%，尽管比东部地区(29.87%)、中部地区(26.85%)的占比多一点，但对比西部地区面积占全国近 3/4 的状况，西部地区的城镇数量明显偏少。同时，西部地区更多的是 50 万人口以下的中小城市，占到全国一半以上；200 万～400 万规模的城市仅 7 个［分布在广西(2 个)、贵州(2 个)、云南、甘肃、新疆］，仅占全国 16.67%；人口在 400 万以上规模的城市仅 3 个(成都、重庆、西安)，占全国 15.79%，说明西部地区的城镇规模小(表 3-1)。

表 3-1　2017 年四大区域地级市数量及占比

城市人口		400 万以上	200 万～400 万	100 万～200 万	50 万～100 万	20 万～50 万	20 万以下	合计
全国/个		19	42	100	86	42	9	298
东北地区	数量/个	3	1	7	16	6	1	34
	占比/%	15.79	2.38	7.00	18.60	14.29	11.11	11.41
东部地区	数量/个	12	24	31	16	4	2	89
	占比/%	63.16	57.14	31.00	18.60	9.52	22.22	29.87
中部地区	数量/个	1	10	30	32	7	0	80
	占比/%	5.26	23.81	30.00	37.21	16.67	0	26.85
西部地区	数量/个	3	7	32	22	25	6	95
	占比/%	15.79	16.67	32.00	25.58	59.52	66.67	31.88

资料来源：根据国家统计局网站资料整理

注：因四舍五入结果加和可能不为 100%

西部地区城镇数量少、规模小，主要是受地势地形及气候水文的影响。我国大陆地势西高东低，西部地区在第一、第二级阶梯上，适合城镇建设的地域局限在山间河谷地带与高原、盆地，城镇可扩展的空间不足。随着现代交通技术的发展，西部城镇建设有了一定的空间扩展，但建设成本较高。

2）城镇化水平低，质量差

西部地区的城镇化落后于全国。2018 年全国城镇化率为 59.58%，西部 12 省区市除重庆、内蒙古外，其余 10 个省区的城镇化率均低于全国平均水平，特别是西藏，低于全国平均水平近 30 个百分点（表 3-2）。在城镇基础设施建设上，西部地区的城市道路、照明、给排水及污水处理、绿化等城市基础设施建设较为滞后，还存在一定程度的“城市乡村化”，这不仅制约了城市居民生活质量的提高，更限制了城镇对区域发展的集聚与辐射效应的发挥。

表 3-2　西部 12 省区市 2018 年常住人口城镇化率　　（%）

省区市	城镇化率
重庆	65.50
内蒙古	62.70
全国	59.58
宁夏	58.88
陕西	58.13
青海	54.47
四川	52.29
新疆	50.91
广西	50.22
云南	47.81
甘肃	47.69
贵州	47.52
西藏	31.14

资料来源：根据各省区市 2018 年国民经济和社会发展统计公报整理

3）城镇体系不健全，城镇功能单一

一是宏观上表现为城镇体系不健全，城镇之间关联度低。2017 年，西部地区超大城市（200 万人以上）、特大城市（100 万～200 万人）、大城市（50 万～100 万人）、中等城市（20 万～50 万人）、小城市（20 万人以下）的数量比例为 10∶32∶22∶25∶6（表 3-1），小城市数量严重不足，城镇序列体系不健全、不合理，大城市、特大城市的“孤岛”特征明显，大城市难以通过带动周边中小城市、小城镇的发展进而带动广大乡村地区的发展。

二是微观上表现为城镇职能单一。西部地区的城市，县级市占了一半，城镇的行政职能较强。目前，西部地区仅成渝城市圈(以成都、重庆为核心)、关中—天水城市群(以西安为核心)、环北部湾城市群(以南宁为核心)初具规模[1]，具有综合经济功能的城市少，城镇对区域经济社会的带动效应差。

4)省区市间城镇化差异大

以城镇化率和拥有不同规模的城市数量为指标(表 3-3)，西部 12 省区市的城镇化可以区分为如下四个类别。

(1)渝、川、陕三省市，城镇化率高或较高，城市发达：2010 年、2016 年、2018 年，重庆、成都、西安先后跻身全国中心城市之列。国家中心城市是一个国家在一些重大功能上能够起到决策、控制、管理、服务的重要城市，是综合功能和重要功能的国家中心[2]，渝、川、陕三省市的城镇化发展水平不仅在西部地区最高，而且在全国有重要影响。

(2)内蒙古、桂、新三省区，城镇化率高、城镇数量多，城市开始显现出一定的影响力和较强的发展潜力，其中内蒙古以乳业为龙头，广西以旅游业为牵引，带动地区经济的发展和城镇化建设进步；新疆的城市数量在西部排名第二，但对比其面积则城市还需进一步发展壮大。

(3)宁、青二省区，城镇化率高，但城市数量少，现有城镇大多是区域行政中心，其城镇化建设还停留在“行政驱动城镇建设发展”的阶段。

(4)云、贵、甘、藏四省区，城市数量较少或少，城镇化率较低或低，城镇化建设较为落后。特别是西藏的城镇化率低、城市数量少，城镇化建设发展与其他省区市比还有较大的差距。

表 3-3 2017 年西部 12 省区市城镇化率比较

省区市	城镇化率/%	地级市数量/个						
		20 万以下	20 万～50 万	50 万～100 万	100 万～200 万	200 万～400 万	400 万以上	总计
重庆	64.08						1	1
四川	50.79			4	13		1	18
陕西	56.79			6	3		1	10
内蒙古	62.0		4	2	3			9
广西	49.21		2	3	7	2		14
新疆	49.38		3			1		4
宁夏	57.98		4		1			5
青海	53.07		1	1				2
云南	46.69	1	2	3	1	1		8

续表

省区市	城镇化率/%	地级市数量/个						
		20万以下	20万～50万	50万～100万	100万～200万	200万～400万	400万以上	总计
贵州	46.02		2		2	2		6
甘肃	46.39		6	3	2	1		12
西藏	30.9	5	1					6

资料来源："城镇化率"根据各省区市2017年国民经济和社会发展统计公报整理；"城市数量"根据国家统计局网站资料整理

3.1.2 城镇化与地区经济发展互促不足

城镇化与经济发展的关系，可以从三个方面来描述：①从历史演变的角度看，城镇化是经济发展推动的结果。最初的城镇，是在农业的推动下形成与发展的，农业为城镇提供了剩余产品在城镇交换、提供剩余劳动力在城镇集聚。一般地，农业越发达，城镇越早形成和发展；经济发展水平越高，城镇越发达。②从城镇的功能影响角度看，城镇化是经济发展的推动器。城镇形成以后，其经济要素的集聚效应带动经济加快发展，城镇自身在由小到大、由少到多的体系健全中显现出越来越强大的经济功能，城镇在区域经济发展中占据越来越重要的地位，成为区域经济发展的中心与重心。③从现代社会的实践状况看，城镇化与经济发展"谁先谁后""谁主谁从"关系复杂。现实中既有像长三角、珠三角地区"经济发展、发达促进城镇发展、发达"的成功案例，也有如浙江义乌、云南丽江"因城镇建设带动经济发展"的创新探索；既有像芝加哥"经济发展失误导致城镇破产"的教训，也有如一些城市新区"空城""鬼城""孤立城镇建设"的困顿。

面对城镇化与经济发展的复杂关系，我们应当清醒地看到其中的关键：城镇化与经济发展的联系更加紧密，不能因为两者联系的内在机制更加多样而误认为两者"联系淡化"或者"相互独立"；离开经济发展的城镇化，是无效的城镇化，最终是会付出代价的；离开城镇的经济发展，是低效的，发展的持续动力将不足。然而，西部地区的城镇化建设与经济发展，两者之间的互相促进还不充分，还存在诸多问题。

1）西部地区经济发展制约城镇发展

一是西部各省区市的经济发展差距导致了城镇发展的差异。从西部各省区市的GDP与面积分摊的经济均量看，西部12省区市呈现出四种状况：四川、陕西、广西、重庆4个省区市GDP和GDP面积均量大或较大，云南、贵州、宁夏3个省区GDP和GDP面积均量较大，内蒙古、新疆、甘肃3个省区GDP总量大或较大和GDP面积均量小，青海、西藏2个省区GDP总量小和GDP面积均量小（表3-4）。

表 3-4 2018 年西部 12 个省区市 GDP 及其面积均量比较

省区市	GDP/亿元	GDP 排序	面积/万 km^2	GDP 面积均量/(亿元/万 km^2)	GDP 面积均量排序	粗略分类
四川	40678.13	1	48.5	838.72	5	总量大、均量较大
陕西	24438.32	2	21	1163.73	2	总量大、均量大
广西	20352.51	4	23.67	859.84	3	总量大、均量大
重庆	20363.19	3	8.23	2474.26	1	总量大、均量大
云南	17881.12	5	39	458.49	7	总量较大、均量较大
贵州	14806.45	7	17.6	855.86	4	总量较大、均量较大
宁夏	3705.18	10	6.6	561.39	6	总量较大、均量较大
内蒙古	17289.22	6	118	146.52	9	总量大、均量小
新疆	12199.08	8	166.49	73.27	10	总量较大、均量小
甘肃	8246.07	9	45.37	181.75	8	总量较大、均量小
青海	2865.23	11	72.23	39.67	11	总量小、均量小
西藏	1477.63	12	120	12.31	12	总量小、均量小
合计	184302.13		686.69	268.39		
全国	896915.60		960.00	934.29		

资料来源：根据国家统计局网站资料整理

对比西部地区的城镇化发展格局，可以看到：西部地区的经济发展格局与城镇化格局基本吻合(表 3-5)，特别是四川、陕西、重庆，经济的快速发展带来城镇化的快速发展；青海、西藏，经济的落后导致了城镇发展的落后。因此可以说，西部地区经济发展的格局导致了城镇发展的格局。

表 3-5 西部 12 个省区市经济发展与城镇发展对比

<table>
<tr><th>省区市</th><th>2018 年经济状况</th><th>城镇化发展状况</th><th>说明</th></tr>
<tr><td>四川</td><td>总量大、均量较大</td><td rowspan="3">城镇化率高或较高，城市较为发达</td><td rowspan="3"></td></tr>
<tr><td>陕西</td><td rowspan="3">总量大、均量大</td></tr>
<tr><td>重庆</td></tr>
<tr><td>广西</td><td rowspan="2">城镇化率高，城镇数量多</td><td>在经济发展的驱动下广西城镇发展显现出良好的态势</td></tr>
<tr><td>内蒙古</td><td>总量大、均量小</td><td>内蒙古面积大，城镇集聚发展好</td></tr>
<tr><td>云南</td><td rowspan="3">总量较大、均量较大</td><td rowspan="2">城市数量较少或少，城镇化率较低或低</td><td rowspan="2"></td></tr>
<tr><td>贵州</td></tr>
<tr><td>宁夏</td><td>城市数量少，城镇化率高</td><td>宁夏人口少，故城镇化率高</td></tr>
<tr><td>新疆</td><td rowspan="2">总量较大、均量小</td><td>城镇化率高、城镇数量多</td><td>新疆面积大，故经济分摊量小；人口少，故城镇化率高</td></tr>
<tr><td>甘肃</td><td rowspan="2">城市数量较少或少，城镇化率较低或低</td><td>甘肃面积较大，故经济分摊量小；城镇发展滞后</td></tr>
<tr><td>西藏</td><td rowspan="2">总量小、均量小</td><td>西藏面积大，故经济分摊量小；城镇发展滞后</td></tr>
<tr><td>青海</td><td>城市数量少，城镇化率高</td><td></td></tr>
</table>

二是经济发展制约城镇发展。总体上，西部地区经济发展滞后，是西部城镇发展水平低的直接原因，经济发展制约了城镇发展；在具体省区市，西南的云、贵、藏和西北的甘、宁、青等，均因经济发展不足而致其人口难以集中、集聚，所以城镇化水平不高。其中，自然条件的先天不足，是经济落后与城镇化建设滞后的重要原因。

三是经济发展制约城镇发展的态势正在缓解。在宏观政策上，国家实施“西部大开发”与“一带一路”倡议，将进一步直接破解自然条件对发展的限制，西部地区经济发展将获得良好的发展空间，城镇化建设与发展条件将随之改善。在微观表现上，生态环境保护与生态文明建设，“穷山恶水”转换为“好山好水”，将吸引更多的消费与投资；高铁、高速公路的快速建设使西部地区的交通通畅、可进入性大大提高，旅游业、新能源产业、信息产业等获得良好发展条件与机遇而正在提速，在具体区域上，重庆、内蒙古等正在成为经济发展的新坐标，重庆于 1997 年成为直辖市后，在中央的支持和重庆自身的努力下，经过十多年不断地打基础、调结构、扩开放后，自 2014 年以来，重庆连续 12 个季度取得全国第一增速的殊荣，城镇化也快速发展；内蒙古在传统畜牧业、乳业基础上加大旅游业发展，配合游牧民定居工程，实现了经济发展与城镇化的同步推进。

2) 西部地区城镇化快于工业化，城镇发展需要经济发展和产业支撑

一般地，城镇化与工业化相互依存、相互促进，工业化是城市化的主要推动力量，当今世界大多数发展中国家都遵循“工业化推动城镇化建设发展”的模式，城市及周边地区通过建立大工业企业吸引了很多人来工作，集中了大量的人口，促进了城镇化进程。另外，城镇化建设发展所带来的结构变革反过来也促进了工业化[3]。西部地区，工业化水平较低，大中型工业企业较少，是西部地区城镇化水平低的直接原因。以规模以上工业企业单位数为例，2017 年西部 12 省区市共有 51648 个，仅占全国总数的 13.85%；以全国省区市平均占比 3.23%为据，西部 12 省区市仅四川略高于全国平均值，其余 11 个省区市均远低于全国平均值，特别是重庆、内蒙古的城镇化率高于全国城镇化率，而其规模以上工业企业单位数占全国比重仅为 1.79%、0.75%，说明其城镇化快于工业化，工业化未能很好地推动和支撑城镇化（表 3-6）。这与西部地区的工业以资源型产业为主有关。特别是西部地区采掘工业在第二产业内部结构中占比较大，在资源、环境、市场、技术等诸多约束下，转型升级压力大，难以创造更大的经济效益来支撑城镇化建设，难以创造足够多的就业岗位而对城镇化的拉动力较弱。缺乏产业支撑的西部城镇，自身的竞争力也就不足。

表 3-6 2017 年西部 12 省区市城镇化与规模以上工业企业单位数

省区市	城镇化率/%	规模以上工业企业单位数	
		数量/个	占全国比重/%
重庆	64.08	6684	1.79
内蒙古	62.00	2801	0.75
宁夏	57.98	1223	0.33
陕西	56.79	6271	1.68
青海	53.07	569	0.15
四川	50.79	13904	3.73
新疆	49.38	2955	0.79
广西	49.21	5723	1.53
云南	46.69	4186	1.12
甘肃	46.39	1905	0.51
贵州	46.02	5311	1.42
西藏	30.9	116	0.03
西部地区		51648	13.85
全国	58.52	373000	100.00

资料来源：城镇化率根据《2017 年国民经济和社会发展统计公报》整理；规模以上工业企业单位数根据国家统计局网站资料整理

当今世界，产业发展有两个情况需要注意：一是经济发展的规律性趋势是产业结构从“一二三”向“二三一”和“三二一”转换，但近年来美国、德国及中国的“再工业化”与“工业振兴”似乎促使我们重新认识这种“规律性趋势”，工业应该是一个国家和地区经济发展不能放弃的重心；二是全球服务业的发展正在凸显生产性服务业。

基于此，西部地区城镇化建设与经济发展，一方面需要进一步着力资源型工业转型升级、谋求新的工业项目等，以推进西部地区的工业振兴发展(如重庆的笔记本电脑及手机产业的新生，摩托车、汽车的转型升级等)；另一方面需要寻求新的产业支撑，特别是现代化、信息化的新兴产业(如贵州近年来快速崛起的大数据产业)。鉴于此，横跨生活性与生产性的旅游业，在西部地区的发展中应该有更充足的发展理由与依据。

3)城镇化发展缓慢严重影响了西部地区经济发展和社会进步

城镇化水平低，难以形成经济发展的强大驱动力。较低的城镇化水平，难以形成较大的经济要素集聚力与劳动力吸附力，导致西部地区的经济运行相对分散、分工难以深入，农村剩余劳动力被封存在西部农村或逃往东、中部地区，资源配置效率低下，经济发展必然缓慢。这也很好地说明了西部地区“经济总量小，贫困区域广”［前文 2.1.1 节及“表 2-2 2018 年中国 31 个省区市 GDP 排名及区域比较”与“表 2-3 国家扶贫开发工作重点县分省域情况(2012 年)”］。

更为重要的是，城镇化的滞后使西部地区难以吸引和留住人才。普通劳动力方面，大量青壮年劳动力以农民工的形式流出西部地区；科技人才方面，以中国 211 高校、985 高校及高校两院院士为例(表 3-7)，目前全国总数分别为 116 所①、39 所和 709 名，西部地区的总数分别为 25 所、7 所和 65 名，分别占比 21.55%、17.95%和 9.17%，总体占比低，说明西部地区的高层次科技人才较少；比例渐次下降，加上院士背后还有较为雄厚的科研团队，西部地区的科技人才与其他地区的差距更大。这将进一步拉大西部地区与东部地区发展的差距。

表 3-7　中国 211、985 高校及高校两院院士省区市分布

东部地区	北京	天津	河北	山东	上海	江苏	浙江	福建	广东	海南			合计
211 高校数/所	26	4	1	3	10	11	1	2	4	1			63
985 高校数/所	8	2	0	2	4	2	1	1	2	0			22
院士数/名	245	28	3	20	76	73	20	12	22	1			500
中部地区	河南	山西	安徽	江西	湖北	湖南							合计
211 高校数/所	1	1	3	1	7	4							17
985 高校数/所	0	0	1	0	2	3							6
院士数/名	1	2	15	1	45	21							85
东北地区	黑龙江	吉林	辽宁										合计
211 高校数/所	4	3	4										11
985 高校数/所	1	1	2										4
院士数/名	21	19	19										59
西部地区	云南	贵州	四川	重庆	西藏	广西	陕西	甘肃	宁夏	青海	新疆	内蒙古	合计
211 高校数/所	1	1	5	2	1	1	8	1	1	1	2	1	25
985 高校数/所	0	0	2	1	0	0	3	1	0	0	0	0	7
院士数/名	1	1	26	6	0	0	23	4	0	0	1	3	65
汇总统计		211 高校数				985 高校数			院士数				
全国		63+17+11+25=116				22+6+4+7=39			500+85+59+65=709				
西部占比		21.55%				17.95%			9.17%				

资料来源：根据网络资料整理

① 截至 2013 年 3 月 1 日，中国 211 高校共有 116 所；上表未统计军事系统的 3 所。在高等院校的两院院士 706 人是 1955～2007 年当选的，尽管数据较为滞后，但能反映科技人才的区域分布态势。

3.2 西部地区城镇建设发展未来走向

3.2.1 基本态势判断

影响地区城镇化发展的因素：一是国家的宏观要求；二是地区的实际条件。符合前者，方能获得国家支持并成为国家战略的推进者；遵循后者方可实施且可持续。

1) 西部地区城镇发展的宏观背景

一是大中小城市协调发展。关于中国城镇发展的方针，是“积极发展大城市”还是“积极发展小城镇”，一直有争论，也一直没结论。目前，中国的大城市不大、中等城市不强、小城市不特，大城市该发展也还有发展的空间，小城市和小城镇直接联动农村农业也该重视与积极发展。事实上，城镇化是一个无比复杂的大系统，它要求各级各类城市与城镇联系优化，在经济、社会、生态、文化上相互支撑，并与农村互补协调发展。因此，大中小城市和小城镇协调发展是基本的选择。《国家新型城镇化规划(2014～2020年)》指出：要“优化城镇规模结构，增强中心城市辐射带动功能，加快发展中小城市，有重点地发展小城镇，促进大中小城市和小城镇协调发展。”基于此，有学者提出中国城镇体系应该沿着国际化城市群(以核心城市为龙头，整合区域内各中心城市，一体化发展形成全球化影响)、国家级城市圈(以中心城市为聚集地与辐射源，带动周边区域形成若干城市圈、支撑城市群)、区域性城市带(由众多中小城市和小城镇连接而成的城市带，带动区域经济发展与社会进步)的层次推进[4]。

二是新型城镇化建设发展。基于中国近些年来城镇化建设的问题与误区，《国家新型城镇化规划(2014～2020年)》提出了城镇化水平和质量稳步提升、城镇化格局更加优化、城市发展模式科学合理、城市生活和谐宜人、城镇化体制机制不断完善的发展目标，“以人为本”“和谐宜人”“望得见山、看得见水、记得住乡愁”，成为新时期中国城镇化建设的新亮点。

2) 西部地区城镇发展的基本走向

基于中国城镇化建设发展的宏观背景和西部地区的经济-城镇发展格局现状，结合资源环境状况与城镇发展条件，西部地区在未来一个相当长的时期里城镇化建设发展的基本走向是：大力发展小城镇小城市与有效推进城市群建设发展并举。

3.2.2 西部地区城镇格局体系优化着力点：城市群建设

城市群是人口大国城镇化的主要空间载体。在国外，美国的大西洋沿岸城市群与五大湖城市群、日本的太平洋沿岸城市群，都是其经济社会发展的牵引器与火车头。在中国，改革开放 40 多年来的高速发展，也是得益于长三角、珠三角、京津冀三大城市群的牵引与带动。西部地区应着力于两大区域的城市群建设：一是“成渝城市群”及其对关中地区城市群的连接与联动；二是以“丝绸之路经济带”串联和带动黔中、滇中、宁夏沿黄、兰州—西宁、天山北坡、藏中南等城市群建设。

其中，成渝城市群及关中地区城市是西部地区城镇化水平较高的区域，其城市群建设具有良好的基础。目前，成渝城市群的建设已经获得国家审批[2011 年 5 月 5 日，《成渝经济区区域规划》获国务院正式批复(国函[2011]48 号)]，涵盖重庆 31 个区县和四川 15 个省辖市的成渝经济区正在依托重庆、成都两个发展核心，着力建设重庆城市群、成都城市群、经济区南部城市群、经济区东北部城市群等四大城市群。在成渝经济区和成渝城市群建设发展的同时，应积极推进关中(西安)的城市建设发展，通过铁路、高速公路、高速铁路辐射连接关中及西安，带动关中地区城市发展，形成具有较强内核辐射能量的成都、重庆和西安三大都市经济中心。

而“丝绸之路”经济带城市群在中国“一带一路”倡议的大力推进下具有历史性机遇。“丝绸之路”经济带是一个拥有 30 亿人口、被誉为“世界上最长、最具有发展潜力的经济大走廊”[5]。目前，渝新欧国际铁路大通道的开通(2011 年 3 月 19 日)与运行，拉近了沿线各国各地区之间的距离，带动了物资流动、商贸往来、文化交流，必将极大地拉动西部相关地区的城市群建设发展。2014 年 6 月 22 日，“丝绸之路”入选《世界遗产名录》[6]，进一步凸显了“旅游业可作为‘一带一路’的各国交流合作的先导产业”的战略地位[7]。西部地区应抓住这样的历史机遇，以旅游开发、文化交流、商贸往来促进城镇化建设和城市群发展。

3.2.3　西部地区城镇格局体系优化着力点：小城镇建设

小城镇发展是西部地区城镇化的大战略。这不仅是中国新型城镇化的内在要求，还是西部地区的现实选择。一方面，加快小城镇建设是新型城镇化实现人口城镇化与促进城乡统筹发展的内在要求。中国的城镇化率，按照常住人口测算与按照户籍非农业人口测算结果相差很大，如 2012 年就达到 15 个百分点(52%～37%)。也就是说，还有大量的农村户籍人口工作在城镇却无法被统计到城镇化率中，而发展小城镇，凸显县、镇的建设与发展，是实现人口城镇化的有效路径[8]。小城镇是城市与农村的连接体和中转站，是一定区域内的政治、经济、文化中心和重要增长极，小城镇的集聚效应与扩散效应，会带动农业市场化、农民文明化、农村城镇化，实现城镇与农村产业互相衔接、经济有效融合和一体化发展。另一方面，加快小城镇建设是西部地区的现实选择。西部地区的落后，主要是西部广大农村区域的落后；西部地区的发展，必须大力推动农村地区的发展；西部地区的环境特点、区位条件、资源利用状况、地区经济发展水平等决定了西部地区难以发展大规模城市；应当把有限的发展资源集中投放在小城镇上，形成若干个增长极、发展点，产生“点亮一盏灯，照亮一大片”的功效，带动西部广大农村区域的发展；小城镇建设发展是西部地区城镇发展的必然选择与现实选择。

西部地区小城镇建设发展，应在优先选择重要交通干线沿线和交通干线交汇点的城镇、具有广阔经济腹地的城镇、在特殊资源产地的城镇、邻近中心城市的城镇四类城镇基础上，充分重视如下两个层面的着力点。

一是以县城和口岸型小城镇为重心的建设空间着力点。行政建制的县是“城”与“乡”之间的纽带，县城的建设发展有利于县域人口转移后各种社会保障制度的顺利对接与有效运行，有利于转移人口的职业转换、心理调适、融入城市等综合成本的最小化。基于此，西部地区的小城镇建设，应按照县(市)政府所在地的城关镇—重点建制镇——般建制镇—集镇的顺序渐次推进[8]。在中国“向西开放”和“丝绸之路经济带”的政策推动下，口岸型小城镇的价值正在日益凸显。西部地区绵长的边境线，众多的口岸城市、边境城镇显现出越来越强劲的发展潜力。加快西部边境口岸型小城镇的建设发展，既有利于西部地区的发展，更有利于国际交流、国家安全和民族团结。

二是以结合旅游开发与提升“城市性”为突破口的建设内容着力点。西部地区的小城镇建设要主动与旅游开发有机结合，利用西部独特的民风民俗、民族文化、传统村落进行旅游开发，发展旅游产业，这是西部小城镇最易于进入、也最易于产生良好效益与持续动力的现实路径。西部地区的小城镇，处于“大农村”包围中，乡村思想、小农意识，总是影响和制约着西部小城镇的发展，分工合作、开放竞争、民主法治等现代城市文明总是难以“落地生根、繁荣盛行”。因此，西部小城镇建设要特别注重“城市性”的培育与提升，要努力推进“乡村型”小城镇向“城市型”小城镇的转型[9]，要实现城市文明与优秀乡村文明的和谐共生。

3.3 创新城镇化内涵与模式

3.3.1 全面认识城镇化的系统内涵

城镇化是现代社会发展的中心问题，我们可以从很多角度来论述城镇建设的重要性。从经济发展角度看，城镇是现代经济的中心与重地，没有城镇的经济发展将倒退很多年；从社会运行角度看，现代社会的运行以城镇为中心，离开了城镇，现代社会几乎“停摆”；从现代人角度看，城镇影响着现代人的方方面面，“进城”几乎是所有公民的梦想，即使“出城”也必然是将城市文明带出去，正是城镇在现代社会发展中的诸多重要价值与现代人工作生活息息相关，才形成了许许多多关于城镇与城镇化的认识与看法，这些认识与看法或直接或间接地影响着城镇的建设与发展。

经过40多年经济快速发展与20来年城镇化快速推进后，中国的城镇化需要更为全面地把握城镇化的系统内涵，尤其应当突出如下四个方面的内容[10]。

一是城镇化的经济社会发展内涵。包括：城镇化直观表现为分散的农村人口在城镇集聚，城镇第二、第三产业的发展是城镇化推动经济社会发展的内在动力，城镇人口因专业化分工而提高效率和收入进而享有更高的生活水平，城市文明是现代文明的标志和城镇化的追求。其中，城镇的经济发展、产城融合是现代城镇化的根本。

二是城镇化的地理空间内涵。“空间优化”是经济发展的必需内容，城镇的发展必须着力城镇地理空间的优化，包括新城镇建设与城镇新区的地理位置的恰当、城镇与乡村的一体化与统筹发展、城镇之间的空间体系优化等。当前中国的新型城镇化在地理空间方面需要着力于城镇新生与城市拓展基础上的城市空间体系健全与优化和城乡统筹发展两个战略问题。

三是城镇化的个体发展内涵，即城镇整体与城镇单个人之间的关系优化，这是对过去城镇化对“人”重视不够的反思，是新型城镇化凸显的城镇化新内涵。城镇是人的城镇，城镇化的根本目的是使人们生活改善和促进社会进步，城镇化建设是帮助“人”生活得更好的手段。忽视“人”的城镇是不良的城镇，不以“人”生活更好为根本旨归的城镇化是难以持续的城镇化。当前，关注“个体发展”的城镇化要着力于个体“人”在工作与生活两个途径融入城市、享受和建设城市文明，要着力于城镇凝聚力、向心力、城镇认同的建设。

四是城镇化的推进力量内涵。城镇化建设是一个涉及众多行业部门、社会各个阶层、政治、经济、社会、文化、生态等多要素、多层面、多角度的系统工程，要实现政府“有形之手”与市场“无形之手”的有机结合与有效配合，政府要运用市场规律和社会规约来调动最广泛的社会力量参与城镇化建设发展，各种社会组织与个人要积极、主动、自愿参与到城镇建设发展中，形成城镇化的最大推进力量。

西部地区的城镇化要在这些系统内涵的认识把握中谋求创新。

3.3.2 优化城镇化模式

城镇化模式，是从“动力”角度对城镇形成、发展、演变的概括归类。从城镇的发展演变看，城镇化的初始动力是农业发展形成的农村“推力”，后续动力是第二、第三产业发展形成的城市“拉力”。伴随着现代经济社会发展内容的复杂多样，驱动城镇化建设发展的“动力类型”也复杂多样，城镇化模式也便多样化。

西部地区的城镇化既要看到中外城镇化模式多样化的发展现状，以增强谋求“新动力”的信心与自觉，又要注意多样化城镇模式的比较选择与思路启示。当前，特别要注意三个方面：

一是科学选择和不断优化自身的城镇化模式。不同地区因城镇化发展条件不同，有不同的城镇化模式。不同的城镇化模式有不同的适用条件与适用时期，不同的城镇化模式又可以相互启示与借鉴。因此，西部地区的具体地域，要充分研究自身的条件背景、准确判断发展内容，进而建构自己的城镇化模式，不能盲目照搬，不能形式漂亮而内容虚化。同时，要注意跟随实践的演变与发展内容的变化及时调整城镇化的动力、建构新的城镇化模式。例如，台湾的城镇化，先后经历了1953～1963年的“传统农业推动”、1964～1986年的“工业化推动”、1986年后的“服务业推动”的动力转换[11]；西部欠发达地区的城镇化，农业、工业、服务业，似乎都没有优势，但似乎又都蕴藏着创新，关键在于“吃透”自己的实际条件、比较内外的发展态势，谋求比较优势。

二是在第三产业动力作用的凸显中，“文化城镇”逐渐进入人们的视野、成为城镇化的新模式。第二次世界大战后，在新技术革命的推动下，第三产业迅速发展并逐渐成为城镇化的主要动力，在发达国家，第三产业与城镇化发展的相关度已经超过第二产业[12]。在第三产业的城镇化动力作用日渐凸显中，文化渐渐植入经济发展并慢慢成为经济的引导，城镇文化资源开发建设、文化产业发展成为城镇化建设发展的新的重要内容与新动力，文化城镇成为一种新的城镇化模式。这给予了西部地区城镇化建设发展的创新空间，因为西部地区的民族文化独有魅力、民间文化丰富多彩，以此为动力的城镇化，不仅能实现西部地区城镇化的良性发展，而且有助于中国城镇化模式的丰富。

三是着力于中国城镇化共性问题的探索与创新，如劳动密集型产业与城镇化、资源节约型城镇化、生态经济型城镇化等，这是西部地区城镇化的现实实践，更是中国城镇化的共性问题。

3.3.3 创新城镇化内容

一是凸显城镇的产业发展。城镇的发展，基础在产业：产业不活，城镇不稳。城镇化建设要优先考虑城镇产业的发展，没有产业，宁可暂缓城镇土地开发；要在国内外大市场中比较、选择城镇的产业，要将城镇产业的发展空间拓展到国内外大市场；要围绕城镇产业发展去配套、去集聚、去拓展；要实现不同空间尺度的“产城融合”，以城镇产业的持续发展推动城镇健康运行，以城乡产业互融共生优化城镇化建设，带动区域经济社会发展。

二是凸显城镇的文化开发。城镇因人口和经济要素的大量集聚而衍生出多姿多彩的文化，城镇因集聚、创新从而引领文化的建设与发展。因此，城镇有许多的文化资源可以开发、值得开发。城镇文化开发，还能突出城镇特色、提高城镇品位而成为城镇发展的新动力。西部城镇文化开发，要处理好现代文化与传统文化、外来文化与本土文化的关系，要协调好物质文化、制度文化和精神文化的关系。

三是强化城镇与区域的互动。城镇辐射区域，区域支撑城镇，城镇与其所在区域应有效支撑、相互促进。西部地区的城镇，还存在着一定程度的“孤岛特征”，因此要强化城镇与区域的互动。首先要建构城镇与区域互动的通路，包括道路交通、信息网络等，要优化互动渠道、互动机制；其次要催动城镇与区域的商品、物质、技术、资本、人员的相互流动；最后城镇要在更大空间、更大市场形成号召力与影响力，带动区域发展进步。

参 考 文 献

[1] 麦土荣, 宋周莺, 刘卫东. 西部地区的经济空间格局研究. 经济地理, 2010, (9): 1417-1422.

[2] 倪鹏飞, 徐海东. 国家中心城市竞争力再现新格局. 中国房地产, 2019, (23): 14-15.

[3] 马莉. 工业化与城镇化关系研究. 对外经贸, 2019, (4): 98-99.

[4] 连玉明. 中国城市年度报告. 北京: 中国时代经济出版社, 2005.

[5] 汪晓文, 杨光宇, 杜欣. 实施向西开放探索发展新路. 光明日报, 2014-08-13, 7 版.

[6] 李利安. 丝绸之路: 人类文明交往的历史足迹. 光明日报, 2014-08-06, 15 版.

[7] 赫玉玮, 张辉. “一带一路”沿线城市国际旅游合作的现实基础与路径选择. 青海社会科学, 2019, (2): 58-65.

[8] 高早亮, 戴路宾. 西部地区小城镇发展思路探索. 沈阳建筑大学学报(社会科学版), 2008, (4): 390-393.

[9] 孔令刚. 小城镇建设: 由“乡村型”转向“城市型”. 中州建设, 2011, (24): 51-52.

[10] 陈绍友, 何微微. 新型城镇化要处理好几个关系. 农业经济, 2015, (3): 75-77.

[11] 杨荣南, 张雪莲. 台湾省产业结构演进与城市化初探. 经济地理, 1996, (3): 62-67.

[12] 王保, 罗正齐. 中国城市化的道路及其发展趋势. 北京: 学苑出版社, 1993.

4　西部地区旅游业发展审视

西部地区旅游资源开发与城镇化建设中，旅游开发是手段、是动力，通过旅游资源的科学开发形成旅游业的持续健康发展，西部地区城镇化建设发展才能有持续的动力。本章集中探讨西部地区旅游业的发展，主要论述“发展基础”与“发展现状”两个方面，前者从旅游资源基础及品牌旅游景区、旅游产业运行基础和旅游资源开发机遇三个角度论述西部地区旅游业发展的“可能”与“基础”，后者从增长、效益、竞争力、内部差距、发展压力五个角度论述西部地区旅游业发展的成绩、问题等“现状”。

4.1　西部地区旅游业发展基础

旅游资源开发，直接的目的是吸引旅游者到来，产生旅游消费、发展旅游经济、形成旅游产业，通过旅游业的综合带动效应形成旅游地多方面的发展。因此，旅游业是依托旅游资源和旅游设施，通过旅游服务，满足旅游需求，获得经济、社会、环境、文化等多方面效益的综合性经济产业。旅游业是由旅游景区(点)、旅游交通、旅行社、旅游饭店四大支柱行业构成的综合产业。考察西部地区旅游业的发展基础，首先要考察西部地区的旅游产业基础，然后要关注旅游发展机遇。其中，依托旅游资源形成的旅游景区(点)是旅游业发展的首要基础，没有旅游资源及旅游景区点的吸引力，旅游发展便无从谈起；旅游交通、旅行社、旅游饭店是旅游业发展的运行基础和支撑条件，没有这三大行业的发展，旅游活动便难以实现，旅游经济效应也难以显现；旅游发展机遇包括政策机遇与市场机遇。本节分别从旅游资源基础及品牌旅游景区、旅游产业运行基础、旅游资源开发机遇三个方面论述西部地区的旅游业发展基础。

4.1.1　旅游资源基础及品牌旅游景区

1) 西部地区的旅游资源基础

旅游资源是旅游活动得以展开的前提和基础。基于前述对旅游资源的内涵与外延不断拓展的分析，应当看到，西部地区不仅有独特的自然山水、多彩的人文古迹等传统旅游资源值得开发，更有广阔的新生旅游资源值得探究与挖掘。

(1) 西部地区自然山水独特而多样，人文古迹丰富而深厚。旅游资源数量多、种类全、品位高，西部地区的自然山水、人文古迹，堪称“旅游资源宝库”。在自然旅游资源方面，辽阔的地域、多样的地形，为西部地区塑造了世界之最的高原、山川和盆地，形成了繁多的地景、水景及珍稀动植物种类；在人文旅游资源方面，黄河流域、河西走廊、四川盆地、关中平原等中华文明的发祥地与遗存地，留下了悠久古老、博大深厚的历史文化与东方智慧。

(2) 西部地区民族文化丰富多彩。西部地区各民族在漫长的历史演变中留下了灿烂的民族文化(表 4-1)，历史遗存、宗教崇拜、民族生活、民俗风情、传统工艺、雕绘艺术等，展示着西部地区独特的魅力与强大的吸引力。

表 4-1　西部地区民族文化旅游资源类别

类别			举例
物质文化旅游资源	历史遗址	旧石器时代	元谋人、蓝田人等猿人化石亚洲最早；铜梓人、丽江人、资阳人和柳江人等化石标示“智人”开始
		新石器时代	西安半坡遗址的仰韶文化；临洮马家窑、半山、民和马厂等遗址的马家窑文化；广河齐家坪、永靖大何庄、武威皇娘娘台等遗址的齐家文化等
		文明时代	四川广汉三星堆的青铜立人像、头像、面具和金杖等稀世珍宝展现商代蜀文化的文明创造；秦兵马俑、秦始皇陵、汉武帝茂陵、唐太宗昭陵、昭君墓(青冢)等气势恢宏，震撼心灵
	历经沧桑的古城址		新疆楼兰、龟兹、高昌、交河古城；云南大理南诏太和城
	举世闻名的石窟		甘肃敦煌莫高窟、天水麦积山石窟、永靖炳灵寺石窟、庆阳南北石窟；新疆拜城克孜尔千佛洞、吐鲁番柏孜克里克石窟、库车库木吐喇石窟；重庆大足石窟；云南剑川石钟山石窟
	著名的宗教寺院		西藏布达拉宫、大昭寺、色拉寺、扎什伦布寺；云南崇圣寺三塔；甘肃拉卜楞寺；青海塔尔寺；宁夏清真大寺
非物质文化旅游资源	民族服装服饰		绚丽多彩的服装服饰、琳琅满目的佩饰，反映出不同民族的生产生活、审美情趣、宗教信仰、婚恋社交等创新创造、社会发展、文化变迁的痕迹，是民族传统文化的一面镜子
	少数民族歌舞		不仅滋养民族子民，而且吸引外来游客、丰富世界。如今，维吾尔族“十二木卡姆”、蒙古族《赞歌》、苗族 “四面鼓”、侗族大歌等都已闻名于世
	民族传统工艺品		民族蜡染、皮影剪纸、木雕竹雕、唐卡等工艺，不仅满足本民族的需要，还成为旅游礼品，更有一些被列为国宝级工艺品
	民族习俗		不同民族的生活习惯、烹饪技术、节日庆典、民间艺术等异彩纷呈

资料来源：根据周婷婷. 西部大开发与民族地区旅游资源的利用. 民族教育研究, 2006, 3: 91-93 及相关文献资料统计整理

(3) 西部地区边境旅游优势独特。边境地区，分属不同国度，政治、经济、文化的差异及景观的特色，使跨越边境的旅游活动往往具有较强的吸引力[1]。西部地区在我国陆地边境与十多个国家接壤，超过 1.8 万千米的边境线赋予了边境旅游发展的广阔基础与独特优势。在“一带一路”倡议快速推进的今天，西部地区

相邻国家政治协作、经济交融，文化多元、景观各异的西部边境旅游必将迅速成为西部旅游乃至中国旅游的新亮点。

(4)西部地区新生旅游资源非常丰富。伴随着西部地区自身发展和中国向西开放战略的推进，西部地区经济、社会、文化、生态发展中新生的成就为旅游所用而成为新生的旅游资源，如退耕还林还草、新农村建设、农业现代化发展成果、特色小镇、新型城镇化建设成就等。这些“新生的成就”本身就具有良好的旅游价值，如特色小镇，已经成为聚集特色产业，融合文化、旅游、社区等功能的创新创业发展平台[2]，旅游价值的彰显是特色小镇发展的内在意蕴。更重要的是，与传统旅游资源结合起来，不仅为传统旅游资源开发拓展了新思路、新路径，更使传统旅游资源展现出更加多彩的魅力与吸引力，使西部地区旅游开发拥有更加广阔的前景与更加持久的潜力。

2)西部地区的品牌旅游景区点

凭借丰富多样、品位高、垄断强的旅游资源，在各级政府及相关部门的大力推进和扶持下，西部12省区市的旅游发展取得了重大成就。与全国旅游开发建设一致，西部地区开发建设了大量的旅游景区点，形成了一系列的旅游资源优势开发区和品牌旅游区(表4-2)。

表4-2 西部地区世界级和国家级旅游品牌区总数

序号	类别	开启时间	统计截止时间	总数		
				西部/处	全国/处	西部/全国
1	世界遗产	1987年	2019年9月	32	96(55)*	0.33
2	世界地质公园	2004年	2015年12月	11	34(33)*	0.32
3	国家自然保护区	1956年	2016年5月	200	447	0.45
4	国家历史文化名城	1982年	2016年12月	41	131	0.31
5	国家级风景名胜区	1982年	2017年3月	79	244	0.32
6	国家森林公园	1982年	2015年12月	266	826	0.32
7	国家优秀旅游城市	1998年	2010年12月	91	339	0.27
8	国家地质公园	2001年	2011年11月	93	220(218)*	0.42
9	国家水利风景区	2001年	2015年12月	230	721(719)*	0.32
10	中国历史文化名镇	2003年	2014年12月	88	252	0.35
11	中国历史文化名村	2003年	2014年12月	60	276	0.22
12	全国农业旅游示范点	2004年	2005年12月	96	359	0.27
13	全国工业旅游示范点	2004年	2007年12月	72	345	0.21
14	国家湿地公园	2005年	2016年12月	244	681	0.36
15	国家5A级景区	2007年	2017年12月	74	247	0.30

续表

序号	类别	开启时间	统计截止时间	总数		
				西部/处	全国/处	西部/全国
16	全国特色景观旅游名镇(村)	2010 年	2015 年 12 月	201	553	0.36
17	国家现代农业示范区	2010 年	2015 年 12 月	85	306	0.28
18	全国休闲农业与乡村旅游示范县	2010 年	2016 年 12 月	118	328	0.36
19	全国休闲农业与乡村旅游示范点	2010 年	2015 年 12 月	229	635	0.36
20	中国特色小镇	2016 年	2016 年 12 月	44	127	0.35

资料来源：根据相关网站资料统计整理

*此处的“总数统计”是把跨省区市的“1 处”按照“相应省区市分别计 1 处”的方式进行处理的。这是基于“相应省区市”均可以利用该品牌进行旅游开发发展旅游经济。具体为：①世界遗产“长城”15 处，故+14 处；考虑“明清皇宫”2 处，故+1 处；“明清皇家陵寝”6 处，故+5 处；“高句丽王城、王陵及贵族墓葬”2 处，故+1 处；“中国大运河”8 处，故+7 处；“丝绸之路：长安—天山廊道的路网”4 处，故+3 处；“土司遗址”3 处，故+2 处；“中国南方喀斯特”4 处，故+3 处；“中国丹霞”7 处，故+6 处，减“澳门历史文化名城”1 处(仅统计内地)，修正后增加 41 处，变为 96 处。②世界地质公园共 33 处，考虑“房山”2 处，故+1 处，“雷琼”2 处，故+1 处，减“香港世界地质公园”1 处(仅统计内地)，修正后增加 1 处，变为 34 处。③国家地质公园中“黄河壶口瀑布”2 处，“长江三峡”2 处，修正后增加 2 处，变为 220 处。④国家水利风景区中“黄河万家寨水利枢纽”2 处，“尼尔基水利风景区” 2 处，修正后增加 2 处，变为 721 处

从表 4-2 可知，在中国的世界级和国家级旅游资源品牌区中，西部地区大约占全国总数的 1/3，既表明西部地区的旅游资源开发在国内外旅游市场上具备了良好的号召力与影响力，也为西部地区进一步的旅游资源开发建设奠定了良好的基础。同时，对照西部地区广阔的地域空间，也可以看出西部地区丰富的旅游资源尚没有较好地开发出来，还存在着巨大的开发潜力。

4.1.2　旅游产业运行基础

旅游景区(点)、交通、旅行社、宾馆饭店，是旅游产业的四大支柱。在良好旅游资源形成优势旅游景区点基础上，西部地区旅游产业的运行渐次展开，已经和正在强化坚实的产业基础。

1) 西部地区的旅游交通

交通是连接客源地与旅游地的桥梁和纽带[3]，是旅游资源开发发展不可或缺的先决条件。无论是开发建设新的旅游景区点，还是促进现有旅游景区点的健康发展，交通都起着至关重要的作用[4,5]。近些年来，中央政府和各级地方政府对交通基础设施建设强化，陆桥通道、沿长江通道和沿海、京哈京广、包昆通道的全国“两横三纵路网”的形成，打破了西部地区的相对封闭性，促进了西部地区与

外部世界的联系与开放，为西部旅游资源开发奠定了良好的基础，特别是如下三个方面的凸显使西部旅游资源开发获得更好的交通支撑：

一是航空和高铁的快速发展，提高了西部地区的对外客源集聚力。2016年，中国民航机场总数达到219个，其中，西部地区110个，占全国一半；从省均数看，西部12省区市平均每省份9.17个民航机场，全国平均数为7.07个(表4-3)。民航机场的快速建设，无疑为西部地区旅游开发、招揽外部客源奠定了坚实的基础。从旅客吞吐量看(表4-4)，云南、四川、陕西、重庆已进入全国前列，尽管与前三名(广东、上海、北京)相比还有很大差距，但考虑政务、商务航空旅客的区域比重，西部地区的航空运输发展对西部旅游的效应应该更加明显。另外，从2008年开通时速350km的京津城际铁路至今，十多年时间中国已悄然迈入"高铁社会"，由京港、京沪、京哈、杭福深和沪昆、沪汉蓉、徐兰、青太构成的“四纵四横”中国高铁网络，产生了显著的高铁“时空压缩”效应[6]，因旅途时间压缩，不仅使外部客源进入西部地区的可能性增大而壮大客源规模，而且可能延长停留时间而扩张旅游消费规模。

表4-3 2016年中国四大区域民航机场数量

地区	总数		省均数	
	数量/个	占全国比/%	数量/个	占全国比/%
东部地区	52	23.74	5.2	73.55
中部地区	34	15.53	5.67	80.20
西部地区	110	50.23	9.17	129.70
东北地区	23	10.50	7.67	108.49
全国	219	100.00	7.07	—

资料来源：根据相关网站资料统计整理

表4-4 2016年中国31省区市民航机场数量及旅客吞吐量排序

排名	省区市	民用机场数量/个	旅客吞吐量/人次	排名	省区市	民用机场数量/个	旅客吞吐量/人次
1	广东	8	114397115	9	福建	6	38778559
2	上海	2	106462549	10	江苏	9	37256715
3	北京	2	99979842	11	重庆	3	36592989
4	云南	14	58971527	12	海南	3	36174157
5	四川	13	53361398	13	辽宁	8	30998887
6	浙江	7	50504216	14	新疆	18	27846038
7	山东	10	42378197	15	湖北	6	24034576
8	陕西	5	38940386	16	湖南	7	23961673

续表

排名	省区市	民用机场数量/个	旅客吞吐量/人次	排名	省区市	民用机场数量/个	旅客吞吐量/人次
17	河南	3	22291760	25	吉林	4	11587050
18	广西	7	20660788	26	江西	6	10501087
19	黑龙江	11	18949049	27	安徽	5	9128807
20	贵州	10	18738053	28	河北	4	8270196
21	内蒙古	18	17987459	29	宁夏	3	6551671
22	天津	1	16871889	30	青海	6	5110821
23	甘肃	8	12550872	31	西藏	5	4065098
24	山西	7	12453644		合计	219	1016357068

二是高速公路和乡村公路的快速发展极大地提高了西部旅游的可进入性。2017 年，中国大陆（内地）高速等级公路里程达 13.64 万 km，西部地区 5.09 万 km，占 37.32%（表 4-5）；2015 年，近 400 万 km 的农村公路，连通了全国 37684 个乡镇和 634390 个建制村，通达率分别达到 99.9%和 99.8%[7]。因此，尽管西部地区的高速公路密度仍然不高，但通过广覆盖的农村公路网与高速公路的连接，能够较好地实现旅游者在西部地区旅游景区点的快捷进出。在“自驾游”渐成出游首选的新环境中，应该说西部地区的公路建设成就已经为旅游开发做好了充分的准备。数据显示，2015 年国内旅游 40 亿人次中，自驾游游客占 58.5%以上，达到 23.4 亿人次。中国旅游车船协会预测，到“十三五”时期末，我国自驾游人数将达到 58 亿人次，约占国内旅游人数的 70%以上[8]。

表 4-5　2017 年西部地区高速等级公路里程　（单位：万 km）

省份	云南	贵州	四川	重庆	西藏	广西	陕西	甘肃	宁夏	青海	新疆	内蒙古	合计	全国
里程	0.50	0.58	0.68	0.30	0.00	0.53	0.53	0.40	0.16	0.32	0.46	0.63	5.09	13.64

资料来源：根据国家统计局网站资料整理

三是未来的交通建设使西部旅游的进出更加便捷。2014 年发布的《国家新型城镇化规划（2014～2020 年）》显示，到 2020 年，中国将形成覆盖全国 90%左右人口的航空服务、基本覆盖 50 万以上人口城市的快速铁路网、覆盖 20 万以上人口城市的国家高速公路、基本覆盖县城的普通国道等，这将为西部旅游资源开发带来更多更好的交通条件。

综上所述，航空与高铁的发展成就强化了西部地区与外部世界的联系，高速公路与农村公路的建设成果强化了旅游者在西部地区的内部集中、疏散与快捷进出，加上西部地区河流的“交通作用”与“游览功能”，西部地区旅游资源开发已经具备了良好的交通条件，“交通对西部旅游的困扰”已经缓解。未来的交通建设使西部旅游资源开发迎来更加便利的交通条件。

2)西部地区的旅行社业

旅行社业是将旅游各个要素整合成线路产品，为旅游者的旅行活动进行计划、组织、协调和管理等居间性服务的行业。旅行社连接旅游供给与旅游需求，在团队旅游时代，旅行社业是旅游产业的中心；在旅游需求个性化、旅游出行散客化的新时代，呼叫中心、推广网站、预订网络、在线支付、移动终端等在旅游旅行服务中的应用改变着传统旅行社经营模式，旅游网站的崛起改变了旅行社业的传统格局。从根本上看，“品质生活和便利服务”始终是旅游者的核心追求，因而是旅游旅行服务的中心[9]。因此，考察西部地区的旅行社业，既要分析传统旅行社的发展状况，更要关注新兴旅游服务为西部旅游带来的机遇。

在传统旅行社业发展方面，西部地区与其他地区相比差距明显。以全国百强旅行社的入选与排名为例，2009～2015年(2015年取公示的前100名)西部地区入选全国百强旅行社的数量分别为9家、5家、5家、5家、4家、8家、4家，数量较少，且排位靠后，表明西部地区旅行社总体上组团接团能力不强，市场竞争力较弱，总体经济实力不高；从区域分布看，西部地区重庆、四川的旅行社业发展相对较强，云南、陕西及广西的旅行社业发展很一般，其余7个省区的旅行社业发展较为落后(表4-6)。

表4-6 2009～2015年西部地区入选全国百强旅行社及其排位

序号	旅行社	年份						
		2009	2010	2011	2012	2013	2014	2015
1	重庆海外旅业(旅行社)集团有限公司	10	48	11	10	11	8	12
2	重庆市中国旅行社(集团)有限公司	37	76	98		31	25	60
3	重庆新世纪国际旅行社有限公司	28		86				
4	重庆新干线国际旅行社有限公司						94	91
5	重庆阳光国际旅行社有限公司						93	
6	四川康辉国际旅行社有限公司	29	80		84	79	74	84
7	成都中国青年旅行社	26		59	49	76	100	
8	四川省中国国际旅行社有限责任公司			89	94			
9	四川省中国青年旅行社有限责任公司	81	95					
10	昆明康辉旅行社有限公司	30						
11	昆明中国国际旅行社	85	75					
12	昆明风光国际旅游有限责任公司	100						
13	陕西中国旅行社有限责任公司						51	
14	中国旅行社总社西北有限公司						66	

续表

序号	旅行社	年份						
		2009	2010	2011	2012	2013	2014	2015
15	桂林中国国际旅行社有限责任公司				98			
年度入选数		9	5	5	5	4	8	4

资料来源：根据国家旅游局官网“旅游名录——百强旅行社”资料统计整理

注：2015 年度全国百强旅行社统计调查标准包括“自觉遵守国家和行业法规”“国内旅游组织人天、国内旅游接待人天、入境旅游外联人天、入境旅游接待人天和出境旅游组织人天五项指标中有一项进入全国前 200 名”“以净资产、旅游业务营业收入、净利润、实缴税金、全部从业人员年平均人数五项指标数，分别除以该项指标全国平均值得到相应系数，五项指标相应系数之和由大到小取前 100 名旅行社。其中，净资产、净利润小于或等于零的旅行社被排除”，据此可知“全国百强旅行社排名”基本可以反映传统旅行社业发展绩效和旅行社传统业务的竞争力

显然，如果没有“旅游居间性服务业”(旅行社业)的根本改变，西部旅游将依然“养在深闺无人识”，旅游者对西部旅游将因“知之不多”而“难以前往”。随着智能终端、移动网络的兴起及伴之而来的“在线旅游”的发展，一个新的名词——OTA(online travel agent，在线旅行社)和新的产业——在线旅游平台［目前由以预订为主的在线旅游代理、以比价寻找优惠为主的垂直搜索引擎、以驴友分享游记心情为主的 UGC(user generated content)平台组成］出现了。资料显示，我国在线旅游市场交易规模从 2009 年的 619 亿元增长至 2015 年的 4000 亿元，增长率保持在 25%以上[10]；《2015 年中国在线旅游行业年度监测报告》显示，2014 年中国人旅游的互联网渗透率已达到了 46%，移动端已达到 81%，两者还在高速增长[11]；人们只需拿出手机、动动手指，就可以随时了解相关旅游资讯、旅游攻略、景点信息，实时订机票、酒店、门票等；利用互联网，规划自己的旅游，已经成为越来越多的中国人，特别是“80 后”“90 后”人群的基本选择。这无疑给予了西部旅游脱离“传统旅游推介”进而迅速走进世人视野的良好机遇，只要西部旅游自身的开发有特色、有吸引力，旅游服务有品质、有温度，在“可进入性”不再是难题的背景下，西部旅游将获得与其他地区一样的市场机会，与其他地区站在同一起跑线上，甚至因为“西部的神秘”而获得优先的机会。

因此，西部地区的“旅游旅行服务”，既要着力提升传统业务发展能力，更要谋求新的模式突破，借助新兴经营业态与运营模式，实现旅游供给与旅游需求的多层次、大规模对接。

3) 西部地区的饭店业

饭店业是对应“吃、住”需求而发展起来的行业。随着旅游的发展和经贸往来的增多，饭店行业发展演变成为一个涵盖豪华、舒适、经济等多种档次与商务、旅游、度假、公寓、别墅、疗养、综合型等多种类型的复杂系统。目前，西部地区的饭店业，尽管高星级饭店数量不多(表 4-7)，但总体上看，西部地区的饭店业

能够满足旅游发展的需要。理由有三：

一是西部地区高星级饭店发展潜力较大。一方面，目前西部的四川、重庆在全国五星级饭店省区市总数排序中已经进入了前10位，说明西部地区的高星级饭店具备了一定的基础；另一方面，高星级饭店是高端商务客人的主要选择，随着西部地区的开放发展，商务交流将快速扩张，西部地区高星级饭店将迎来更好机遇，并引领其他类型饭店的发展优化。

表4-7 中国五星级饭店的省区市数量及四大区域数量

省区市数量及排序											
排序	省区市	数量/家	排序	省区市	数量/家	排序	省区市	数量/家	排序	省区市	数量/家
1	广东	109	9	重庆	28	17	云南	19	25	黑龙江	6
2	江苏	85	10	海南	27	18	山西	17	26	吉林	6
3	浙江	79	11	辽宁	27	19	江西	17	27	贵州	6
4	上海	72	12	安徽	25	20	陕西	16	28	西藏	4
5	北京	61	13	河北	21	21	天津	15	29	甘肃	3
6	福建	50	14	河南	19	22	新疆	15	30	青海	3
7	四川	32	15	湖北	19	23	广西	12	31	宁夏	
8	山东	30	16	湖南	19	24	内蒙古	10	全国		852

区域数量比较

区域	总数		省区市均数	
	数量/家	占全国比/%	数量/家	占全国比/%
东部地区	549	64.44	54.90	199.78
中部地区	116	13.61	19.33	70.34
西部地区	148	17.37	12.33	44.87
东北地区	39	4.58	13	47.31
全国	852	100.00	27.48	100.00

资料来源：根据国家旅游局官网“旅游名录——五星级饭店”资料统计整理

二是以“舒适”为重心的旅游度假选择为西部地区饭店业发展提供了机遇。在中国“反奢靡之风”的大环境下，商务客人、旅游客人等饭店客人主体更多地选择中档饭店和经济型酒店，西部地区的民族民俗特色公寓、度假酒店、疗养酒店等将受到旅游者的更多喜爱。

三是“吃、住”问题已经不再是问题。中国旅游已经走过了“住宿难”的发展阶段，我们已经有足够的财力和建设能力，可以迅速在需要的地方建设相应的饭店，只要旅游需要，即使西部省区市一时难以建设，但也会有外来投资迅速建设。

4.1.3　旅游资源开发机遇

一是旅游业的国家地位提升。中国旅游业走的是“先入境、后国内、再出境”的发展道路，其产业地位也经过了一个渐次提高的历程。改革开放初期至 20 世纪 80 年代末，旅游业是出口创汇型产业；20 世纪 90 年代，国民旅游蓬勃生长，旅游业成为扩大内需的重要手段和国民经济的新增长点；进入 21 世纪，旅游业成为拉动消费和树立国际形象的重要产业；2009 年 12 月 1 日，《国务院关于加快发展旅游业的意见》(国发〔2009〕41 号)提出要把旅游业培育成国民经济的战略性支柱产业和人民群众更加满意的现代服务业，旅游业的产业地位实现历史性突破。旅游产业国家地位的提升，为西部地区旅游资源开发提供了良好的宏观大环境。

二是旅游业的市场需求进一步扩张。旅游业是天然的市场导向型行业，中国旅游业的快速发展是在国内外旅游需求快速膨胀的催动下实现的。展望未来，我们可以更加清晰地看到，中国旅游业的发展与旅游资源的开发有更加广阔的市场需求。一方面，随着中国成为世界第二大经济体，国民的健康意识日益强化，休闲娱乐与发展需求日益膨胀，旅游需求内容层次日益复杂多样；另一方面，近年来中央政府施行的一系列国家重大战略性举措，为国民旅游需求的变现提供了坚强的保障，是旅游资源开发建设的强力推动器。

三是旅游业的产业结构进一步优化。40 多年的快速发展，中国旅游业已经成为一个内容丰富、结构健全的重要产业。在旅游资源开发方面，中国正在走向世界旅游大国；在旅游市场方面，入境旅游、国内旅游、出境旅游三足鼎立的客源市场已经形成；在行业部门方面，旅游业的构成内容日益丰满、产业体系进一步完善，并日益广泛而深入地融合着第一、第二、第三产业。未来，中国旅游业将在数量规模、质量效益方面基本达到世界旅游强国水平，中国将成为世界第一大国内旅游市场与出境旅游市场，入境旅游保持世界前列；旅游业将成为知识密集型与劳动密集型、投资聚合与人力资本聚合、对外开放与对内开放全面结合的新型产业[12]。

4.2　西部地区旅游业发展现状

基于丰富多彩的旅游资源奠定的良好基础，在旅游交通条件逐渐优化和旅游开发机遇日益强化与增多的态势中，西部地区形成了一定的旅游资源品牌区、旅游饭店和旅游者组客服务等旅游产业基础。总体来说，纵向上西部旅游取得了不俗的成绩，但旅游开发总体效益不高；横向上西部旅游与全国其他地区还有不小的差距，西部旅游的总体竞争力还不高。当然，这也预示着西部地区的旅游开发建设和旅游发展还不尽如人意，没有达到理想的效果，还有较大的发展空间。

4.2.1 西部旅游业增长较快

旅游资源、旅游设施、旅游服务和旅游基础设施，是地区旅游业发展的基础牵引[13]。2000 年实施西部大开发以来，公共基础设施不断完善，西部地区的旅游业迅猛发展，实现了较快增长，取得了不俗的业绩。西部地区除了四川、云南、陕西等传统旅游大省外(表 4-8)，近年来贵州、重庆旅游业的快速发展特别引人注目。2016 年旅游业成为贵州支柱产业，2017 年贵州旅游接待人次居全国第二、旅游收入居全国前三，2018 年旅游接待人次居全国第一，全省旅游总人数达 9.69 亿人次，贵州旅游业保持持续“大踏步前进”态势(表 4-9)。2015～2019 年，重庆国庆长假旅游接待保持高位增长态势，连续 5 年重庆一直成为中国十大旅游城市之一(表 4-10)；特别是 2018 年 5 月 16 日，重庆市旅游发展大会上市委书记陈敏尔发出“全力打造重庆旅游业发展升级版，建设世界知名旅游目的地”的号召[14]以来，重庆旅游再一次焕发出新的发展活力与发展动力；2019 年春节、国庆两个长假，重庆旅游接待均居全国第一。

表 4-8 中国旅游大省旅游收入情况(2001 年、2009 年、2018 年)

排序	2001 年入境旅游收入排名	2009 年入境旅游收入排名	2018 年	
			旅游总收入排名	说明
1	广东	广东	广东	
2	北京	上海	江苏	
3	上海	北京	山东	
4	福建	江苏	四川	首次突破万亿元
5	江苏	浙江	浙江	
6	浙江	福建	贵州	
7	辽宁	辽宁	云南	
8	山东	山东	湖南	均突破 8000 亿元
9	云南	天津	江西	
10	陕西	云南	河南	

资料来源：《2001 年中国旅游业统计公报》；《2009 年中国旅游业统计公报》；澎湃新闻(www.thepaper.cn). 2019-03-14. 2018 年各省旅游总收入出炉：广东第一，五省破万亿

表 4-9 2012～2018 年贵州旅游接待与旅游收入变化

项目	2012 年	2013 年	2014 年	2015 年	2016 年	2017 年	2018 年
旅游接待总人数/亿人次	2.14	2.68	3.21	3.76	5.31	7.44	9.69
同比增长/%	25.7	25.0	20.1	17.1	41.2	40.0	30.2
旅游总收入/亿元	1860.16	2370.65	2895.98	3512.82	5027.54	7116.81	9471.03
同比增长/%	30.1	27.4	22.2	21.3	43.1	41.6	33.1

资料来源：根据 2018 年贵州旅游业持续井喷 全年旅游收入超 9400 亿元. http: //www. hnsgtd. com/news/ bkfddfbcbagcbac. html 数据整理

表 4-10　2015～2019 年重庆国庆长假旅游接待与旅游收入变化

项目	2015 年	2016 年	2017 年	2018 年	2019 年
旅游接待总人数/万人次	2087.22	2531.79	3418.63	3489.69	3859.61
同比增长/%	12.38	21.3	21.12	13.8	10.6
旅游总收入/亿元	65.04	81.69	123.07	141.27	187.62
同比增长/%	13.16	25.6	34.68	28.4	32.8
年度中国十大旅游城市	北京、上海、广州、**重庆**、深圳、杭州、天津、苏州、南京、武汉	上海、北京、成都、广州、深圳、杭州、南京、武汉、天津、**重庆**	北京、成都、上海、**重庆**、广州、苏州、深圳、杭州、西安、天津	北京、上海、成都、西安、**重庆**、杭州、广州、厦门、南京、深圳	**重庆**、武汉、成都、杭州、西安、广州、南京、天津、上海、北京

4.2.2　西部旅游效益不高

尽管西部地区的旅游接待增长较快，但其旅游收入增长缓慢，旅游经济效益还不高。特别是入境旅游方面，无论是接待人次还是外汇收入，西部 12 省区市的总量在全国的占比都很低，2001 年、2009 年、2018 年三个年份，其占比基本上在 10%～16%(2018 年入境旅游接待西部地区占比 21.16%除外)(表 4-11)，相比近 3/4 全国面积，西部地区的旅游经济效益不高。

表 4-11　西部地区入境旅游在全国的占比

入境旅游接待人次/万人次	区域	2001 年	2009 年	2018 年	入境旅游收入/亿美元	区域	2001 年	2009 年	2018 年
	西部	532.23	1062.24	2987.41		西部	17.13	43.28	168.83
	全国	3416.04	8039.18	14120		全国	159.68	424.17	1271
占比/%		15.58	13.21	21.16	占比/%		10.73	10.20	13.28

资料来源：2001 年数据来源于《2001 年中国旅游业统计公报》，2009 年数据来源于《2009 年中国旅游业统计公报》，2018 年数据来源于“国民经济和社会发展统计公报”和相关网络(贵州、广西)数据资料

相关学者的研究也显现出一致的结论：

(1)张振国等研究发现，中国大陆(内地)旅游业发展呈现出东部沿海地区发达、东北沿海和中南部地区较发达、北部及西北地区欠发达、西南地区不发达的空间态势[15]。

(2)唐澜等研究发现，西部地区接待的入境商务旅游人数稀少[16]。

(3)方叶林等认为，中国省际旅游经济发展水平呈现出“金字塔”现象，西部地区处于金字塔的底端，旅游经济的发展水平较低[17]。

(4)阎友兵和贺文娟的研究显示，西部地区尚未形成“规模大效益高”的旅游发展局面[18]。

4.2.3 西部旅游竞争力不足

从全国范围看，西部地区旅游业的综合竞争力不足，集中表现在“旅游资源品牌区数量不多”(表明“旅游吸客能力”不足)和“旅游客源组织能力欠缺”(表明“旅游拉客能力”不足)两个方面。从旅游资源品牌区数量看，尽管西部地区形成了一系列的旅游资源优势开发区和品牌旅游区，但从省区数量看，20 类世界级和国家级旅游资源品牌区中，除国家自然保护区和国家地质公园外，其余 18 类西部地区均不及全国平均数，全国工业旅游示范点甚至仅为全国平均数的 54%(表 4-12)。从旅游客源组织能力看，2009～2015 年全国百强旅行社中，西部地区入选的数量分别为 9 家、5 家、5 家、5 家、4 家、8 家、4 家，数量较少，且排位靠后，表明西部地区旅行社总体上组团接团能力不强(前文表 4-6 2009～2015 年西部地区入选全国百强旅行社及其排位也说明了这个问题)。

表 4-12 西部地区世界级和国家级旅游品牌区省区市平均数

序号	类别	开启时间	统计截止时间	省均数		
				西部/处	全国*/处	西部/全国
1	世界遗产	1987 年	2016 年 7 月	2.58	2.97	0.87
2	世界地质公园	2004 年	2015 年	0.92	1.10	0.84
3	国家自然保护区	1956 年	2016 年 5 月	16.67	14.42	1.16
4	国家历史文化名城	1982 年	2016 年 12 月 16 日	3.42	4.23	0.81
5	国家级风景名胜区	1982 年	2017 年 3 月 21 日	6.58	7.87	0.84
6	国家森林公园	1982 年	2015 年 12 月	22.17	26.65	0.83
7	国家优秀旅游城市	1998 年	2010 年	7.58	10.94	0.69
8	国家地质公园	2001 年	2011 年 11 月	7.75	7.09	1.09
9	国家水利风景区	2001 年	2015 年 12 月	19.17	23.26	0.82
10	中国历史文化名镇	2003 年	2014 年	7.33	8.13	0.90
11	中国历史文化名村	2003 年	2014 年	5	8.90	0.56
12	全国农业旅游示范点	2004 年	2005 年	8	11.58	0.69
13	全国工业旅游示范点	2004 年	2007 年	6	11.13	0.54
14	国家湿地公园	2005 年	2016 年	20.33	21.97	0.93
15	国家 5A 级景区	2007 年	2017 年	6.17	7.97	0.77
16	全国特色景观旅游名镇(村)	2010 年	2015 年	16.75	17.84	0.94
17	国家现代农业示范区	2010 年	2015 年	7.08	9.87	0.72

续表

序号	类别	开启时间	统计截止时间	省均数		
				西部/处	全国*/处	西部/全国
18	全国休闲农业与乡村旅游示范县	2010 年	2016 年	9.83	10.58	0.93
19	全国休闲农业与乡村旅游示范点	2010 年	2015 年	19.08	20.48	0.93
20	中国特色小镇	2016 年	2016 年	3.67	4.10	0.90

*全国省均数是全国总数/31 个省区市(不含港澳台)的值

国内学者的相关研究成果也充分说明了这种情况：

(1)傅云新等研究发现，中国 31 个省区市的旅游竞争力比较，2008 年，西部地区没有一个省区市竞争力水平高，其中，仅云南、四川较高，广西、陕西、重庆、内蒙古、新疆、贵州等竞争力较低，西藏、青海、甘肃、宁夏的旅游竞争力最低[19]。

(2)张爱平等用旅游产品质量、旅游服务质量、旅游设施质量、旅游市场质量和旅游环境质量 5 个子系统共 31 个指标组成的综合评价指标体系，研究中国 31 个省区市的旅游发展质量，结果表明，2010 年，高、中高、中低、低 4 类质量省区市，西部地区的数量分别为 0 个、1 个(四川)、7 个(内蒙古、重庆、云南、西藏、陕西、广西、新疆)、4 个[20]。

(3)夏赞才等以国内旅游业绩、国际旅游业绩、旅游企业规模、人力资源规模、交通便利情况 5 大类 16 个指标综合评价中国 31 个省区市的旅游业竞争力，结果显示，2015 年中国 31 个省区市旅游业竞争力综合评价，西部地区的全国排名仅四川、云南进入前 10 位(分别为第 7 位、第 10 位)，在后 10 位的 6 个省区市(分别是内蒙古，位列 21；新疆，位列 24；甘肃，位列 27；青海，位列 29；宁夏，位列 30；西藏，位列 31)，表明西部地区的旅游竞争力处于较弱和极弱的等级[21]。

4.2.4　西部旅游发展内部差距大

本书从旅游资源品牌区和旅游接待两个方面综合评价西部地区各省区市的旅游业发展水平。前者已通过世界级或国家级认证(表 4-13)，获得认证表明旅游资源的开发获得一定的认可、达到初步的程度，是旅游业发展的基础；后者表明旅游业发展的直接绩效，以入境旅游接待人次和收入为依据——取 2001 年、2009 年、2018 年西部 12 省区市各自占比的简单平均数(表 4-14)。用旅游资源品牌区和旅游接待两项指标占西部地区的比重、简单加总的数据(表 4-15)来说明旅游业发展水平，数字大表明相应省区市的旅游业较为发达，数字小则旅游业欠发达。从表 4-15 来看，旅游业发展指数最高的云南是指数最低的宁夏的 8 倍多，说明旅游资源开发建设与旅游发展水平在西部 12 省区市之间差距非常大。

表 4-13 西部 12 省区市的世界级及国家级旅游景区数量汇总

序号	四川	内蒙古	新疆	陕西	贵州	云南	广西	甘肃	重庆	青海	宁夏	西藏	总数
1	5	2	3	3	3	5	2	3	2	1	1	1	31
2	2	2	0	1	1	2	1	1	0	1	0	0	11
3	30	29	13	24	9	20	23	20	6	7	9	10	200
4	16	2	6	5	18	12	3	3	6	1	3	4	79
5	8	1	5	6	2	6	3	6	1	0	0	3	41
6	37	33	21	35	25	27	20	22	26	7	4	9	266
7	21	11	13	6	7	7	12	9	1	2	1	1	91
8	16	7	7	8	9	10	9	8	7	7	2	3	93
9	31	27	22	33	26	18	10	26	13	12	10	2	230
10	17	10	10	3	18	6	11	7	9	2	2	1	96
11	8	9	16	11	7	5	8	3	4	0	1	0	72
12	12	3	12	8	5	8	5	4	8	3	4	2	74
13	20	37	20	10	20	21	19	11	21	10	11	1	201
14	15	10	12	6	6	7	7	5	5	5	4	3	85
15	16	8	14	10	10	10	11	8	10	7	8	6	118
16	24	17	27	20	20	21	22	17	23	15	14	9	229
17	7	3	4	5	5	3	4	3	4	2	2	2	44
18	16	8	14	10	10	10	11	8	10	7	8	6	118
19	23	17	27	20	22	21	22	17	22	15	14	9	229
20	7	3	4	5	5	3	4	3	4	2	2	2	44
合计	331	239	250	229	228	222	207	184	182	106	100	74	2352
占比	14.07	10.16	10.63	9.74	9.70	9.44	8.80	7.82	7.74	4.51	4.25	3.15	100.00

注：资料来源与统计时间同表 4-2。表中序号分别代表：1 为世界遗产；2 为世界地质公园；3 为国家自然保护区；4 为国家级风景名胜区；5 为国家级历史文化名城；6 为国家森林公园；7 为国家优秀旅游城市；8 为国家地质公园；9 为国家水利风景区；10 为全国农业旅游示范点；11 为全国工业旅游示范点；12 为国家 5A 级景区；13 为全国特色景观旅游名镇(村)；14 为国家现代农业示范区；15 为全国休闲农业与乡村旅游示范县；16 为全国休闲农业与乡村旅游示范点；17 为中国特色小镇；18 为全国休闲农业与乡村旅游示范县；19 为全国休闲农业与乡村旅游示范点；20 为中国特色小镇；表内除占比单位为%外，其余数值单位均为个

表 4-14 西部 12 省区市入境旅游在西部占比汇总 (%)

项目		云南	广西	陕西	重庆	四川	内蒙古	新疆	贵州	西藏	甘肃	青海	宁夏	西部
2001 年	人数占比	21.26	23.81	14.26	5.89	10.80	7.51	5.13	3.86	2.39	4.18	0.75	0.16	100
	收入占比	21.42	17.55	18.02	9.54	9.68	8.02	5.75	4.01	2.71	2.62	0.53	0.16	100
2009 年	人数占比	26.78	19.76	13.66	9.87	8.00	12.14	3.34	3.76	1.65	0.57	0.34	0.14	100
	收入占比	27.08	14.86	17.81	12.41	6.68	12.89	3.17	2.54	1.83	0.30	0.35	0.09	100

续表

项目		云南	广西	陕西	重庆	四川	内蒙古	新疆	贵州	西藏	甘肃	青海	宁夏	西部
2018 年	人数占比	22.68	18.07	14.04	12.47	11.88	6.04	8.44	4.03	1.53	0.32	0.22	0.28	100
	收入占比	25.77	16.20	18.23	12.77	8.80	7.42	7.13	1.56	1.43	0.16	0.20	0.33	100
平均		24.17	18.38	16.00	10.49	9.31	9.00	5.49	3.29	1.92	1.36	0.40	0.19	100

资料来源：根据《2001 年中国旅游业统计公报》、《2009 年中国旅游业统计公报》及“国民经济和社会发展统计公报”和相关网络（贵州、广西）数据资料统计整理；由于四舍五入数据之和可能不全为 100%

根据表 4-15，可以将西部 12 省区市的旅游发展大致分为四大类别：第一类“旅游业发达”的是云南、广西、陕西、四川 4 省区；第二类“旅游业较发达”的是内蒙古、重庆、新疆、贵州 4 省区市；第三类“旅游业欠发达”的是甘肃；第四类“旅游业不发达”的是西藏、青海、宁夏 3 省区。

表 4-15　西部 12 省区市旅游业发展水平　　（%）

项目	云南	广西	陕西	四川	内蒙古	重庆	新疆	贵州	甘肃	西藏	青海	宁夏
世界级及国家级旅游景区数占比	9.58	8.67	9.89	14.52	10.75	7.45	10.45	9.74	8.00	2.91	4.17	3.87
入境旅游占比	24.17	18.38	16.00	9.31	9.00	10.49	5.49	3.29	1.36	1.92	0.40	0.19
旅游业发展指数	33.75	27.05	25.89	23.83	19.75	17.94	15.94	13.03	9.36	4.83	4.57	4.06

注：旅游业发展指数为世界级及国家级旅游景区数占比与入境旅游占比加总，数字越大则旅游业越发达

相关学者的研究成果也证实了西部 12 省区市之间旅游业发展水平差距大的现状：

（1）范涛从旅游收入及旅游规模、旅行社及星级饭店经营规模和交通状况三个方面，测算了我国 31 个省区市的旅游发展水平，居于全国平均发展水平之上的有 12 个，其中西部地区有云南、四川和内蒙古，而青海、宁夏和西藏的得分最低，旅游业发展水平在全国范围也是最低[22]。

（2）基于地级以上城市的旅游人数、旅游收入、人均旅游消费、旅游业比重、交通便利程度和旅游基础设施六个维度测算的中国旅游城市排名，前 50 名中的西部城市及排名依次为：重庆（2）、成都（7）、贵阳（11）、西安（12）、丽江（15）、昆明（20）、桂林（32）、南宁（35）、乐山（45），甘肃、青海、宁夏、新疆、内蒙古、西藏 6 个省区没有上榜城市，其旅游业发展水平低[23]。

4.2.5　西部旅游业发展压力大

（1）西部经济落后制约旅游精致开发。现代旅游业已经是“投资大、风险高、收益大”的产业，没有大投入，难以精致开发、拓展市场，难以抵抗市场激烈竞

争的风险；小投入可能小风险但一定小收益甚至可能没收益，大投入扛过风险则有大收益。大投入需要良好的经济基础，但相对落后的西部经济，难以支撑西部旅游的大投入、大开发，从而制约旅游资源开发建设的广度和深度，影响旅游产业化发育。西部地区需要积极寻求外部旅游投资以化解此压力。

(2) 内部客源制约西部旅游规模经济。国际经验显示，随着人均 GDP 的增长，国民旅游需求将渐次走过“产生—膨胀—多样”和“观光—休闲—度假”的演变过程。受经济发展滞后的影响，西部地区居民收入增长较慢，其旅游需求的规模增长与内容多样化发展也较为缓慢，于是西部旅游需要更多地依赖外地客源。然而，东、中部地区及东北地区并不会“拱手”让出客源反而将大力争夺，加上“就近出游、就近休闲”的旅游心理与消费态势(如统计显示，近年来全国城市居民的“五一”、“十一”、春节的假期出游，大约有 70%选择乡村旅游[24])，使西部旅游争夺外地客源的难度增加。显然，内部客源的不足，是西部旅游规模发展的障碍与牵绊。

(3) 旅游优先发展区的市场先行效应挤压西部旅游。“先行者优势”(first-mover advantage，FMA)理论[25,26]告诉我们，旅游优先发展区拥有判断市场、整合资源、创新旅游产品等能力优势和“强者越强”的格局，从而对西部旅游构成强大的挑战。

(4) 非优势旅游资源区因资源创新拓展而发展旅游，成为西部旅游的竞争者。例如，传统旅游资源并不占优的深圳，在“世界之窗—锦绣中华—中华民俗文化村—欢乐谷”等人造景观的渐次建设发展中，已经成为中国重要的旅游城市之一。在国家大力发展旅游、各地积极开发建设的背景下，将会有更多类似深圳的传统旅游资源非优势区渐次崛起，西部旅游发展将面临更多的强劲对手和巨大挑战。

参考文献

[1] 杨效忠, 彭敏. 边境旅游研究综述及展望. 人文地理, 2012, (4): 19-24, 93.

[2] 张晓欢. 促进特色小镇健康发展. 人民日报, 2018-11-26, 7 版.

[3] Leiper N. Tourist attraction systems. Annals of Tourism Research, 1990, 17(4): 33-45.

[4] Kaul R N. Dynamics of Tourism: A Trilogy Transportation and Marketing. New Delhi: Sterling Publishers, 1985.

[5] Prideaux B. The role of the transport system in destination development. Tourism Management, 2000, 21(3): 53-63.

[6] Wang D, Qian J, Chen T, et al. Influence of the high-speed rail on the regional tourism spatial pattern. Asia Pacific Journal of Tourism Research, 2014, 19(8): 890-912.

[7] 佚名. 中国高铁高速均世界第一 2020 年高铁将覆盖 80%大城市. 中国产经, 2017, (1): 70-71.

[8] 郑彬. 自驾游渐成出游首选. 经济日报, 2016-08-11, 11 版.

[9] 戴斌. 重新发现的商业价值——2012 年中国旅行社产业评论. 中国旅游报, 2012-12-31, 11 版.

[10] 蒋蔚. 在线旅游平台发展趋势探讨. 经营管理者, 2016, (31): 321-321.

[11] 陈杰. 在线旅游“平台化”趋势明显. 科技日报, 2015-04-22, 9 版.

[12] 邵琪伟. 旅游业: 科学发展实现新跨越. 光明日报, 2012-10-19, 11 版.

[13] 廖斌斌. 中国旅游效率评价与区域差异研究——基于 2000～2011 年省际面板数据. 科技和产业, 2013, 13(12): 35-38, 102.

[14] 杨帆, 张珺. 陈敏尔: 全力打造重庆旅游业发展升级版. 重庆日报, 2018-05-17, 1 版.

[15] 张振国, 李雪丽, 温家洪. 改革开放 30 年来中国旅游业发展空间差异演变研究. 经济地理, 2010, (9): 1552-1556.

[16] 唐澜, 吴晋峰, 王金莹, 等. 中国入境商务旅游流空间分布特征及流动规律研究. 经济地理, 2012, (9): 149-155.

[17] 方叶林, 黄震方, 王坤, 等. 基于 PCA-ESDA 的中国省域旅游经济时空差异分析. 经济地理, 2012, (8): 149-154, 35.

[18] 阎友兵, 贺文娟. 国内旅游流流量与流质的时空演化分析. 经济地理, 2013, (4) : 179-185.

[19] 傅云新, 胡兵, 王烨. 中国 31 省市旅游竞争力时空演变分析[J]. 经济地理. 2012, (6): 144-149.

[20] 张爱平, 钟林生, 徐勇, 等. 中国省际旅游发展质量特征及空间差异.地理科学, 2015, (3): 283-292.

[21] 夏赞才, 邹泉, 张苏兰, 等. 区域协调背景下基于业绩视角的中国旅游业竞争力水平研究. 中南林业科技大学学报(社会科学版), 2018, (6): 81-88, 97.

[22] 范涛. 基于因子分析的我国区域旅游业发展水平研究. 现代交际, 2018, (13): 56-57.

[23] 界面&今日头条. 2018 年中国旅游城市排行榜 TOP50[EB/OL]. [2018-09-26]. https://www.sohu.com/a/256253715_642249

[24] 罗佳明. 旅游业: 架起城乡统筹发展的桥梁. 旅游学刊, 2011, (11): 5-6.

[25] 摩根 • 威策尔. 先行者优势: 更持久战略的前奏. 经济展望, 2003, (7): 56-57.

[26] 宋岚. 竞争优势的另一种来源——基于市场进入时机的“先行者优势”. 经济管理, 2003, (4): 9-13.

※ 路径展开篇 ※

本书是从旅游资源开发的角度切入的，在明确西部地区的城镇化发展和旅游业发展的现状与走势后，本篇展开具体的实施路径。西部地区拥有丰富的旅游资源，其中，名山大川、人文古迹、民族文化、边境开放是西部地区独特的旅游资源；另外，城市自身的旅游开发、城郊旅游和经济社会的发展成就与发展沉淀，均可形成新生的旅游资源，比如工业旅游、农业旅游等，已经成为中国旅游开发发展的重要内容。显然，这些旅游资源的开发，应该是相互交叉和交织的，如名山大川的旅游开发里通常含人文古迹的旅游开发，人文古迹和民族文化的旅游开发不能离开其原生生态，边境旅游开发是另一种民族文化开发的形态，城市旅游开发必须重视文化开发发展，城郊旅游开发要处理好“与城市链接便利”和“与城市生活差异”的关系，如此等等。

为了叙述的方便，本篇按照传统旅游资源开发、文化旅游资源开发和产业旅游资源开发三个角度来展开西部地区旅游资源开发与城镇化建设的路径研究，其中，传统旅游资源开发包括旅游景区(含名山大川、人文古迹)、城郊、城市、古村镇和边境四个方面的旅游开发及其对城镇化建设的推动——这也构成西部旅游资源开发与城镇化建设的基本空间骨架(单列“古村镇”是因其实践发展凸显)；文化旅游资源开发包括民族文化(代表传统文化，也是西部地区旅游资源的特色与优势)、城镇文化(代表现代文化)的旅游开发及其对城镇化建设的推动，产业旅游资源开发则主要是对经济社会系统中发展成就与发展沉淀的开发利用(主要是三次产业的旅游开发)，后两者是对“基本空间骨架”的补充、丰富与增彩。在探讨这三大类旅游资源开发时，前面需要明确战略格局思路，后面需要把握时间演变。如此五个方面(下述 5 章)便构成了西部地区旅游资源开发与城镇化建设的实施路径体系。

5　西部地区旅游资源开发与城镇化建设的总体格局

旅游可以作为城镇化的原生动力，使城镇发生从无到有、从小到大的“量的变化”；旅游可以成为城镇化的中、后期的再生动力，使城市经济转型或城市功能多元化；旅游可以通过城镇数量的变化、城市职能改变等优化城镇空间结构。因此，当今世界，旅游与城镇的良性互动，正在受到越来越广泛的重视。在中国，越来越多的学者开始广泛深入地研究旅游与城镇的互动，越来越多的政府官员、企业投资者积极引导和参与到旅游与城镇互动发展的实践创新中。在中国西部地区，伴随着“放松身心式的板块旅游”取代“跑马观花式的环线旅游”休闲时代的到来，西部地区广袤土地上即使有再丰富的旅游资源也注定难以进行“遍地开花”的旅游开发，必须依托和围绕现有城镇及城镇的发展，实现城镇与旅游的双向良性互动。同时，实践已经证明，发展旅游是伴随着工业化、城镇化、信息化所发生的又一重要的现代化途径，区域旅游化甚至是一个国家或地方后工业化、后城镇化的重要标志[1]，西部旅游的发展将有效促进西部城镇化建设进而促进中国城镇化发展，西部旅游发展与西部城镇化水平提高也是西部地区现代化的内在内容。显然，西部地区的旅游开发当强化“旅游与城镇双向良性互动”的战略观念，实施“基于旅游城镇化的旅游开发”战略。

旅游与城镇的互动发展，基点和落脚点在城镇发展。没有城镇作为基点，旅游发展将难以成行；不落脚在城镇，旅游开发发展将难以持续。探讨西部旅游开发与城镇化建设的互动，必须首先明确西部旅游与城镇的对应格局，进而展开相应的旅游开发。旅游与城镇互动发展，关键和重心在旅游业发展。没有旅游者对旅游开发的认同——旅游者不来或来了后悔，就没有旅游业的发展，也就没有旅游对城镇建设发展的推动与再造。所以，西部地区的旅游资源开发建设首先要在宏观上明晰旅游资源开发与城镇化建设的空间对应格局，以依托城镇发展旅游；其次是顺应产业集聚发展规律趋势，推进旅游产业集聚发展，以促进城镇化建设；最后是基于旅游产业是天然的市场导向型产业，西部旅游应紧跟旅游市场创新旅游开发、整合旅游资源发展旅游大项目，如此便构成了西部旅游资源开发发展战略思路。本章即展开上述三个方面的论述。

5.1　旅游资源开发与城镇化建设的空间对应格局

5.1.1　旅游资源开发与城镇化建设的省域对应格局

西部地区城镇化发展和旅游业发展的内部差异，结合起来可形成旅游资源开发与城镇化建设对应的空间格局(图 5-1)，据此可以发现，西部 12 省区市旅游发展与城镇化建设呈现出“互动好”“互动较好”“互动不好”“尚未互动”四种状况。

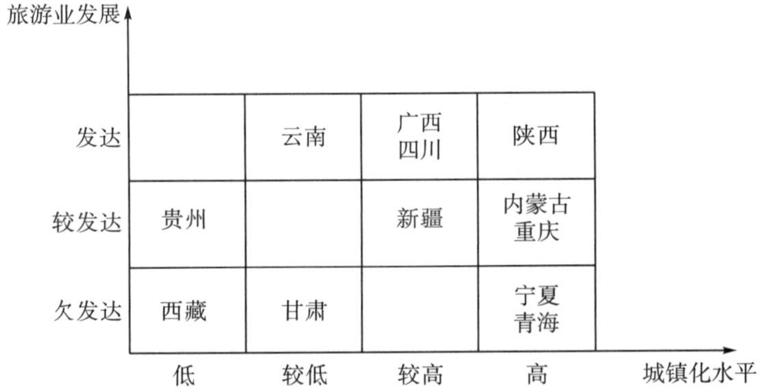

图 5-1　西部地区旅游资源开发与城镇化建设空间对应格局

(1)旅游与城镇化已经形成良性互动。主要表现在陕西、广西、四川、内蒙古和重庆 5 省区市。其中，目前陕西省的良性互动情况最佳，特别是西安，世界文化遗产“秦始皇陵及兵马俑坑”(1987 年 12 月获批)、古都文化资源的旅游开发，较好地促进了西安的城市化发展，城镇化建设又带动了西安旅游的进一步发展。未来，随着中国向西开放、“一带一路”建设及新增世界文化遗产“丝绸之路：长安—天山廊道的路网”(2014 年 6 月获批)的开发，西安的“旅游开发与城镇化建设互动”将呈现更加优异的态势。广西、四川的旅游业适度超前于城镇化建设，在未来旅游资源开发建设将对城镇化发展形成更好的带动效应。在实践中，广西的桂林、南宁已经形成了良好的旅游城镇化效应；四川的成都，城郊乡村旅游的发展展现出明显的城镇化效应，已经引起学术界和实践界的广泛关注、热烈讨论与学习借鉴；四川的九寨沟、峨眉山，因景区旅游开发发展，城镇化水平得到了明显的提高。通过旅游发展带动城镇化建设发展，在广西、四川值得进一步提炼和升华。

内蒙古、重庆的城镇化建设适度超前于旅游开发，并对旅游发展形成了良好的带动效应。在内蒙古，依托草原、沙漠、森林、湖泊、湿地、野生动植物和文化遗址、古陵墓、宗教遗址及蒙古族、达斡尔族、鄂温克族和鄂伦春族等少数民族的饮食文化、祭祀文化、民族节庆、民间艺术等丰富的旅游资源，旅游有了更广阔的发展空间。内蒙古旅游获得长足的发展，2015 年的旅游接待人次和旅游总收入分别是1991年的59.65倍和1827.5倍，年均增长率分别为18.57%和 36.74%[2]；近年来，内蒙古旅游在国内外显现出日益强劲的吸引力，可以预见，旅游与城镇的良性互动将更加优异。在重庆旅游的开发建设发展正在逐步加快，不仅传统的“山城夜景”“朝天扬帆”吸引着大量的中外游人，而且近些年来依托它们而开发建设的南滨路、滨江路、北滨路及重庆大剧院等，正在成为游人们争相而去的新地标；2016 年 9 月 23 日，总投资 550 亿元(其中文化旅游投资超过 260 亿元)，占地 460hm^2，包括万达茂、室外主题乐园、大型舞台秀、度假酒店群、酒吧街等内容的“重庆万达城项目”在重庆沙坪坝区西部新城正式启动，将进一步拉动重庆旅游的快速发展，提升旅游与城镇的良性互动效应。

(2)旅游与城镇化互动情况较好。主要表现在新疆，其旅游资源开发较快较好的区域主要集中在人口集聚、经济较为发达的省会城市乌鲁木齐及其周边地区和北疆地区，旅游开发与城镇化建设的互动也较好。南疆地区因为交通条件的制约，旅游资源开发呈散点状分布态势，难以形成集群发展效应，旅游与城镇互动较差。总体上看，新疆面积辽阔、地形地貌复杂，空间距离远、交通费用高，制约了新疆的旅游资源开发和旅游业，旅游与城镇互动还需要进一步大力推进。王春豪等以新疆的13个全国优秀旅游城市为研究对象发现，新疆的旅游城市空间分布呈“整体分散，局部集中”的格局，局部上集中在公路、铁路和航空等主干交通枢纽上、集中分布在旅游资源集中区域、集中分布在新疆重要经济区或主要经济带上[3]，这也较好证明了新疆“旅游与城镇化互动情况较好”的发展状况。

(3)旅游与城镇化单边超前，互动发展尚需时日。主要表现在云南、宁夏和青海。云南表现为旅游业发达，城镇化水平较低，旅游对城镇化发展的带动效应还不明显。目前，云南的大理、丽江通过旅游开发促进城镇化建设发展，已经形成典型的实践模式，但总体上云南的城镇化对旅游的借力还不够，总结实践经验、积极借力旅游，是未来云南的城镇化建设发展的有效战略路径。宁夏和青海表现为城镇发展相对较好，旅游开发不足。尽管宁夏的沙坡头、青海的青海湖，旅游开发发展在国内已经具有较高的知名度，但总体上两者的旅游资源开发和旅游业发展均较为滞后。未来，宁夏和青海两省区宜依托城镇进行旅游开发、发展旅游经济。其中，宁夏应大力加强回族文化旅游资源开发[4]；整合银川、石嘴山、吴忠、中卫等沿黄地带城市的优势，打造黄河金岸旅游精华地带，与呼包银经济区、陕甘宁革命老区和能源化工“金三角”契合，形成旅游与城镇互动发展的亮点区域[5]；借助众多国内外知名葡萄酒企业集聚贺兰山东麓建设葡萄酒生产和加工基地及一大批各具特色的葡萄酒庄、酒厂，发展葡萄产业和枸杞旅游产业走廊及文化长廊[6]。青海，作为全省一半区域被列为国家自然保护区的独特省份，生态保护和生态环境将是青海旅游的特别优势；加上三江源、青海湖、鸟岛、沙岛、百里油菜花海门源、最美草原祁连和塔尔寺、互助、循化、黄南等特色民族文化艺术及丝路古道等独特旅游资源，拥有独特的发展潜力。基于旅游资源的空间格局和开发现状，青海旅游宜在加大“环西宁旅游圈”建设的同时，着力北线——祁连旅游线、中线——青藏路沿线昆仑文化溯源和南线——三江源生态旅游线的开发建设，以改变“7～9 月热闹非凡，其余时间门可罗雀”的发展现状[7]。

(4) 旅游与城镇化均较为落后，互动发展尚需大力推进。主要表现在贵州、甘肃和西藏。在未来的发展中，三省区宜实施“旅游带动小城镇”的战略路径，除了进一步做好省会城市的旅游产业及其与城市良性互动外，应着力促进小城镇与旅游开发的良性互动，提高广大农村区域的城镇化水平。其中，贵州旅游宜以自然山水、民族村寨为抓手，着力黄果树、镇(远)凯(里)、遵义、赤(水)习(水)仁(怀)、毕节、威(宁)六(盘水)、铜仁、黎(平)从(江)榕(江)、兴义和荔波等特色景区点的开发建设，提升这些地区的城镇化水平[8]；甘肃以敦煌壁画、丝绸之路闻名天下，其有博大的草原文化、神秘的宗教文化、浓郁的民族风情，目前甘肃 14 个地市州中，兰州和天水、酒泉、白银的旅游与城镇发展相对较好，甘南、临夏、陇南、定西的旅游开发有一定基础但城镇化水平低，嘉峪关、张掖、平凉、武威、庆阳、金昌等的城镇化水平居中但旅游开发滞后[9,10]，甘肃应首先着力旅游发展基础相对较好的区域，通过旅游促进城镇化发展；西藏旅游主要集中在拉萨市，其旅游人数和旅游收入均占全区的 60%，未来旅游城镇化的推进当着力林芝、山南和日喀则地区，而那曲、阿里和昌都地区尽管民族风情、民俗饮食、节庆活动差别不大，但由于空间距离、自然条件等形成的可进入性差，未来的旅游开发条件还不太具备[11]。

5.1.2 旅游资源开发与城镇化建设的区域对应格局

从微观区域视角看，西部地区旅游资源开发与城镇发展在空间分布上需要注意如下三种格局：

一是总体上旅游资源区离城市较远。以重庆、四川的 5A 级景区为例(表 5-1)，重庆 8 个 5A 级景区距离重庆主城区的里程，最近的达 100km，最远的在 430 多千米；四川 12 个 5A 级景区距离成都主城区的里程，多数在 145km 以上，仅 1 个在 100km 以内，最远的达 440km 以上。

二是旅游景区类型与城镇的关系差异。表现为人文资源型景区距离大中城市的平均距离较近，自然资源型景区距离大中城市的平均距离较远，综合资源型景区距离大中城市的平均距离居中；规模越大的城市周边，旅游景区数量越多[12]。

表 5-1 重庆、四川 5A 级景区距省会的空间距离 (单位：km)

重庆 5A 级景区	重庆主城区—景区的里程	四川 5A 级景区	成都主城区—景区的里程
重庆巫山小三峡—小小三峡	438.5	阿坝九寨沟旅游景区	446
重庆市云阳龙缸景区	377.2	四川阿坝黄龙风景名胜区	364
武隆喀斯特旅游区	196	四川甘孜海螺沟景区	283/415/750
江津四面山景区	151	四川省南充市仪陇朱德故里景区	270
重庆市万盛经开区黑山谷景区	114.5	广元市剑门蜀道剑门关旅游区	264
重庆市南川金佛山	104	南充市阆中古城旅游区	244
重庆大足石刻景区	100	绵阳市北川羌城旅游区	171.4
		乐山市峨眉山景区	157
		乐山市乐山大佛景区	149
		阿坝汶川特别旅游区	146
		成都市青城山—都江堰旅游景区	74.2

三是城镇自身的旅游发展水平较高。特别是省会城市，通常是省域旅游格局的龙头，在省域旅游发展中具有明显的带头作用[13]。这主要是因为城镇的经济发展实力比乡村强，规模越大、层级越高的城市，其旅游投资、旅游交通、宾馆饭店等越有优势，旅游客源规模也较乡村有良好的支撑，因而能开发形成更多、更大、更好的旅游景区。

5.1.3 依托城镇建设进行旅游资源开发

(1) 依托城镇体系优化西部旅游资源开发发展空间体系。城镇是旅游开发发展的重要支撑与关键枢纽，以城镇体系为基础依托，建立与之相适应的旅游开发发展空间体系，是西部地区城镇化建设发展稳步推进、西部旅游业持续健康发展的现实路径[14]。受自然地理条件的限制，自古以来西部地区的城镇主要集中在河谷地带，城镇体系的发育随地形、河流走向布局和延伸；近现代里，随着铁路、航空及高铁的建设发展，西部地区城镇的空间布局有了更多的选择，但城镇的核心与主体仍然靠近河谷。基于此，依托城镇体系的西部旅游资源开发，应沿着河谷地带(如湟水河谷、长江河谷、嘉陵江河谷)、交通要道(如丝绸之路、南昆铁路、成渝高速公路、渝怀铁路)等建设重点旅游走廊，并逐渐向两侧扩展，推进旅游城市与一般城市、与旅游景区、与县区发展的良性互动，发展旅游产业带，优化西部旅游格局。

(2) 发展西部城市旅游。城市正在成为重要的旅游资源区[15]和旅游目的地，城市旅游已经成为大多数城市重要的发展选择与发展内容。西部地区的城市旅游开发，要在国家历史文化名城、国家优秀旅游城市、大中城市工商业等旅游开发的同时，着力凸显西部城市的个性风采，如西部城市“空间视角”的旅游开发。受特定的地形地势影响，西部地区多河谷型城市，呈“多中心组团型体系”，如重庆市是在长江、嘉陵江环绕的渝中半岛——解放碑组团的基础上，随后向西、向北、向南拓展，先后形成沙坪坝组团、观音桥组团、南岸组团，近些年来伴随着两江新区的建设发展又相继形成渝北组团、大学城组团等。兰州市，城市建设与布局沿黄河—湟河呈带状多中心分散组团式结构；西宁市，在椭圆状中心圈层以外，也是沿外围河谷不连续布局的多个发展组团。这样的城市空间格局，赋予了西部城市旅游的独特魅力，如重庆的“夜景”，堪比香港；重庆的道路体系，或跨河或穿山或居民楼，先前因《疯狂的石头》而津津乐道，近年因微信刷屏而心生好奇，“重庆，真的‘非去不可’”。

(3) 依托城市发展城郊旅游实现城乡互动。当今中国，城市郊区和周边地区因其与城市的空间差异、进出便利和主动开发旅游而成为城市居民旅游的首选目的地。城郊旅游，依托郊区农业生产、农村生态、农民生活，吸引城市居民周末休闲度假、回忆乡愁、认识农村农业农民，在带给城郊旅游收入的同时，也带去了新的信息、新的观念，慢慢地促使城郊产业非农化、生活城市化，渐次推进了城郊人口、产业、生产、生活、经济、社会、文化、科技、环境乃至管理机制和思想观念等多种因素向现代化演进[16]。城郊居民开始走进城市，在城乡之间寻求新的发展机会、发展空间，把城市的先进事物、先进思想带进城郊，带向远郊，及至扩散开去。这种以旅游为纽带的城乡互动，既促进了旅游发展空间格局的新变化、新发展，更催生着、促进着欠发达地区的启动发展、融入经济大循环，西部城郊旅游值得大力探索与有效推进。

5.2　旅游产业集聚发展推动城镇化建设

5.2.1　西部地区旅游产业集聚发展必要性

1) 西部地区产业聚集带动城镇化力量不足

产业集聚是指在某一特定区域，围绕一个特别领域聚集一群相互关联的公司、供应商、关联产业和专门化的团体、协会的发展现象[17]，是区域组织的一种新形式和区域发展的重要模式。当今世界，经济富有活力的地区几乎都是产业集聚较发达的区域[18]；讲产业发展一定要讲产业集聚[19]。

城镇发展与产业发展密不可分，产业发展是城镇发展的基础。西部地区城镇化建设与发展，要凸显城镇的产业发展，并着力推动产业集聚与城镇建设的良性互动。然而，西部地区集聚的产业少、产业集聚的水平低，因而对西部地区城镇化建设的推动不足。

西部地区产业集聚少。目前，西部地区的产业发展多依赖资源禀赋，产业集聚主要是资源型行业的集聚，包括煤炭、石油、天然气的开采、加工及电力、热力的生产和供应，金属、非金属矿的采选、加工，食品、饮料、烟草、医药的制造，旅游业等；资本和技术密集型产业的发展，是西部地区未来发展需要着力的方向[20]。史晋川和钱陈的研究显示，以聚集经济比重5%为行业集聚的标准，2007年我国已形成行业聚集的情况是：江苏、广东、山东的各个行业都达到了行业集聚，浙江除农业外的其他行业都达到了行业聚集，北京的金融业（10.89%）、河南的餐饮行业（8.44%）、河北的工业（5.31%）与农业（6.32%）、上海的房地产业（5.75%）也达到了集聚；而西部地区仅农业和住宿餐饮业达到行业聚集，且都出现在四川（分别为7.11%和5.30%）[21]。关爱萍和张宇分析制造业产业集聚度的地区分布时发现，我国中西部地区制造业集聚较少，且主要为资源依赖型行业[22]。这与西部地区大多数省份农业比重还相对较高的产业结构（表5-2）现状较为吻合，或者西部地区的产业集聚发展与产业结构"互为因果"。

表5-2 2016年西部12省区市三次产业结构

省区市	三次产业结构	省区市	三次产业结构
陕西	8.80∶49.00∶42.20	云南	14.80∶39.00∶46.20
甘肃	13.61∶34.84∶51.55	贵州	15.80∶39.50∶44.70
宁夏	7.60∶46.8∶45.60	四川	12.00∶42.60∶45.40
青海	8.60∶48.60∶42.80	重庆	7.40∶44.00∶48.40
新疆	17.10∶37.3∶45.60	西藏	9.40∶36.70∶53.90
内蒙古	8.80∶48.70∶42.50	广西	15.30∶45.10∶39.60
	中国	8.56∶39.81∶51.63	

资料来源：根据12省区市"2016年国民经济和社会发展统计公报"整理汇总（西藏为2015年）；数据为第一产业∶第二产业∶第三产业

西部地区的产业集聚水平较低。赵祥按照工业空间基尼系数和密度指数测算了各省区市产业集聚，将全国31个省区市划分为四种集聚类型（表5-3），西部12省区市中除了重庆以外均属于"工业总量低集聚水平"类型[23]。张齐和孙伟基于区位熵与基尼系数的实证分析发现，我国产业集聚存在空间分布上的差异，呈现由东部沿海地区向中西部地区逐渐减弱的趋势，而西部12省区市的产业集聚水平也相对较低（表5-4）[24]。

表 5-3　中国工业专业化与总量集聚类型

类型	省区市
第Ⅰ类：高专业化、高集聚	北京、山西、重庆 3 省市
第Ⅱ类：高专业化、低集聚	内蒙古、吉林、黑龙江、贵州、云南、西藏、甘肃、青海、宁夏、新疆 10 省区
第Ⅲ类：低专业化、高集聚	天津、河北、辽宁、上海、江苏、浙江、安徽、福建、山东、河南、湖北、广东 12 省市
第Ⅳ类：低专业化、低集聚	江西、湖南、广西、海南、四川、陕西 6 省区

资料来源：根据赵祥. 我国省区产业集聚：类型特征与形成机制. 产业经济评论, 2009, 8(3): 133-160 整理

表 5-4　基于区位熵与基尼系数的西部 12 省区市的产业集聚水平

指标	内蒙古	云南	重庆	四川	宁夏	陕西	甘肃	广西	新疆	贵州	青海	西藏
区位熵的产业集聚程度全国排名/位	29	30	11	12	15	28	16	21	26	22	27	—
基尼系数的产业集聚程度全国排名/位	9	10	22	12	30	15	27	19	21	23	29	—

资料来源：根据张齐，孙伟. 产业集聚与区域经济发展——基于区位熵与基尼系数的实证分析. 池州学院学报, 2019, 2: 44-46 整理(说明：该文没有分析西藏)

西部地区产业聚集推动城镇化力量不足。由于我国内陆地区发展起步较晚，且市场多样化，较少产生以某种产业为集聚的发展形态，产业集聚的经济效应不高，对城镇化建设发展的推动不足；要想进一步提高区域经济的发展，就需要进一步提高产业集聚程度，使区域内产业结构升级。以“地区生产总值 / 全国生产总值”作为“集聚经济效应”指标，测算表明：2007 年，最高仅 3.81%(四川)，最低为 0.28%(青海)；而东部和中部地区的比重则较高，江苏和山东两省都超过 9.34%，浙江达到了 6.8%，河南、河北两省也到了 5%；2018 年，广东聚集经济比重占 11.28%[25]；2018 年，情况基本没有变化，西部 12 省区市的 GDP 总量占比仅为 20.15%，最高的四川 GDP 占比 4.45%，陕西、重庆、广西的 GDP 占比在 2%以上，其余各省份的 GDP 占比均在 2%以下，西藏的 GDP 占比最低，为 0.16%。(表 5-5)。显然，西部地区产业集聚的水平低、效益差，对城镇化建设发展的推动力不足。

表 5-5　2018 年中国 31 个省区市 GDP 总量及在全国占比

省区市	GDP 总量/亿元	在全国占比/%	省区市	GDP 总量/亿元	在全国占比/%	省区市	GDP 总量/亿元	在全国占比/%
广东	97277.77	10.63	河南	48055.86	5.25	河北	36010.27	3.94
江苏	92595.40	10.12	四川	40678.13	4.45	福建	35804.04	3.91
山东	76469.67	8.36	湖北	39366.55	4.30	上海	32679.87	3.57

续表

省区市	GDP总量/亿元	在全国占比/%	省区市	GDP总量/亿元	在全国占比/%	省区市	GDP总量/亿元	在全国占比/%
浙江	56197.15	6.14	湖南	36425.78	3.98	北京	30319.98	3.31
安徽	30006.82	3.28	天津	18809.64	2.06	贵州	14806.45	1.62
辽宁	25315.35	2.77	云南	17881.12	1.95	新疆	12199.08	1.33
陕西	24438.32	2.67	内蒙古	17289.22	1.89	甘肃	8246.07	0.91
江西	21984.78	2.40	山西	16818.11	1.84	海南	4832.05	0.53
重庆	20363.19	2.23	黑龙江	16361.62	1.79	宁夏	3705.18	0.40
广西	20352.51	2.22	吉林	15074.62	1.65	青海	2865.23	0.31
						西藏	1477.63	0.16

	东部地区	东北地区	中部地区	西部地区	全国
在全国的GDP中占比/%	52.59	6.20	21.06	20.15	100.00

资料来源：根据国家统计局网站资料整理

注：全国31个省区市加总为914707.46亿元，国家公布数据为900309.5亿元，上表按照加总数据测算比重

2)旅游产业聚集发展是旅游与城镇良性互动的关键

现代社会，旅游需求复杂多样，旅游资源开发的范围也大大拓展——旅游资源的内涵创新与外延拓展，旅游经济运行、旅游业发展形态等也多种多样。于是，旅游产业形成一个日益庞大的产业链、产业面和产业群，不同的旅游地需要谋求自身的核心竞争力以实现旅游产业的持续发展；基于核心竞争力的培育与彰显，众多相关行业或企业以及相关的支撑机构在不同空间上的集聚，便是旅游产业集聚。伴随着旅游产业空间集聚发展，城镇化建设发展便水到渠成，旅游产业集聚成为推动城镇化建设发展的关键(图5-2)。

3)西部地区旅游产业聚集发展基础良好

旅游产业集聚是围绕“服务旅游者”的众多行业或企业以及为这些企业服务的机构在空间上的聚集，是相关行业部门相互支撑共同提升区域旅游竞争力的客观要求，是旅游经济发展内容结构与空间结构优化调整的必然结果。目前，旅游产业集聚发展在中国正在成为一种现实需求与发展趋势，以此为依托带动城镇化建设与发展也正在成为一种新的创新探索。但总体上看，我国旅游产业集聚发展还不多、集聚发展的实践问题还有待积极地化解，旅游产业集聚的研究成果还不多、不系统[26]，这既是西部地区旅游产业集聚发展的挑战(无可借鉴)，更是机遇(一有成就就是创新)。基于旅游经济发展的潜力或实力、旅游企业及相关行业部门的结构优化、旅游的品牌效应与市场影响力和政府部门间的协作共进四个方面的指标[27]，可以看到西部地区旅游产业集聚发展的良好基础，借此推进西部地区

的旅游产业集聚发展，这不仅有利于改变西部地区旅游发展格局，而且有助于提升西部旅游在中国及世界的影响力。

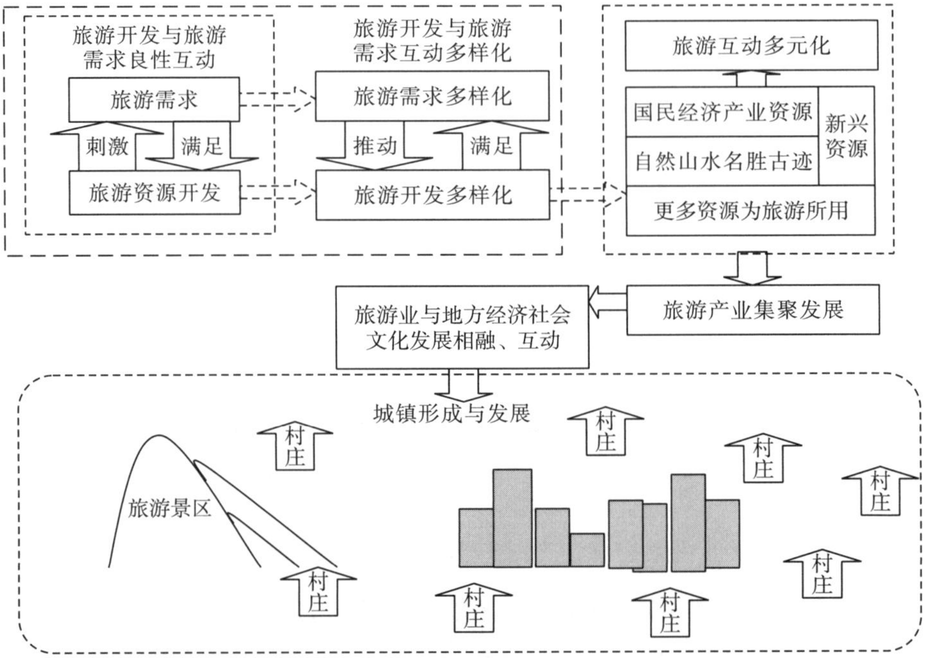

图 5-2　旅游产业集聚在旅游与城镇互动中的关键地位示意图

一是旅游经济发展的潜力或实力。潜力大或实力强才可能形成众多旅游企业及相关行业部门的集聚，旅游行业部门结构和空间地域结构才能不断优化，进而提高整体市场竞争力、获取更大的经济效益与社会效应。西部地区有丰富的旅游资源、从中央到地方各级政府的高度重视与积极推进、西部大开发及“中国向西开放”战略提供的历史机遇、已经膨胀与日渐释放的国民旅游需求等，使西部地区旅游经济发展潜力巨大。在现实发展中，西部旅游业呈现出快速发展的态势，国内旅游已占全国半壁江山，实力强劲；入境旅游还不足全国 15%，潜力巨大。

二是旅游企业及相关行业部门的结构优化。系统论告诉我们：结构决定功能。旅游企业及其上下游企业和相关服务企业之间联系频次的多少和联系方式的优劣直接决定旅游产业结构的优劣、影响旅游产业集聚发展的持续能力。伴随着旅游开发建设的快速推进和旅游经济的积极发展，西部各省区市的旅游企业及相关行业部门之间的联系正在加深加强和逐步优化。表现在旅游业内部宾馆饭店、旅行社、旅游景区之间的联系更加紧密，特别是在开放度逐渐加大和旅游客人逐渐增多的过程中各省区市宾馆饭店数量增加、档次提升、舒适度提高，使宾馆饭店与旅行社、景区的联系更多、更紧密，旅游景区开发建设加快促进了旅游住宿的优化、旅行活动组织的多元化；在旅游业外部，相关行业、部门、企业对旅游的支持意识增强，力度加大，特别是高速公路、高铁的快速发展较好地支撑着西部旅游的开发建设与发展，为旅游发展服务的媒体、网络和学校、科研机构、社会团体等为西部旅游资源开发建设提供着越来越及时有效、深入有力的产品和服务。

三是旅游的品牌效应与市场影响力。只有在有较强吸引力的旅游景区点和可进入性方便快捷基础上形成旅游产品市场号召力，以及在适应市场、科学管理、引导市场基础上形成旅游企业市场影响力，显现出较高的旅游品牌价值，旅游地的客源才有保障，才有足够的旅游收益，旅游企业、行业部门才能持续运行与发展，旅游产业的集聚也才能逐渐发展和优化。西部地区已拥有一定的旅游品牌效应与市场影响力，特别是世界遗产和国家自然保护区、国家地质公园、国家湿地公园、全国特色景观旅游名镇(村)、全国休闲农业与乡村旅游示范县点、中国特色小镇等，西部地区的品牌优势更为明显，西部地区的旅游品牌效应正在形成日渐强大的市场号召力，特别是在国人对良好空气环境追求越来越强烈的新背景下，西部地区广阔的地域空间和良好的生态将形成更加优越的旅游品牌吸引力。

四是政府部门间的协作共进。旅游业是市场主导型产业，但旅游市场的开拓需要政府着力。旅游产业集聚不仅有助于区域的旅游内聚力提升，而且有助于旅游业与区域经济、区际经济的和谐共生，因此应有效发挥政府的推动作用，发挥政府自身的运作和政府之间的协作对旅游产业集聚的形成、发展、优化的重要影响力。目前，西部地区的旅游协作体系与机制建设正在良好推进，如：

(1)2004 年 9 月 6 日，重庆与湖北共同签署了“关于长江三峡区域旅游经济合作”的“1+3”协议(即两省市人民政府、旅游局、旅游质量监督管理所和旅行社协会签署的旅游合作协议)。

(2)2005 年，由重庆牵头组织编制的《川黔渝“金三角”旅游规划》经四川、贵州、重庆三方共同组织全国专家评审通过，三省市旅游合作开启新的态势；近年来，重庆与四川、贵州在政府间、企业(景区点)间的旅游协作逐渐增多，机制加快优化。

(3)2007 年 5 月 26 日， 西部 12 省区市和新疆生产建设兵团旅游局在四川成都召开中国西部国际旅游区域战略联盟与协作论坛，共同签署了《中国西部地区旅游区域合作协议书》，西部旅游大区域合作提上日程。

(4)2008 年 2 月 29 日，成立 20 年的西北旅游协作区下发的第二份联合文件《关于联合举办 2008 中国西北旅游网上博览会的通知》，开启“只需登录一家官方网站即可获得整个西北五省区的相关旅游信息”的合作新模式。

(5)2012 年 10 月 28 日，贵阳、三明、长沙、无锡、乐山、北海、合肥、武汉、昆明、宜宾、南宁、南昌、海口、桂林、绵阳、淮南、厦门、攀枝花、防城港19个城市，共同签订了《中国南方旅游城市协作体(贵阳)合作协议》，各成员城市约定未来将携手推进旅游合作，打造旅游精品线路。

(6)2014年11月7日，云南省昭通，贵州省遵义、毕节，四川省遂宁、乐山、自贡、广安、南充、巴中，重庆市涪陵区等四省十八市(区)在四川巴中签署了《重庆经济协作区深化合作巴中宣言》，成立“旅游联盟”。

(7)2015年7月28日，成立于2004年的西北风情旅游联合会在兰州举行2015年会，通过了《兰州宣言》，各会员城市持续着力于打造丝绸之路文化旅游产品、开发旅游市场、实现区域无障碍旅游合作等。

5.2.2 西部地区旅游产业集聚发展内容

旅游产业集聚是旅游相关行业、企业、部门在一定地理空间上的聚集。在一个具体的地域空间里到底集聚哪些行业部门，不仅要充分考究具体地域的区位、资源、市场、社会经济发展及政策、法规等诸多因素，更要充分研究相邻地域的旅游资源开发和旅游经济发展，要着力通过旅游交通建设发展、区内外旅游市场开拓及旅游客流调节渐次实现旅游经济的内外空间布局结构优化。因此，基于从“发展内容优化”与“空间格局安排”两个角度展开经济建设与发展的思路，旅游产业集聚发展需要从旅游空间格局优化与旅游行业部门整合的宏观与微观两个层面推进。

1)旅游产业聚集发展的空间格局优化

西部旅游产业聚集发展的空间格局，应从两个视角进行拓展与优化：

一是基于西部地区在国内外具有旅游吸引力的旅游景区而吸引外来客源形成的旅游行业部门及相关行业部门的集聚。例如，依托世界遗产、世界地质公园(表5-6)发展相应的旅游行业部门、形成旅游产业集聚发展。这类旅游产业集聚区，要重点关注三个方面的特色培育与目标追求：①围绕外来客源的旅游需求研究与挖掘，形成对西部地区区外客源的号召力与影响力，吸引更多的外来客源；②兼顾旅游者的“观光猎奇”与“休闲度假”需求，充分张扬西部地区独特的自然、人文资源魅力，高层次实现旅游者的“愉悦”与“放松”需求；③结合各省区市对外经济贸易活动的开展，发展外来人口的休闲、娱乐、餐饮、商业等设施及医疗服务、教育培训服务等行业部门，形成集聚发展，如重庆近年来通过两江新区的中韩产业园建设发展，已经形成了上万的韩国人在渝生活，相应的配套服务设施建设正在紧锣密鼓地推进，围绕韩国人需求的行业部门的发展与集聚不仅有助于在渝韩国人更好地生活、享受、发展，更将形成重庆吸引国人来渝休闲、购物、旅游的新景观。

表 5-6 西部各省区市世界遗产和世界地质公园名录

省区市	世界遗产名录	世界地质公园名录
陕西	秦始皇陵及兵马俑坑	秦岭终南山
甘肃	敦煌莫高窟、长城(甘肃—河北段)	
宁夏		
青海		
新疆	天山	
内蒙古	元上都遗址	克什克腾、古阿拉善沙漠
云南	丽江古城、三江并流、澄江帽天山化石地、哈尼梯田、中国南方喀斯特(昆明石林)	石林
贵州	中国南方喀斯特(黔南州荔波)、中国丹霞(贵州遵义赤水)	
四川	青城山—都江堰、九寨沟、黄龙、大熊猫栖息地、峨眉山—乐山大佛	兴文、自贡
重庆	大足石刻、中国南方喀斯特(重庆武隆)	
西藏	拉萨历史建筑群	
广西		乐业—凤山

二是基于西部各省区市经济社会发展格局形成的旅游产业集聚发展。这类旅游产业集聚区，要着力推进四个方面的旅游资源开发建设及其旅游产业集聚发展创新：①城市旅游产业集聚区——以城市及城市商业、文化、创意为主要依托，吸引市外客源和市内农村旅游者，整合相关行业部门集聚发展，彰显城市文明；②城郊旅游产业集聚带(环城游憩带)——以城郊自然风光为基础，以城市人周末休闲度假为目标市场，发展相关行业部门、形成集聚，彰显乡村文明、传承传统文化；③景区旅游产业集聚区——以特色景区开发建设为根本，建构和彰显景区核心竞争力，配合发展相关行业部门，推动集聚发展；④跨区旅游产业集聚区(带)——与相邻省区市的旅游资源开发建设进行有效合作，编制特色旅游线路、串联相关旅游产业要素、促进旅游产业集聚发展与和谐共生。例如，2019 年 12 月 31 日，在重庆市文化和旅游发展委员会会议中心举行的以“创新成渝合作 共襄旅游盛世”为主题的首届“成渝旅游共享发展合作系列活动”，首批便推出 24 条成渝互为旅游目的地的精品旅游线路，期望“搭建旅游宣传联盟，实现资源与客流融合共享，打造面向全国的经典线路”[28]。

在西部旅游产业聚集发展的空间格局优化中，要充分考究如下几个影响因素：①交通建设。包括大区域里的国际机场、高速公路、高铁及跨区域水运的建设与发展节奏，为旅游产业集聚大格局优化奠定基础；包括小区域里的公路改造升级、村村通，为旅游者便捷出行提供条件，进而推进旅游产业集聚优化。②旅游区资源特色。要进行更大时空的资源特色比较，充分挖掘、有效彰显，建构更大空间范围里的相互支撑、相映生辉，形成对旅游者的持续吸引力。③旅游发展能力。

主要是内部的旅游发展资源(资金、人才等)组织能力、整合能力(避免恶性竞争)和外部的旅游客源开拓能力、维持能力，旅游发展能力强，旅游相关行业部门才能够较为容易地集聚起来并逐渐形成优化的行业结构，旅游产业集聚也才能顺理成章地形成与发展。④地方经济社会发展。主要考究地方政府对旅游业的重视与推动力度、地方经济社会对旅游业的支撑力度、地方经济外向度等，这几个指标的提升有助于旅游产业集聚发展。

在西部旅游产业聚集发展的空间格局优化中，还要着力培育区域旅游产业集聚发展特色优势。按照不同地域的不同旅游发展优势与特色，组合形成不同的集聚发展过程、集聚发展内容、集聚发展模式。其中，“城市旅游产业集聚”要突出“现代城市文明、科技进步、商业发达”；“景区旅游产业集聚”要彰显“深厚历史文化、自然山水、原始古朴”；“城郊旅游产业集聚”则以“乡村生活”为中心，链接农村、农业、农民的“传统”与“现代”；“跨区域旅游产业集聚”则应因地制宜，汲取前三者的内涵、融合跨区域的实际而培育特色。其中，西部地区基于世界遗产、风景名胜区、A 级景区、地质公园及红色旅游景区点和历史文化、民族文化、乡村文明等独特旅游资源，建设发展的旅游产业集聚，是当前及今后一个相对长的时期里需要花大力气发展的。目前，四川九寨沟、云南迪庆与大理、甘肃天堂镇、宁夏沙坡头与镇北堡西部影视城、重庆武隆等，都已成为典型的成功案例。

2)旅游产业聚集发展的行业部门整合

旅游产业集聚是以旅游景区点、主题公园、宾馆饭店、汽车旅馆、旅游交通、旅游商品生产销售等旅游企业为中心，向上延伸到原材料、零部件、机器设备及基础设施等专业化投入的供应商，向下拓展到旅游产品批发零售商、旅游代理商及汽车租赁公司，以及为整个产业集聚服务的教育培训机构、人力资源开发管理机构、相关智库、金融机构、标准制定机构、各种媒体、贸易联盟、协会商会等众多机构。不同的地域空间里，旅游资源开发发展的动因、基础、过程路径、特色优势各不相同，旅游产业集聚的发展过程与发展内容也各有差异，这便形成了多种旅游产业集聚模式。一般地，西部地区旅游产业集聚的行业部门，通常有如下三种模式选择。

模式 1：基于旅游资源开发与旅游客源互动的旅游产业集聚模式。适用于城市、旅游节点等空间发展旅游产业集聚。其“旅游客源输出地”和“区域旅游接待地”的属性，使主要旅游企业或企业集团将其总部集聚于此；其“区域政治、经济、文化中心”的属性，使其担负着区域旅游发展的管理、指导、资金支持、智力援助等职能。城市和旅游节点的行业部门集聚宜遵循“基于旅游资源开发与旅游客源互动的旅游产业集聚模式”，即以城市经济社会文化发展为基础和依托，通过“来城客源旅游需求对旅游资源开发的刺激与引导”“城市旅游资源及城市产业资源的旅游资源开发形成对来城客源的适应与创新”两者的良性互动，推进旅游产业要素集中、行业部门集聚和旅游产业集聚优化(图 5-3)。

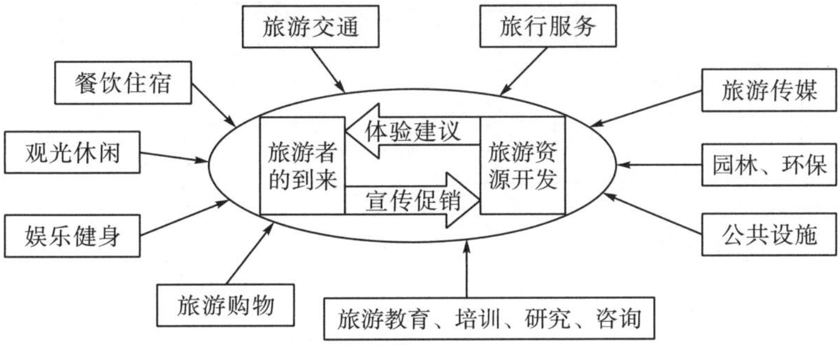

图 5-3 基于旅游资源开发与旅游客源互动的旅游产业集聚模式

模式 2：基于旅游资源吸引力的旅游产业集聚模式。适用于自然风光优良、旅游资源尚处于“散”(分散、未被梳理整合)、“隐”(隐藏、未被系统挖掘)的区域，依托良好的区位、优美的自然山水、浓郁的乡土风情，在旅游支付能力逐渐增强和休闲度假需求日益强盛的大潮流中，围绕着“休闲度假”进行相应的旅游资源开发建设、集聚相关行业部门，推动旅游产业集聚发展(图 5-4)。该模式的旅游接待可以分为承接都市居民周末休闲度假游、国内外休闲度假游两种小类型，进而形成各自的特色与核心竞争力，相关行业部门进一步差异化细分、整合。

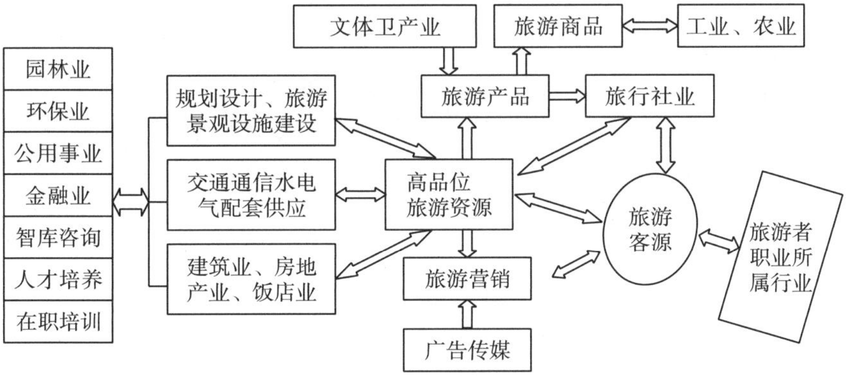

图 5-4 基于旅游资源吸引力的旅游产业集聚模式

模式 3：基于旅游客源需求的旅游产业集聚模式。适用于旅游资源已经有初步的开发、旅游品牌度高的区域，其旅游产品在海内外客源市场上已经形成较高的影响力与号召力，客源饱和或稳定增长是基本的发展态势。客人的到达推动相应的行业部门集聚及其进一步开发、协作，推动旅游产业集聚发展(图 5-5)。该模式以国内外观光猎奇游为基石，衍生发展度假旅游、各种专题旅游等。

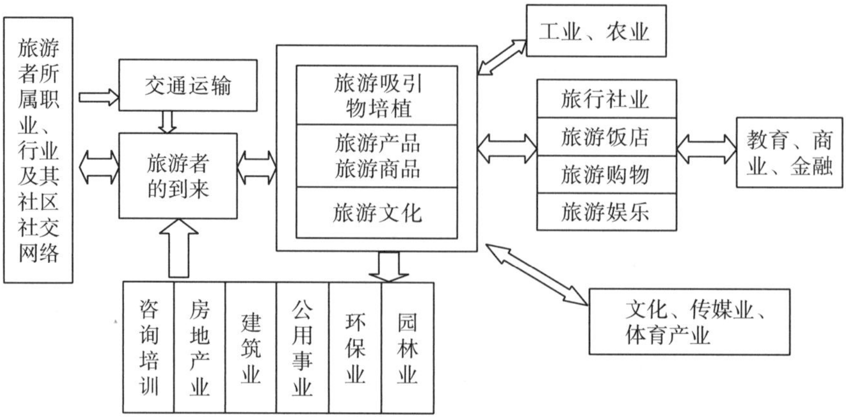

图 5-5　基于旅游客源需求的旅游产业集聚模式

旅游产业集聚的行业部门结构优化，有一个“基调+特色”的问题需要注意。上述三种集聚发展模式，都需要充分注意围绕旅游者的“食、住、行、游、购、娱”六大要素进行行业部分的组合与优化，围绕旅游六大要素及相关配套要素进行产业集聚，是旅游产业集聚发展的“基调”；基于各自的发展基础与发展态势，进行各自发展内容的侧重与倾向，特别是要融入“商、养、学、闲、情、奇”的新旅游六要素，这是不同地域旅游产业集聚发展的“特色”。

5.2.3　西部地区旅游产业集聚发展的政府推进策略

旅游产业的综合性决定了其是政府主导型产业，旅游产业的集聚发展的政府推进具有客观必需性；产业集聚是产业竞争力的重要来源和集中体现，旅游产业集聚发展的政府推进具有主观积极性。在西部地区旅游产业集聚发展进而推动城镇化建设中，应充分发挥政府如下的引导与促进作用。

(1)提供促进旅游产业聚集发展的制度环境。

一是建设与不断优化涵盖政府部门、行业组织、高等院校与科研院所、金融机构和相关中介机构的综合服务体系，为旅游产业集聚发展和旅游企业运营提供信息服务、咨询报告、人才支持等；根据地区旅游行业部门集聚、融合发展的实际，提出区域旅游产业集聚发展的可操作的规划蓝图与实施方案；建构和优化“政府-产业-企业”之间的联系机制，有目的地组织企业家交流集会，加强旅游企业间的联系，消除任何对新旅游企业扩张、繁殖的障碍。

二是强化和优化区域旅游营销，包括“走出去营销”和“引进来营销”(举办旅游交易会、旅游展会)，适时推出一个个旅游主题、开展一项项旅游活动，形成一浪又一浪的旅游客流和此起彼伏的旅游热潮；加强旅游市场分析研究、注重旅游促销效果评估优化，不断提高旅游促销的市场针对性和企业指导性；让相关旅游行业部门共享旅游市场信息、营销渠道、客户资源，获得发展机会实现良好发展。

三是着力推进旅游合作，包括旅游空间合作(区域旅游合作)和旅游业与国民经济相关行业合作。

(2)有效培育旅游企业集团。

产业集聚的形成，通常有两个路径：①由众多相关行业部门的中小企业相互联系而逐渐集聚；②由大型企业集团或关键性企业机构进行分立、裂变、衍生、吸附而集聚，两个路径都需要通过核心业务或特色优势的培育和彰显以形成整合力与吸附力，从而链接相关行业部门，形成联系较为紧密的生产经营网络，促进产业内部分工，建立相互联系和密切合作的产业网络。因此，政府应当着力培育旅游企业集团以担当旅游产业集聚发展的核心。当然，要注意将政府作用的发挥限定在一个较为合理的范围，要给予中小旅游企业创新的鼓励，要对大企业与中小企业协作进行必要的引导和调控。

5.3 西部旅游资源开发发展战略思路

旅游资源开发与城镇化建设的空间格局对应，为西部旅游资源开发提供了基本的战略骨架；旅游产业集聚发展，是旅游开发促进城镇化建设的战略载体。在此基础上，还需要进一步明晰旅游开发发展的战略思路，以进一步推进战略骨架与战略载体的落实与深化。战略骨架、战略载体、战略思路，三者共同构成西部地区旅游资源开发与城镇化建设的“战略构架”，以此保障西部旅游资源开发的“战略有效性”与“方向正确性”。战略正确，事半功倍；战略失误，事倍功半，甚至代价惨痛、收获寥寥。

面对中国经济社会的全面发展及人们收入水平的提高、旅游消费心理的日渐理性和各地蓬勃开展的旅游资源开发、旅游市场竞争全方位多角度展开等新形势新局面，传统的旅游发展路径需要改变、整合、创新。作者认为，紧跟旅游需求，是创新开发的根本；发展旅游大项目，是竞争取胜的指向。据此提出如下两个方面的西部旅游资源开发宏观战略思路。

5.3.1 紧跟旅游需求，创新旅游资源开发

旅游是天然的市场导向型产业，对旅游需求的积极响应是旅游开发恰当、旅游业持续发展的根本。聚焦旅游需求，细分、把握需求方能有效利用，进而形成“适应需求—引导需求—创造需求”的和谐共生与渐次提升[29]，这是西部旅游资源开发“参与旅游市场竞争、获得发展空间”的根本战略思路。

在聚焦旅游需求、着力旅游资源开发创新中，有两个层面的问题需要注意：

一是“适应—引导—创造”旅游市场的旅游资源开发建设在内容、措施上的区分与差异；二是“适应—引导—创造”旅游市场的旅游资源开发建设在观念、思路上的调整与优化。

1)紧跟旅游需求，在“适应—引导—创造”旅游市场中创新不同

一是适应旅游需求，建构从观光到休闲到体验的多样化、多层次的旅游产品体系。今天的旅游者，其需求已经不再是“走马观花”的简单模式，而是复杂多样的，可能因某一个目的而出游，但一定会围绕这个目的而组合出多种需求；也可能是无目的出游，但在旅游过程中或者不断变换目的或者聚焦某个目的。如此，旅游资源开发很难“单打一”而取胜，必须尽可能多地开发形成多种旅游产品，其中，有四个方面是开发创新要着力的：①以“休闲需求”为核心。国人关于工作与休息的主从关系正在转换，休闲度假正在成为国民出游的核心追求，适应此需求，西部旅游资源开发便抓住了根本。②着力“休闲度假”与“特色旅游”的有机结合。休闲需求的满足，通常需要某种凭借，或观山品水，或谈古论今，或会议、会展、商务、公务、探亲、修学，或文化、体育、保健、博彩、野营、探险，等等，凭借一二、融合休闲，或休闲度假、参与一二。这给予了西部旅游资源开发的机会，根据自身实际开发特色旅游产品，有效兼顾休闲度假，便可适应市场；不可“独彰特色”而不顾休闲，或者与休闲衔接不好、配套不力，如是则再有特色也将少有问津。③着力形成旅行过程的游览化。这是目前中国旅游开发的“短板”，西部地区着力，便是创新。④给予旅游者以资讯。中国旅游开发，“百花齐放”是常态，在此处游玩时还能获得相邻地区的旅游资讯，必将获得旅游者的赞赏而得到宣传。

二是引导旅游需求，拓展旅游资源开发发展空间。主要从旅游营销、景观展示、消费体验三个层面进行引导。旅游营销方面，要在传统的电视电台、报纸杂志、旅游大篷车、旅游展会等渠道传播优化创新的同时，着力互联网、移动端的应用与创新，诸如老客户的介绍、意见领袖的点评与分享，这已成为重要的旅游营销形式。景观展示方面，要遵循旅游者观赏体验旅游景观的基本规律要求，充分发掘旅游景观的结构层次、尺度层次、等级层次，构建旅游景观的空间展布系列和时间序列系列[30]。消费体验方面，要强化导游的精致服务、极致服务，要恰当引导旅游者改变非理性消费与体验。

三是创新旅游资源开发，创造旅游需求。包括凸显西部旅游的特色，如自然景观的雄浑秀丽、地形地貌的高大奇绝、人文景观的深厚内涵、民俗风情的优异智慧等，让旅游者的休闲度假更加多彩、更加丰满；强化旅游文化开发，使旅游环境有品位、自然景观有内涵、文化遗产有故事，让旅游者的休闲度假更有味道、更多愉悦；适时打造全新旅游景观，为旅游者创造更多的新奇、更大的震撼，让旅游者形成“忘记休闲”的休闲。

2)"适应—引导—创造"旅游市场的观念、思路优化

一是"适应—引导—创造"并非一定要渐次提升。一方面，中国国民旅游已经是大众大规模出行，基本的、共性的旅游需求规模很大；另一方面，限于开发资金的不足、建设经验的欠缺、对旅游需求理解不深等，不是所有的旅游资源开发都能走向引导与创造。相反，以适应"大众旅游的共性需求"的旅游资源开发，因为市场规模庞大而易于进入。因此，对于一个特定的旅游地来说，可以渐次提升"适应—引导—创造"旅游需求，也可以停留在第一层次而平稳、持续。

二是"适应—引导—创造"都可以和应该创新。旅游资源开发是在"需要"与"可能"的有效分析基础上而展开的，要看到旅游者的"需要"，更要评判自身旅游资源优势、开发建设能力、旅游竞争态势等以明晰"可能"。西部地区既要着力于"创造需求"的创新，因为"市场后入者"也有优势，移植异域景观符号、动态演艺景观、虚拟类景观、传统景观"再发明"等正在异军突起和广受欢迎[31]，更要致力于在"适应"与"引导"中的创新、变革，以局部的、微观的、细节的变革、改变、出新带给旅游者惊喜，这是西部旅游资源开发更现实、更直接的创新之路。

5.3.2 整合旅游资源，发展旅游大项目

1)全方位梳理整合旅游资源

西部地区有极其丰富的旅游资源，面对旅游需求复杂多样和旅游市场竞争，西部旅游资源开发要全方位梳理、有效整合旅游资源。这里有两个问题需要注意：

一是梳理旅游资源时要将旅游业放到国民经济大系统中进行思考与研究。旅游资源的外延在不断拓展，纠缠"是不是旅游资源"已经没有意义，关键在"有没有开发的可能""开发后有没有价值"。因此，站在广泛的社会经济系统中去探究西部旅游资源开发与旅游发展，不仅可以发现一些新的资源可供旅游开发与利用，可以进行传统旅游资源与相关产业资源的有机结合以拓展旅游资源开发空间(如乡村旅游将农业生产、农民生活、农村发展等纳入旅游开发；城市旅游将城市休闲娱乐、餐饮购物及至城市书店、广场舞等都纳入旅游开发)；更重要的是，可以明白旅游开发的"可能"——相关行业部门的支撑，相关人力、物力、财力的整合等，从而可以避免旅游开发发展的"孤立运行"，进而使多种多样的资源在西部旅游开发中形成良好的时间顺序与空间顺序，使旅游资源的整合合理有效。

二是整合旅游资源时要将旅游业放到中国旅游大格局中进行思考与研究。多种多样的旅游资源及越来越多的新的资源为旅游所用，容易导致旅游资源开发产生新的迷茫。中国旅游在20世纪80年代开发的是中国顶级旅游资源，如果说"没有名山大川、知名古迹就不能进行旅游开发"是旅游资源开发曾经的迷茫的话，

那么现在所面临的则是新的迷茫。一方面，旅游资源开发的能力大大提升了——资金压力没先前那么大、运营人才没先前那么缺，旅游资源开发的依据根本改变了——国内旅游的快速膨胀使旅游市场规模很大、旅游需求内容多样；另一方面，旅游资源开发的对象有所变化——不仅自然山水、人文古迹等传统旅游资源范围大大扩展，而且各种经济社会文化发展成就能为旅游所用而成为新型旅游资源。于是，“有能力”“有市场”“有资源”三者结合，旅游资源开发似乎顺理成章。然而，问题正在于此，迷茫因此而生。面对越来越宽泛的可开发旅游资源，到底该开发什么、开发的先后时序该如何安排，这是一个根本的问题。正所谓资源开发方向的错误与资源开发顺序的错误都是重大失误，都会导致严峻的后果。而且因为“有能力”“有市场”则可能“有开发冲动”，更容易导致失误。应该说，这样的问题与后果在近些年中国各地或多或少、时隐时现地出现，西部地区也不例外。破解的关键在于“整合旅游资源”以在中国旅游大格局中形成“旅游主题特色优势”。在中国旅游大格局中，西部地区应当注重凸显“名山大川、人文古迹、民族文化、边境旅游”等“区域大主题”以对接国内外旅游大市场，发展“古镇古寨、乡风民俗、城镇体验、田野休闲”等“地方小主题”以对接本地旅游小市场，大小主题有机结合、有效整合形成西部地区旅游资源开发的“合理方向”与“合理时序”。

2）建设发展区域旅游大项目

建设旅游大项目，方能参与旅游大竞争。建设发展旅游大项目绝不仅仅指单体旅游项目的“大”——西部地区有必要量力而行地开发建设旅游大项目，更重要的是指通过旅游小项目的区域串联形成旅游大主题的“区域旅游大项目”。例如珠江三角洲，通过串联整合，形成了中山、珠海、清远、从化、江门古兜、东莞石岩湖、台山三合、惠州等众多特色温泉景观连接而成的“珠三角温泉旅游”知名品牌和旅游大项目[32]。这种旅游资源开发的创新、引导、创造，对西部地区的旅游资源开发具有积极的启示价值，基于西部地区的地广人稀、旅游资源点相对分散、单个旅游景区点“独木难支”、难以适应和满足旅游者的多样化旅游的现实情况，西部旅游应当首先着力于“区域旅游大项目”的建设发展。

参 考 文 献

[1] 钱磊，汪宇明，吴文佳．中国旅游业发展的省区差异及变化．旅游学刊，2012，(1)：31-38.

[2] 杨智勇．内蒙古生态旅游资源区划及其发展研究．中国农业资源与区划，2016，(11)：205-213.

[3] 王春豪，杨宏伟．新疆优秀旅游城市空间分布特征与成因研究．经济地理，2012，(11)：70-75.

[4] 梁向明．宁夏回族文化旅游资源开发刍议．回族研究，2013，(3)：106-110.

[5] 朱江瑞. 浅析宁夏黄河金岸文化旅游产业的开发. 宁夏大学学报(人文社会科学版), 2016, (3): 12-165.

[6] 梁勇. 宁夏贺兰山东麓葡萄酒旅游走廊形成演化的影响因素研究. 干旱区资源与环境, 2013, (2): 203-208.

[7] 赵筱. 青海旅游资源的“多维”开发. 青海师范大学学报(自然科学版), 2015, (3): 23-26

[8] 舒小林, 王 叶. 贵州旅游产业集群的空间结构研究. 贵阳学院学报(社会科学版), 2015, (3): 45-51.

[9] 王营, 钱晓东. 甘肃城镇化水平综合测度及聚类分析. 发展, 2012, (12): 114-115.

[10] 蒋芳. 甘肃主要旅游资源赋存分析. 商场现代化, 2016, (7): 57-58.

[11] 唐柳, 俞乔, 鲜荣生, 等. 西藏文化旅游业发展的空间布局及路径研究. 经济地理, 2012, (7): 141-146, 134.

[12] 谢志华, 党宁, 张歆梅. 中国资源型景区与城市空间关系研究. 旅游学刊, 2007, (7): 29-33.

[13] 李红, 孙根年. 西安在陕西城市旅游中的独霸性: 基于产业系统的分析. 陕西师范大学学报(自然科学版), 2016, (2): 91-97.

[14] 佟玉权. 西部旅游城镇体系初探. 开发研究, 2007, (1): 133-135.

[15] Xiao G, Wall G. Urban tourism in Dalian, China. Anatolia, 2009, 20(1): 178-195.

[16] 陈烈, 赖志才, 夏财源. 珠江三角洲乡村城市化的思考. 热带地理, 1998, (4): 289-295.

[17] 迈克尔·波特. 国家竞争优势. 北京: 华夏出版社, 2002.

[18] 龚虹波, 许继琴. 国内外产业集聚政策研究综述. 生产力研究, 2004, (10): 184-187.

[19] 刘世锦. 产业集聚及其对经济发展的意义. 改革, 2003, (3): 64-68.

[20] 薛继亮. 西部产业集聚和产业竞争力水平研究——基于西部 12 省区面板数据的验证. 资源与产业, 2013, (3): 50-56.

[21] 史晋川, 钱陈. 空间转型——浙江的城镇化进程理论篇. 杭州: 浙江大学出版社, 2008.

[22] 关爱萍, 张宇. 中国制造业产业集聚度的演进态势: 1993～2012——基于修正的E-G指数. 产经评论, 2015, (4): 15-27.

[23] 赵祥. 我国省区产业集聚: 类型特征与形成机制. 产业经济评论, 2009, (3 辑): 133-160.

[24]张齐, 孙伟. 产业集聚与区域经济发展——基于区位熵与基尼系数的实证分析. 池州学院学报, 2019, (2): 44-46.

[25] 张婷. 西部地区产业聚集与城镇化相关性研究. 西南农业大学学报(社会科学版), 2010, (1): 22-26.

[26] 王耀斌. 积极推进旅游产业集群化发展. 光明日报, 2014-06-06, 7 版.

[27] 陈绍友. 重庆旅游产业集聚发展研究. 经济地理, 2006, (5): 861-866.

[28] 韩毅. 首届“成渝旅游共享发展与合作”系列活动启动 推出 24 条互为旅游目的地精品线路. 重庆日报, 2020-01-01, 4 版.

[29]Tian H, Chen S Y. Tourism: consumption pattern and development tool. 2014 International Conference on Social Science and Management, Chicago, Illinois, USA, 2014.

[30] 杨世瑜. 旅游景观结构类型及其应用探索. 旅游研究, 2009, (1): 66-74.

[31] 赵刘, 周武忠. 旅游景观的嬗变与视觉范式的转向. 旅游学刊, 2011, (8): 32-37.

[32] 刘少和. 基于休闲娱乐产业化发展的区域旅游成长模式研究——以中国“旅游强县”广东清新县为例. 地域研究与开发, 2011, (2): 119-123.

6　西部地区传统旅游资源开发与城镇化建设

6.1　传统旅游资源开发的基本态势

6.1.1　西部地区传统旅游资源开发的空间格局

旅游的含义经历了游山玩水（从古时的帝王巡游到今天的大众出行）、休闲度假（从古时的文人墨客吟山诵水到今天的假日放松）及猎奇探险（从徐霞客、马可·波罗到背包客、驴行）、考察交流（如政务、商务合作洽谈）、益智健体（如游学、辟谷养生）、学习观摩（如学农、研讨）等的浪潮推进与内容叠加，旅游的活动内容与目的追求随之变得复杂多样，但游山玩水与休闲度假或者基于游山玩水的休闲度假始终是最基本、最主流的旅游内容与旅游目标追求。现代社会出现的多种多样的旅游目标追求与旅游内容选择，或者是游山玩水与休闲度假的附加选项，或者是小众的、特定时段的特殊旅游选择。

从最初的、基本的、主流的旅游含义看，旅游资源开发是就某一特定地域的特色旅游资源进行景观建设及旅游服务设施、旅游进出条件的建设，其中，景区建设与城镇配套是两个最基本的开发空间，前者着力于景区景观的打造、观光游览设施建设以满足“游玩”，后者着力于交通、食宿的配套以为“游玩”奠定基础。随着旅游资源开发发展的实践推进，以“游玩”为中心的景区建设逐渐拓展形成旅游景区、城郊旅游区及古村镇等空间分解分类，在西部地区还有边境旅游区值得特别重视，这些“游玩”空间同时也增添着交通、食宿的配套；交通、食宿配套的城镇进一步发展，其交通、食宿及诸多城市建设成就因“游玩”配套服务更全更佳而演变成为“旅游吸引物”，城镇自身也开始进行“游玩”资源开发建设，城镇城市逐渐成为旅游资源开发的重要空间类别。

基于传统旅游资源开发的旅游空间格局演变，与中国旅游开发发展的实践高度一致。一方面，中国国家级旅游景区的建设反映了这种格局演变，从 1956 年的国家自然保护区、1982 年的国家级风景名胜区、国家森林公园和国家历史文化名城到 2007 年的国家 5A 级景区再到 2016 年的中国特色小镇，中国旅游开发建设的主体集中在广阔农村区域的自然山水、名胜古迹、名村名镇的开发建设上，期间，1982 年的国家历史文化名城和 1998 年的国家优秀旅游城市对中国城市旅游的开发发展是极大的推动与充分的肯定（表 6-1）。另外，伴随着城镇化在中国经济社会发展中的地位凸显（1996 年城镇化率跨过 30%而进入加速发展时期）和国民假日时间的延长与稳定(1995 年开始实行双休，目前全年假期超过 100 天)，城市旅游、城郊旅游日益凸显，并已经成为中国旅游的重要发展空间。至此，我们可以做出这样的判断：城市旅游、城郊旅游、景区旅游及古村镇旅游，是中国旅游开发的基本空间载体，也是传统旅游开发的基本空间类别；后续的工业旅游、商务旅游、康疗健身及农业旅游等，都是在这些基本空间载体上的拓展，是传统旅游资源开发的空间展开形式。

表 6-1 中国国家级旅游景区开启建设时间演变

开启时间	国家级旅游景区类别
1956 年	国家自然保护区
1982 年	国家级风景名胜区、国家森林公园、国家历史文化名城
1998 年	国家优秀旅游城市
2001 年	国家地质公园、国家水利风景区
2003 年	中国历史文化名镇、名村
2004 年	全国农业旅游示范点、工业旅游示范点
2005 年	国家湿地公园
2007 年	国家 5A 级景区
2010 年	全国特色景观旅游名镇(村)、国家现代农业示范区、全国休闲农业与乡村旅游示范县(点)
2016 年	中国特色小镇

鉴此，我们可以建构“旅游景区”“城郊”“城市”“古村镇和边境”四个类别西部传统旅游资源开发的基本空间格局，四者在不同的地域空间展开不同的旅游资源开发内容与形式，形成不同的促进城镇化建设的路径特点：一是在广袤的农村区域里一些有独特旅游资源的地块进行旅游资源开发形成旅游景区发展旅游经济可以形成新的城镇，目前这类旅游景区主要表现为世界遗产、风景名胜区、A 级景区、地质公园及红色旅游景区点等，其旅游发展和城镇化建设已经有了一定的基础，互动发展值得总结和进一步推进；另外，今后还会有一些新的旅游资源被发现、被重组整合形成新的市场吸引力，进而发展旅游经济、推动城镇化建设，前者的总结提炼对后者将有良好的启示作用。二是在城镇周边，基于城镇居民周末休闲度假的需求，正在渐次形成环城游憩带，并带动城郊城镇化建设和农村经济新的发展及城乡一体化发展，这也会形成新的城镇，但与旅游景区的旅游与城镇互动发展又有所不同，其是城镇特别是大中城市的拓展发展。三是城市自身的旅游资源开发、发展旅游经济，其旅游与城镇的互动发展不仅有助于促进城市经济社会文化结构的优化提升，促进城市自身持续健康发展和城市居民生活更

好，而且有助于拓展旅游发展空间，优化中国及地区旅游发展空间结构与内容结构。目前，中国的众多大中城市，特别是国家级历史文化名城、国家优秀旅游城市，其城市旅游资源开发及其与城市互动发展已经有了较为丰富的探索实践，也出现了一些新的问题值得重新思考。四是在旅游业的快速推进中，早期的一些古老城镇以其独特的旅游价值吸引着越来越多的旅游者前往，古村镇旅游成为旅游开发发展的一种重要新形态，使古村镇焕发新的生机，古村镇城镇化迎来新的机遇。同时，边境旅游是西部旅游的特色与优势，其良好潜力与广阔前景使之成为西部旅游资源开发的重要内容之一。

本章后续的四节内容即按照上述空间类别分别展开论述。

6.1.2　西部地区传统旅游资源开发的基础剖析

以西部地区拥有“世界级与国家级旅游景区”的数量占全国比重为基础(表 6-2)，结合西部地区的资源实际与发展态势，对西部地区传统旅游资源开发的基础做出如下判断与分析。

表 6-2　西部地区旅游资源开发空间基础

旅游开发空间类别	类别	西部占比	基本判断
旅游景区	国家自然保护区	0.45	明显优势
	国家地质公园	0.42	
	国家湿地公园	0.36	较好优势
	世界遗产	0.34	
	国家森林公园	0.32	良好基础
	国家级风景名胜区	0.32	
	国家水利风景区	0.32	
	世界地质公园	0.31	
	国家 5A 级景区	0.30	

旅游开发空间类别	类别	西部占比	基本判断
城郊旅游	全国休闲农业与乡村旅游示范县(点)	0.36	较好优势
	国家现代农业示范区	0.28	良好基础
	全国农业旅游示范点	0.27	
城市旅游	国家历史文化名城	0.31	良好基础
	国家优秀旅游城市	0.27	
	全国工业旅游示范点	0.21	
古村镇旅游	全国特色景观旅游名镇(村)	0.36	较好优势
	中国历史文化名镇	0.35	
	中国特色小镇	0.35	
	中国历史文化名村	0.22	良好基础

一是旅游景区开发基础。基于名山大川的旅游景区开发，西部地区的国家自然保护区、国家地质公园具有明显优势，国家湿地公园、世界遗产具有较好优势，国家森林公园、国家级风景名胜区、国家水利风景区、世界地质公园、国家 5A 级景区等方面拥有良好基础，随着西部地区旅游交通条件的完善，这些

知名景区将迎来更大更好的发展，并带动西部相关名山大川、人文古迹的开发与升级。

二是城郊旅游开发基础。城郊旅游与农业旅游、乡村旅游紧密相关，西部地区的全国休闲农业与乡村旅游示范县(点)具有较好优势，国家现代农业示范区与全国农业旅游示范点具有良好基础，伴随着西部农业现代化与农村的发展，西部城郊旅游可供开发的资源将大大拓展，特别是西部农村农业一定程度的“原始、古朴”将焕发更大的魅力。

三是城市旅游开发基础。西部地区的城镇建设水平不高，尽管西部地区的国家历史文化名城、国家优秀旅游城市及全国工业旅游示范点建设取得了一些成绩，但西部地区城市旅游开发基础还较为薄弱，有待推进。

四是古村镇和边境旅游开发基础。西部地区的全国特色景观旅游名镇(村)、中国历史文化名镇、中国特色小镇和中国历史文化名村具有较好优势和良好基础，特别是民族村寨、边境旅游独具特色优势，为西部古村镇和边境旅游开发打开了广阔的空间。

6.2 旅游景区建设促进城镇化建设

6.2.1 西部地区旅游景区促进城镇化发展认识

1)景区旅游促进城镇化的内涵分解

旅游景区促进城镇化发展，是在有一定特色资源的时空环境里进行旅游资源开发，发展旅游经济，形成以旅游业为主的相关产业及人口在该空间集聚而衍生新的城镇的现象[1]。产业集聚、经济发展，是城镇形成与发展的关键；旅游景区促进城镇化发展，基础和关键是旅游产业的发展及其带动的相关产业的发展。景区旅游产业发展是指旅游者进入—吃、住、行、游、购、娱等旅游活动要素活跃—旅游业发展—相关行业部门发展的渐次推进过程，当进入旅游景区的旅游者规模较大且持续有序、快速平稳时，旅游对交通、通信、餐饮、住宿、商业、金融、文化卫生及工农业等诸多行业部门形成良好的带动效应，以旅游服务为中心的相关行业部门在景区集聚、发展、壮大。

旅游景区促进城镇化发展，或“景区城镇化模式”，其内在机理是旅游业发展及其对相关行业部门的带动形成景区产业集聚与经济发展，加上相应的管理、规范、引导，景区的“乡村性”逐渐被“城市性”替代，一座新兴的城镇(景区型城镇)在景区形成与发展，一种新型的文明(城市文明)在景区盛行开来(图 6-1)。例如新疆吐鲁番，旅游开发建设发展推动城市地域扩大、城市功能多元、城市特色鲜明[2]。

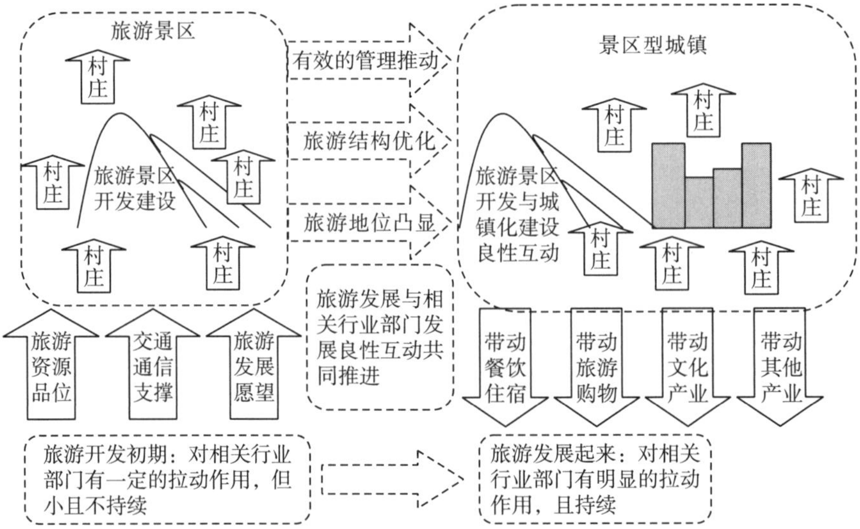

图 6-1　发展旅游与旅游关联带动功能的关系模式图

旅游景区的出现及其旅游产业发展，根本依据是有足够的“吸引力”以吸引“旅游者前往”。西部地区已经开发建设了大量的旅游景区点，形成了一系列的旅游资源优势开发区和品牌旅游区，这些景区似“珍珠”般散布在广阔的西部农村区域，对西部农村经济社会发展起到了良好的带动作用。近年来，西部地区产生了诸如宁夏沙坡头、青海青海湖、新疆吐鲁番、内蒙古呼伦贝尔、云南大理和丽江、四川九寨沟、重庆武隆等旅游开发带动城镇化的典型案例。因此，西部地区可以且值得大力推进“景区型城镇化”。

2) 景区旅游型城镇化的特殊性

一是以旅游业为主的产业结构。景区旅游城镇化，旅游业是基础和关键，景区的经济结构呈现出以旅游业为主及旅游带动相关产业集聚发展的特征。例如云南省丽江市，旅游业是支柱产业。旅游业推动丽江产业结构演变为“三二一”，推动丽江经济实力快速增强(2011 年，丽江市 GDP 增幅就位居云南省各州市第 2 位)。

二是人口流动性大。景区旅游业的发展带来了大量的就业机会，但旅游活动的季节性使景区就业形成波动，使旅游景区的就业人口呈现出较强的流动性，表现为旅游者的快速流动和旅游就业人口的季节流动。随着实践发展的演变，景区型城镇人口的流动呈现出两种新的态势值得关注与有效应对：其一，随着休闲度假、健身养生需求的凸显，一些景区的旅游人口停留的时间开始延长，特别是老年旅游者和避暑度假房产居住者的停留，使人口流动的波峰与波谷的差值在短期内有缩小的表现，景区型城镇逐渐稳定发展。其二，随着出游人次的增加及其自主选择的增强，特别是城市居民休闲度假的增多，使景区停留人口在周末与非周末的差值增大。

3) 景区旅游城镇化的实践问题

在旅游景区开发促进城镇化建设发展的实践中，有几个问题需要注意：

一是景区旅游的“民生导向”与景区“城镇化导向”的认识问题。旅游是民生产业，把旅游业培育成人民群众更加满意的现代服务业①，正是从民生角度着眼旅游的一个显著亮点[3]，这客观上刺激和引导着各地旅游开发建设。城镇化的根本目的是使人民生活水平提高与社会文明进步。西部地区景区旅游的“民生导向”首先应该是面向旅游者的民生满足，进而促进旅游地的民生进步，这是景区城镇化的民生解释(图 6-2)。

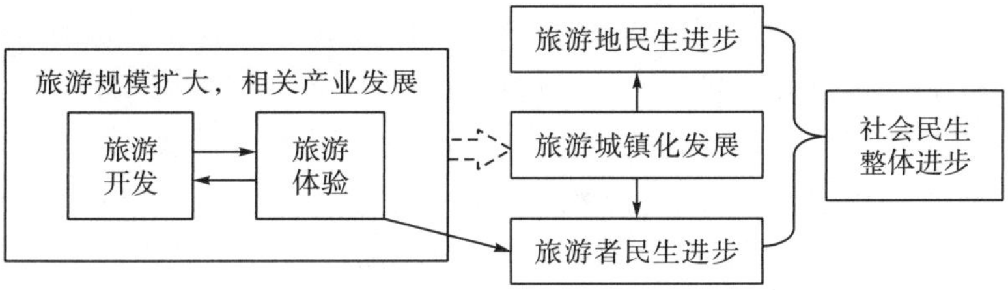

图 6-2 旅游、民生、城镇化的关系图

二是景区从“小”到“大”的发展问题。没有足够的规模与水平，景区难以城镇化。景区从“小”到“大”的发展，涉及“想不想”“能不能”“怎么办”三个问题。西部地区的城镇化水平低、发展慢，必须首先“想”，特别是广大的西部农村区域，要形成通过景区旅游促进城镇化的强烈愿望。然后是研究机遇、判断基础、积蓄能力，形成“能”。同时积极探索景区从“小”到“大”的路径，包括景区容量扩大、深度开发、客源增加的交互推进，以及通过旅游拉动相关产业发展、谋求景区新的经济增长。“能不能”与“怎么办”相互推进、螺旋上升，推动景区从“小”到“大”。在西部地区的实践发展中，已经出现了如重庆武隆仙女山镇的“景区小城镇”、云南丽江和大理的“景区小中城市”、四川九寨沟与峨眉山的“景区大中城市”三种模式，西部地区不同规模、等级的旅游景区，从“小”到“大”推进城镇化，不是一定要发展大城市，而是要做大旅游经济以带动景区及周围区域的人民生活水平提高与社会文明进步。

三是景区城镇化的“旅游化”问题。城镇化是现代化的表现，景区发展旅游，实现人口集聚、经济发展、文明进步，景区城镇化与现代化是自然结果，但不能“为城镇化而城镇化”，不能伤害景区的旅游特色、旅游品位、旅游运行等。20

① 国务院. 关于加快发展旅游业的意见. 2009.

世纪末，我国不少旅游景区出现的过度城镇化，如世界自然遗产武陵源的“严重城市化”(联合国教育、科学及文化组织 1998 年 9 月对武陵源进行第一次监测时的尖锐批评)[4]、泰山岱顶“店铺林立、热闹非凡而致东岳的古老庄严消失”[5]、黄山“人字瀑变成悬崖上的一抹旧痕”[6]等，是应当时刻吸取的深刻教训。

6.2.2　旅游景区城镇化建设的优化策略

一是开发内容拓展。要在进一步拓展国家自然保护区、世界遗产、国家森林公园、国家级风景名胜区、国家 5A 级景区等知名景区开发基础上，加大世界地质公园与国家地质公园及国家湿地公园、国家水利风景区的旅游开发，充分彰显其旅游功能。同时，着力小区域的绿水青山、文化遗迹的开发，在满足区域旅游需求的过程中逐渐扩大影响、拓展客源。

二是保持景区旅游业及相关产业持续健康发展。包括：旅游业自身的内涵拓展——旅游活动要素的扩张、分解与重组；旅游景区对外影响扩大——优质服务以使旅游者口碑传播、主动宣传以扩大影响吸引游客(如某电影到重庆武隆取景、某综艺节目到宁夏沙坡头拍摄等的延展宣传)；旅游产业的融合发展——与景区周边第一、第二、第三产业融合，与区域旅游融合，与城镇特色培育融合等；基于旅游的新兴产业发展，如大理银饰品加工业与“旅游”比翼双飞[7]。

三是推进景区城镇与周边农村一体化发展。景区旅游发展及其城镇化，最终目的是促进区域从“欠发达”走向“发达”。因此，景区旅游开发发展，要充分关注与着力推进与区域的融合、一体化发展。要充分借助周边农村的相关资源共同进行旅游开发发展，如陕西两当县云屏乡，依托山清水秀的“云屏三峡”与民俗特色“两当号子”、特色工艺酿酒“明溜子”及核桃、腊肉、黄牛等特色农产品的有机结合，形成“旅游特色长廊”，沿线风景名胜与农家小院配合，实现了城镇化建设与城乡统筹的良好发展[8]；要给予周边农村、农民以发展机会，“保证包括妇女和当地人在内的社区成员都能享受旅游所带来的益处”①。

四是以提升城乡居民生活质量为根本。城镇化的终极目的是“生活质量提高”与“社会进步”，西部地区的景区城镇化是对景区及周边农村地区发展的推进，景区不能孤立前行，要积极、有效地参与周边农村地区的经济建设、文化发展、生态文明，要在周边农村居民生活质量提升和现代意识养成中实现景区及周边农村地区的持续发展。

① 世界旅游组织，世界旅游理事会与地球理事会. 关于旅游业的 21 世纪议程. 1997.

6.3 城郊旅游开发促进城镇化建设

6.3.1 城郊旅游的崛起

城郊，即城市郊区、城市边缘区(带)、城乡接合部、城乡交错带等的简称，是城市的生态屏障和城市生态系统的重要内容，以农业生产为主，为城市提供农副产品。以农业景观、乡村聚落、传统文明为主，结合城市信息的快速传入、城市文明的表层触及、现代文化的及时渗透等，是城郊区域的总体状态。

随着城市居民旅游需求的增长，在城、乡的空间对比中慢慢兴起城郊旅游。一方面，城市的水泥“森林”与快节奏工作使城市居民想逃离城市，城郊的恬静舒适、开阔清新正好对接市民的外出需求；加上进出城郊及多次往返均方便快捷，于是城市居民主动走向城郊。另一方面，在走向城郊的市民消费的刺激下，城郊主动进行旅游开发建设，适应需求、引导消费、获得发展。于是，城郊旅游在城市居民短暂出行的供求对接与互动中渐渐兴起。

在 1995 年实行周末双休后，中国的城郊旅游蓬勃发展起来。目前，全国各地的城郊旅游呈现出“供销两旺”的良好态势，一种区别于风景旅游区、城市旅游区的新型旅游区——城郊旅游区凸显出来，一种在城市周边 1～2 个小时车程地域的独特土地利用模式——环城游憩带[9,10]快速崛起，城郊旅游迅速崛起。当前，中国城郊旅游呈现出观光度假地、主题公园、乡村俱乐部和乡村旅游、观花采果、体验农耕文化、感受农家生活等内容广泛、层次多样的旅游方式与旅游内容；城郊旅游以其自然性、体验性、文化性和综合性等特点[11]成为城镇居民周末休闲度假、放松身心的首选地，成为国内旅游和假日旅游的热点。

6.3.2 城郊旅游与城郊城镇化

一方面，城郊旅游促进城郊城镇化发展。城郊旅游的发展，首先形成城郊产业的非农化，进而带动城郊居民就业方式、生活方式的改变及建筑聚落形态的集聚，推动城郊的城镇化建设与发展。其中，产业的非农化及就业的改变，是城郊城镇化的关键。以重庆江北区城郊的铁山坪森林公园为例，2010 年启动城郊旅游开发建设，短短 3 年多时间，铁山坪实现了农业经济的华丽转身和农村城镇化、现代化发展，到 2014 年 9 月，铁山坪森林公园景区内及周边已无工业生产企业、无农产品加工企业，74 个涉旅经济实体使休闲旅游成为铁山坪主体产业。其中，优势行业是餐饮、住宿和休闲娱乐业；传统农业已经转向种植蔬菜、瓜果为农家乐、家庭旅馆服务，“铁山坪花椒鸡”已经成为铁山坪旅游的招牌。伴随旅游的发展，旅游收入成为地区收入的主要来源，2013 年铁山坪旅游综合收入是 2010

年的 2.5 倍；当地居民的收入也逐年增加，2011 年、2012 年、2013 年，铁山坪景区内农村户籍人口人均年收入同比增长率分别为 4%、9%、20%。土地利用类型从农业用地转换为“景点”“车道步道”“宾馆餐馆”等非农用地。铁山坪已经不是传统的农村地区。

另一方面，城郊城镇化反过来又对城郊旅游形成或促进或伤害的影响。城郊旅游的发展，首先为城郊带来新的经济收益，形成了资金积累；城市居民不断增长的旅游需求促进城郊旅游形成良好的发展态势，刺激着新的投资进入。资金的充足，使城郊旅游开发提档升级、扩大规模、增加项目、提升服务，城郊旅游呈现出多元化的发展模式与多样化的发展内容，进一步满足、刺激和引导着城市居民的城郊旅游需求，城郊旅游表现出供求双向良性推进的理想发展态势。在这种理想发展态势形成过程中，有两种情况值得注意：一是城郊城镇化建设误区阻滞城郊旅游发展。在城郊旅游中富裕起来的城郊居民，盲目地模仿市民的生活方式与城镇的设施形态——道路水泥硬化、房间与城市宾馆趋同、瓷砖贴满墙、卡拉 OK 厅进了房……城郊旅游赖以存在的田园风光在消失、农业生产在灭绝、乡村生活在淡化……这样的城郊与城市没有异样，城镇居民不再来了，城郊旅游将慢慢萎缩。这显然是对城郊旅游的“伤害”与“破坏”，而且一旦任其下去就再难返回，城郊旅游必然衰败。这似乎是富裕起来的城郊农民的自然心理，尤其在欠发达的西部农村，城郊农民“向城里人看齐”的心理定式更重，因而是需要及早警醒和及时杜绝的。二是城郊的良性城镇化与休闲旅游并进。如果城郊能够坚守城郊旅游的发展基础——田园风光、自然山水、农耕文化、恬静生活等，即使城镇化也还能“望得见山、看得见水、记得住乡愁”，即使房屋不再如先前那样简陋，也依然与乡村相融、干净且有乡土气息，饭菜可口且源于自种自养……如此，城镇居民周末还会来，休闲度假还有品位，旅游还能持续发展。

6.3.3　西部城郊旅游城镇化建设的优化策略

城郊旅游城镇化是旅游推进的城镇化，城郊旅游的持续健康发展是根本，应当抓住“旅游发展”这个根本来不断优化与推进城郊城镇化。

一是城郊旅游吸引力的不断提升。要努力保持田园风光、农村生态、农家生活的原味，即使用现代新技术进行农业生产也要突出自然规律性——因时而种、应季而收，没有化肥与农药、没有催长催熟，这样的农业本身也更有价值；要有效地挖掘与展示农村传统文化、农家生活，让城市孩子“学农知农”、成人“感念乡愁”，让城里人获得一种新的休闲度假体验。

二是城郊旅游开发基础拓展。一方面，依托全国休闲农业与乡村旅游示范县(点)及国家现代农业示范区、全国农业旅游示范点的国家认证，不断彰显西部农业现代化、有机化的发展成就；另一方面，着力于西部农村农业“原始、古朴”

的保持、传统农耕文化的彰显，形成西部城郊旅游的特色基础。

三是城郊旅游产业的整合发展。例如，以家庭农场的形式凸显精细农业旅游，在农产品的种植、生产、采摘过程中引导城镇居民参与，使之在清新环境、开阔田野中获得农业生产过程的感知、采摘收获的喜悦。又如，以农产品加工酿造、农村手工工艺品制作结合城郊旅游，让城里人参观、参与，或编织或制作，或品尝或把玩，使其现场有成就感、愉悦感，物品带回家还能用、还可忆。

6.4　城市旅游开发促进城市进一步发展

6.4.1　城市旅游的发展及其价值思考

最初的城市旅游，是在城市作为行政中心或宗教中心[12]引起人们向城市流动而自然形成的。那时人的流动，是为了到城市办事、朝拜或者经过城市而进去看看，尽管“因人的到来而增加消费”具有“现代旅游业的经济属性”，但还不具有“旅游性”，人们不是为了“观赏”或“休闲”而去城市。随着城市的发展，特别是第一次产业革命以后，城市逐渐演变成为区域的交通中心、经济中心、文化中心及购物中心，学校、医院、图书馆、博物馆、剧院等慢慢集聚在城市，政务、商务客人在城市开始增加游览、观光、休闲的旅游消费，本地和外地的人们开始主动走进城市去感受城市文明、去娱乐、去购物而成为真正的旅游者，城市慢慢成为重要的旅游目的地和旅游资源地[13]。第二次世界大战后，城市逐渐成为区域经济社会文化中心，城市的餐饮住宿设施、城市日新月异的变化与发展成就以及城市不太受季节影响的优势[14]给予人们到城市和在城市有更多的便利与享受，越来越多的人到城市旅游，城市旅游蓬勃发展起来，旅游业成为城市发展的重要内容。

城市旅游的开展，较好地促进了城市的建设与发展。特别是旅游业对城市餐饮住宿、休闲娱乐、交通通信、零售等行业发展的带动，促使城市的管理者与运营者开始主动进行旅游开发、发展旅游经济，旅游业逐渐成为城市发展的重要路径。同时，通过充分挖掘、有效利用城市经济、社会、文化的发展成果，借助城市良好基础设施形成的旅游保障，加上有意识地开发城市旅游资源、建设城市旅游景观，使城市旅游焕发出更大的吸引力，城市旅游进一步发展壮大和丰富多彩。

实践让人们越来越清晰地认识到，城市旅游是依托城市的良好设施与现代建设成果以及城市的现代文化活动、自然和人文景观等，吸引人们到城市进行观光、休闲、购物、交流、考察、游学及医疗服务、康疗健身等目的的旅游活动；旅游可以很好地促进城市发展，发展旅游成为现代城市运营与发展的重要战略。

于是，城市旅游展现出多方面的城市发展价值：

一是旅游开发建设促进城市的建设与发展。1999 年昆明世界园艺博览会(简称昆明世园会）、2008 年北京奥运会、2010 年上海世界博览会等的巨大成功，促使越来越多的城市积极申办各种展览会、博览会、赛事等活动，来带动城市基础设施、城市环境、房地产等的建设以促使城市建设提速[15]，吸引中外游客来消费、提振城市经济。

二是旅游业发展水平是城市发展水平的重要标志。当今世界，纽约、伦敦、柏林、巴黎、东京、北京、上海等全球化城市，同时也是世界最著名的旅游城市；越来越多的城市，提出了响亮和富有特色的旅游口号，西部地区如重庆“非去不可”、成都“成功之都”、西安“龙在中国，根在西安”、丽江“七彩云南，梦幻丽江”、银川“塞上明珠，中国银川”、呼和浩特“天堂草原，魅力青城”等，都给予人们美好想象与旅游向往。

三是旅游是城市转型与复兴的优先路径。如欧洲的格拉斯哥（Glasgow）、汉堡（Hamburg）、鹿特丹（Rotterdam）等[16]和中国贵州六盘水、重庆万盛、辽宁鞍山、河南焦作、山西大同等，旅游使其走出困境、再现生机。

当然，我们同时也应当看到，并非所有衰退型城市都能通过旅游实现转型——那些环境污染大、城市财力弱、潜在客源有限的城市，通过发展旅游实现城市转型的可能性较小[17]；不当的城市旅游开发会形成更大的债务——20 世纪末期中国主题公园建成的盲目跟风，很快就出现倒闭高潮，不仅没带来良好收益反而形成巨大的债务[18]；“井喷式旅游开发”会阻碍城市健康发展，如昆明世园会的酒店价格大战、北京奥运会后的体育场馆荒废等。

6.4.2　西部城市旅游发展的新思路

一是城市旅游的战略地位再明晰。旅游的确已经成为城市发展的重要内容与战略引导，但这种战略地位需要进一步明晰：①旅游可以借助城市的现有资源吸引游客、带来市场和发展机会，旅游是城市发展的自然延伸，城市发展是区域经济社会文化的集聚与创新发展，旅游只是城市发展的内容之一而不是全部内容；②发展旅游可以推进城市发展进步，但城市旅游只是城市发展进步的工具和手段之一，而不是唯一手段；③旅游对城市建设具有战略引导功能，城市建设要充分考虑“标识性”“影响力”，但不是所有的城市建设都要服务旅游需要。

二是城市发展促进城市旅游开发。以国家历史文化名城、国家优秀旅游城市为基础，以省会城市、交通枢纽城市为重心，借助城市经济社会文化发展成就及工业遗产再造促进西部城市旅游开发，带动中小城市发展旅游。

三是处理好市民与游客的关系。城市发展的终极目的是使城市居民和区域人民的“生活质量提升”，旅游只是为旅游者服务，不能因为少数人（旅游者）而伤害多数人（区域全体人民）。市民与游客关系协调的长远机制的关键是“城市宜居”，宜居的城市一定宜游。着力城市长远上、根本上的“宜居”，就能从长远上、根本上保障城市的“宜游”，实现短期与长期的市民与游客的和谐。应当努力构建“宜居社区—宜居城市—宜居城镇群—宜居城乡”大系统，不断提升城镇居民的宜居度，进而保障旅游者的城市宜游度，实现城市与旅游的长远、持续良性互动。

6.5 古村镇和边境旅游开发及其城镇化建设

6.5.1 古村镇旅游开发及其城镇化

1) 古村镇旅游的发展状况及其问题

古村镇(ancient town)，包括散布于广大田野乡村中的古城镇、古集镇、古村寨及古民居等的统称，是千百年历史里中国农民及名人雅士根据当地条件而建设形成的人口集聚点。古村镇是传统社会人们的生产生活方式及文化习俗、社会结构的集中体现，其古韵氛围里的古建民居、历史街区、民间工艺及相关事项、艺术、环境、生产、生活所蕴含的悠久历史文化、独特地域文化和丰富民俗风情，是不可复制、不可再生的文化资源，是旅游者感受体验中国传统文化的“活化石”，具有极高的文化、科学、审美和经济价值。

20 世纪 80 年代以来，随着旅游产品开发向纵深发展，中国古村镇旅游悄然兴起，古镇旅游逐渐受到旅游者的青睐；特别是蕴含丰富民俗风情的丽江大研古镇(1997 年 12 月 4 日申报世界文化遗产成功及其旅游业的快速发展)、江南水乡古镇(周庄为代表，2001 年 10 月 21 日亚洲太平洋经济合作组织部分经济体领导人的配偶游周庄)的火爆，促使古城镇旅游开发迅速成为热潮，诸多颇具地方特色的古镇纷纷发展旅游经济，成为地区经济新的增长点和旅游业的一大热点[19]。当前我国仍然保留着数量众多、类型丰富、要素齐全、环境俱佳的古村落或古镇遗产，其旅游开发发展仍将是中国旅游的重要组成部分。西部地区也有较多的古村镇，以住房和城乡建设部、国家文物局共同组织评选的中国历史文化名镇、名村为例，西部地区分别占全国总数的 34.92%、21.74%(表 6-3)，更重要的是，西部的名镇、名村具有浓郁的民族特色与地方特色，对中外旅游者具有较强的吸引力，如古村镇来源开发也是西部旅游资源开发的重要内容。

在古村镇的开发发展中，相继出现了一些问题。诸如产品同质化——主题重复，产品单一，小桥、流水、人家的景观，观民居、品民风、看古戏的活动；游客拥挤化——作为先前的居民集中居住点，古村镇的旅游容量一般不大，所以在周末和节假日常常出现游客超限，既影响旅游质量，也导致“旅游公害”；文化空心化——由于过度商业化、原住民被置换、开发不当等，古村镇原有的生活方式、物质形态、历史风貌、文化底蕴等越来越淡；发展难持续——大量旅游者的到来打破了古村镇原有的氛围，过度商业化破坏了古村镇原有的文化，古村镇面临着严峻的挑战，但不开发又难发展，古村镇的开发与持续面临着两难。

表 6-3　西部各省区市中国历史文化名镇、名村数量汇总

省区市	名镇数量/个	名村数量/个	省区市	名镇数量/个	名村数量/个	省区市	名镇数量/个	名村数量/个
四川	24	6	广西	7	9	新疆	3	4
重庆	18	1	陕西	7	3	西藏	2	3
贵州	8	15	甘肃	7	2	青海	1	5
云南	7	9	内蒙古	4	2	宁夏	0	1
西部合计/个	88	60	全国合计/个	252	276	西部/全国	34.92%	21.74%

注：根据政府网站公布资料整理。中国历史文化名镇、名村由住房和城乡建设部、国家文物局共同组织评选，从 2003 年第一批起到 2014 年共公布了六批

2）古村镇旅游开发与古村镇发展的协调

古村镇既要保护更要发展，要着力探索古村镇旅游开发与古村镇持续发展的协调优化路径。

一是严格控制单个古村镇的旅游容量。可把古村镇作为观光、游览点，在古村镇外围建设餐饮、娱乐、住宿设施，合理编排古村镇游览时间，让旅游者既能体验感悟到古村镇的文化氛围，又能较好地保护古村镇的原有生态。

二是在更大空间尺度上开发旅游。根据旅游资源禀赋、交通规划建设，在古村镇周边开发旅游景区点及农业旅游，将古村镇旅游纳入到更大的旅游线上或旅游区里，实现旅游空间结构的重构和综合开发的统筹与协调[20]。

三是挖掘古村镇文化凸显古村镇特色。要在保护好古村镇的原生性、完整性、真实性、多样性及其整体空间布局[21]基础上，根据古村镇的历史沉淀、周边区域的文化比较、旅游者的需求变化，挖掘和张扬古村镇的文化特色，形成良好的旅游形象。

3）古村镇旅游开发与古村镇城镇化建设的统一

一是积极有效推进古村镇的城镇化建设。古村镇的旅游开发发展，为古村镇经济社会发展及古村镇的城镇化带来新的机遇，也形成了诸多挑战。总体上说，古村镇旅游因为镇“古”才有持续发展力，因此古村镇的城镇化不能抛弃了“古”——在古村镇的物质形态上、古村镇居民的生活生产形态上等；但城镇化是现代化的标志，古村镇需要城镇化，古村镇也必须现代化，这就要求古村镇以特有的方式融入现代社会——分享和建设现代文明（如互联网的利用、市场经济规则），古村镇文化与现代文明和谐共生（如工作的“快节奏”与休闲的“慢生活”、

优秀传统文化与现代文化的交融），等等。古村镇城镇化需要新的模式、新的路径，这是一个需要进一步探索的实践课题。

二是科学合理布局古村镇的商业设施。旅游业是天然的市场导向型产业，古村镇的旅游开发发展，必然置于市场经济机制中，必然进行商业化。商业活动是城市的重要功能之一，古村镇商业化也是推进和实现古村镇城镇化的有效路径。古村镇的商业化，关键要处理好商业设施布局的“集中”与“分散”问题，一般地，涉及游客集中活动的设施宜“集中布局”——如现代宾馆饭店、停车场、旅游用品商店等应集中布局在古村镇外围的新区，而客栈、民居、特色餐馆酒肆、“老字号”商店等应按照原有的形态分散布局，形散而神不散[22]；要引进和振兴“老字号”——保留原来的经营形态，开发特色旅游商品——特色食品、饮品、手工艺品，开展传统民俗活动等。如此，使古村镇的商业设施与商业活动更具吸引力。

6.5.2 边境旅游开发及其城镇化

1）西部边境旅游的发展基础

一是绵长的边境线及其独特旅游资源是客观基础。西部地区与 14 个国家接壤，边境线绵长；边境地区自然景观——边境线及界碑、界山、界河、界湖、城墙、篱笆、瞭望塔等，历史人文——曾经的偏僻与荒凉及敌对、如今的经贸往来人文交流及购物美食博彩、多民族文化交融等，构成了边境地区旅游资源的独特魅力；加上边境地区少有人至形成的神秘感、跨出国门感受异国他乡的新奇感，为边境旅游奠定了良好的客观基础[23-25]。

二是边境地区政治协商、区域合作是催生条件。边境旅游，是在边境地区开展的旅游。而边境地区因其政治碰撞、经济交融、文化多元而可能是研究全球化过程的最佳“实验室”之一[26]。当政治协商、区域合作取代政治碰撞后，边境的旅游吸引力便大大凸显，边境旅游便蓬勃发展起来。从 1987 年 11 月推出“辽宁丹东—朝鲜新义州”的一日游旅游线路开始[27]，到 1997 年 10 月，国家旅游局、外交部、公安部、海关总署联合发布了《边境旅游暂行管理办法》，边境旅游线路渐次开发，中国边境旅游得以迅速升温。目前，在中国向西开放和“丝绸之路经济带”快速推进下，西部地区的边境旅游有了巨大的发展潜力和广阔的发展前景。

2）西部边境旅游的发展优化

一是以“民族文化旅游”为边境旅游的中心。边境旅游，人文旅游资源更重，民族文化是边境旅游的核心吸引力。因此，边境旅游不能仅仅停留在“邻国边境一日游、边境口岸观光游、边境购物游等”浅层次发展内容上，要以“边境民族文化”为中心进行系统开发、引导游客深度旅游；要结合边境自然风光、特色餐饮、民族民居等进行边境民族宗教跨国融合、民族节庆跨境与多国共建，让边境旅游者在边境地区停留更长的时间、与边民形成更多的互动、获得更丰富多彩的体验感悟，实现边境旅游更大的收益[28]。

二是以“口岸城市”为依托构建跨境旅游合作区。城市是旅游开发发展的关键枢纽，改革开放40多年来，西部地区一系列边境口岸城市快速发展，为边境旅游开发发展奠定了坚实的基础。以国际边境口岸城市为例，目前西部地区的国际边境口岸城市占全国71.93%(41/57)(表6-4)，这无疑是西部地区边境旅游的重要集散地和中国边境旅游的重要集聚地。依托这些口岸城市，着力跨境旅游合作，建设跨境旅游合作区，既是边境旅游的新模式，更是边境地区经济发展的新动力。目前，依托这些国际边境口岸城市开展的跨境旅游合作区——内蒙古二连浩特—蒙古扎门乌德、内蒙古满洲里—俄罗斯后贝加尔、广西东兴—越南芒街、广西凭祥—越南同登、广西龙邦—越南茶岭、云南河口—越南老街、云南瑞丽—缅甸木姐、云南磨憨—老挝磨丁等[29]，正在显现出日益强劲的发展潜力。

表6-4　中国大陆(内地)国际边境口岸城市

邻国	省区	城市	个数
朝鲜	辽宁	丹东	1
	吉林	集安、临江、圈河、长白、南坪、三合、开山屯、图们	8
俄罗斯	吉林	珲春	1
	黑龙江	黑河、绥芬河、东宁、饶河、同江、萝北	6
	内蒙古	满洲里	1
蒙古	内蒙古	甘其毛都、珠恩嘎达布其、二连浩特、满都拉、策克	5
	甘肃	马鬃山	1
	新疆	老爷庙、塔克什肯	2
哈萨克斯坦	新疆	吉木乃、巴克图、阿拉山口、霍尔果斯、都拉塔	5
吉尔吉斯斯坦	新疆	伊尔克什坦	1
塔吉克斯坦	新疆	阔勒买—卡拉苏	1
巴基斯坦	新疆	红其拉甫	1
印度	西藏	亚东乃堆垃山口	1
尼泊尔	西藏	普兰、吉隆、聂拉木、日屋	4
缅甸	云南	滇滩、猴桥、片马、瑞丽、南伞、清水河、打洛	7
老挝	云南	磨憨	1
越南	云南	金水河、河口、天保	3
	广西	平孟、龙邦、水口、凭祥浦寨、凭祥友谊关、爱店、里火、东兴	8
合计			57

注：根据相关资料整理，其中与西部地区接壤的14个国家中还有与阿富汗、不丹两国接壤处尚没有边境口岸城市

三是以“兴边富民”为终极旨归。边境旅游的开发发展，根本的目的是边境地区发展、边境人民富裕。边境旅游的开发发展，要时刻考量边境地区的经济发展与人民富裕、社会稳定与人民安乐、民族文化兴盛繁荣与边区居民思想观念人文素质与现代接轨、生态文明与环境优良；要有效整合各种边境旅游资源，注重边区经济社会文化生态发展与边境旅游开发建设的良性互动，不断给予边境旅游者以优异体验，实现边境旅游持续发展，为“兴边富民”提供不竭动力；要调动边区内外各方资源，形成边境旅游开发和边境发展的综合力量，特别要注意边区居民的开发参与与利益分享，不断提高边区居民的“可持续生计能力”，为边境旅游和边区发展提供持续的内驱力。

参考文献

[1] 许学强, 周一星, 宁越敏. 城市地理学. 北京: 高等教育出版社, 1997.

[2] 王冬萍, 闫顺. 旅游城市化现象初探——以新疆吐鲁番市为例. 干旱区资源与环境, 2003, (5): 118-122.

[3] 罗明义. 旅游业的民生功能探讨. 旅游学刊, 2010, (7): 5-6.

[4] 周年兴, 俞孔坚. 风景区的城市化及其对策研究. 城市规划汇刊, 2004, (1): 32-37.

[5] 郭树声. 泰山风景区管理状况调查. 中国园林, 1999, (5): 53-55.

[6] 白剑锋. 将自然遗产完整地留给后代. 人民日报, 2003-02-11.

[7] 范建华, 张睿莲. 中国城镇化之路新探索: 来自云南大理新华村的启示. 学术探索, 2013, (4): 14-18.

[8] 王凤鹏. 两当县云屏乡文化旅游产业发展现状与对策研究. 甘肃高师学报, 2014, (5): 125-127, 136.

[9] 吴必虎. 大城市环城游憩带(ReBAM)研究——以上海市为例. 地理科学, 2001, (4): 354-359.

[10] 郭鲁芳, 王伟. 环城游憩带成长模式及培育路径研究——基于体验经济视角. 旅游学刊, 2008, (2): 55-59.

[11] 丁少平. 城郊型旅游区的城镇化问题根源分析. 小城镇建设, 2007, (5): 91-94.

[12] Mumford L. The City in History: Its Origins, Its Transformations, and Its Prospects. New York: Harcourt, Brace & World, 1961.

[13] Xiao G, Wall G. Urban tourism in Dalian, China. Anatolia, 2009, 20(1): 178-195.

[14] Wall G. Tourism alternatives in an era of global climate change//Eadington W, Smith V. Tourism Alternatives: Potentials and Problems in the Development of Tourism. Philadelphia: University of Pennsylvania Press, 1992.

[15] 刘学, 周杰. 发挥规划作用, 塑造昆明形象. 城市规划, 1999, (4): 24-29.

[16] van den Berg L, Jan van der B, Jan van der M. Urban tourism: performance and strategies in eight European cities . Ashgate: Aldershot, l995.

[17] 徐红罡. 城市旅游与城市发展的动态模式探讨. 人文地理, 2005, (1): 6-9.

[18] 刘奇. “快文化”之殇. 北京日报, 2014-06-30.

[19] 李倩, 吴小根, 汤澍. 古镇旅游开发及其商业化现象初探. 旅游学刊, 2006, (12): 52-57.

[20] 张建. 论古镇旅游流引导规划的路径——以成都市平乐古镇为例. 旅游论坛, 2008, (8): 49-54.

[21] 刘德谦. 古镇保护与旅游利用的良性互动. 旅游学刊, 2005, (2): 47-53.

[22] 胡海霞, 杨振之. 古城镇商业业态研究. 软科学, 2010, (9): 138-141.

[23] 毕燕, 易烁君, 梁丽文. 边境旅游需求特征分析研究: 以广西龙州县为例. 广西师范学院学报(自然科学版), 2011, (1): 68-75.

[24] 陈永涛. 边境旅游研究无法绕过的命题——边境旅游资源. 红河学院学报, 2013, (3): 87-90.

[25] 葛全胜, 钟林生, 席建超, 等. 中国边境旅游发展报告. 北京: 科学出版社, 2014.

[26] Hachowiak H. Tourism and Borders: Contemporary Issues, Policies and International Research . Burlington: Ashgate Publishing Company, 2006.

[27] 杨效忠, 彭敏. 边境旅游研究综述及展望. 人文地理, 2012, (4): 19-24, 93.

[28] 韩璐, 明庆忠. 边境民族文化旅游: 内涵、特征与驱动机制. 广西民族研究, 2016, (5): 139-148.

[29] 李飞. 跨境旅游合作区: 探索中的边境旅游发展新模式. 旅游科学, 2013, (5): 10-21, 41.

7 西部地区文化旅游资源开发与城镇化建设

传统旅游资源的开发，更多地侧重于外在的、物质性资源的开发，本章研究的文化旅游资源则更多地侧重于内在的、非物质性资源的开发。在文化价值全面彰显的基础上，从“西部民族文化资源旅游开发与城镇化”和“西部城镇文化资源旅游开发与城镇化”两个方面展开本章的论述。

7.1 文化价值的全面彰显

7.1.1 文化与经济发展密切相关

文化(culture)是一个内涵与外延都十分宽泛的概念，不少哲学家、社会学家、人类学家、历史学家和语言学家一直试图从各自学科的角度对文化予以界定，迄今为止已经有多达 500 多种定义[1]，仍没有获得一个公认的、令人满意的定义。纵观众多文化研究成果，通常可以由表及里地把文化分为物质(态)文化、行为文化、制度文化、心态(理)文化四个层次(表 7-1)。

表 7-1 文化的层次内容

层次	内容	外显度
物质(态)文化	人类的物质生产活动方式和产品的总和，是人类创造的种种物质文明，包括交通工具、服饰、日常用品等	可触知的具有物质实体的显性文化
行为文化	人们在日常起居与人际交往中约定俗成的行为模式，表现为礼俗、民俗、风俗等形态，具有鲜明的民族特色与地域特色	可触知的某些实物表征的半显性文化
制度文化	人类在社会实践中监理的各种社会制度与规范，包括社会政治经济法律制度、婚姻制度、家族制度及宗教社团、科技教育、文化艺术等	少有实物形态、需感悟的隐性文化
心态(理)文化	文化的核心，以价值观念、思维方式、审美情趣及宗教信仰等主观形式存在，可细分为社会心理和社会意识形态两个层次	无实物表征、需深入探究的隐性文化

资料来源：根据百度百科——文化整理

文化是人类长期社会实践创造形成的产物，是社会历史的长久积淀。文化具有多样性、地域性、民族性、时代性的特点，以及整合、导向、维持秩序、传续的功能作用。随着历史的演进与社会的发展，文化从早期“经济发展的背景”逐渐渗透进入经济运行、成为经济发展的构成因素，发展到现在，文化成为经济发展的引领和竞争的根本。

纵观经济学研究对象的发展演变，在经过韦伯“文化精神是影响和决定经济发展的重要因素”、诺斯“文化是隐性制度”、舒尔茨“文化是人力资本”的发现与论述后，人们逐渐认识和接受“文化是经济增长不可忽略的重要决定因素”，文化进入经济学的研究框架。学者把经济增长的影响因素分为三大类：一是自然资源、环境气候、资本禀赋等客观物质条件；二是法律、制度、技术、信息等软环境条件和经济行为人群的教育水平、技术能力、健康状态、食物营养结构；三是经济行为主体的文化人格和精神禀赋。随着文化精神促进经济增长的研究不断深入，文化习俗、价值传统、精神风尚的地域差异显著影响不同国家和区域的经济发展，已成为一个不容置疑的直观事实[2]。

在实践中，文化与经济的关系先后经历了对立论—割裂论—补充论—主体论—主导论的演变过程。现在，人们越来越清晰地认识到：文化成为一种资源、一种资本、一种生产力；文化是经济发展的主体、主导，并使财富的范围和积累也发生了根本性的变化；文化不仅是经济发展的资源，甚至成为经济发展的资本乃至成为最高层次的资本，文化成为根源层次的竞争力与最高层次的生产力；文化资源已经成为推动经济发展的主导性、引导性力量[3]。

世界各国的经验显示：人均 GDP 超过 3000 美元时，文化消费会快速增长；接近或超过 5000 美元时，文化消费会出现井喷。在中国，2008 年人均 GDP 达到 3000 美元，2011 年达到 5000 美元，因此，文化消费正在成为中国居民消费的新热点。适应这种发展趋势，加快发展文化产业，是中国经济发展的必然选择。更为重要的是，基于文化消费增长而加快发展的文化产业，将刺激和拉动居民消费增长、引发经济结构发生一系列的良性变化进而带动经济发展(图 7-1)。因此，应当加快发展文化产业，推进文化产业与相关产业的融合，进而拉动、刺激、创造居民消费，促进经济转型发展。

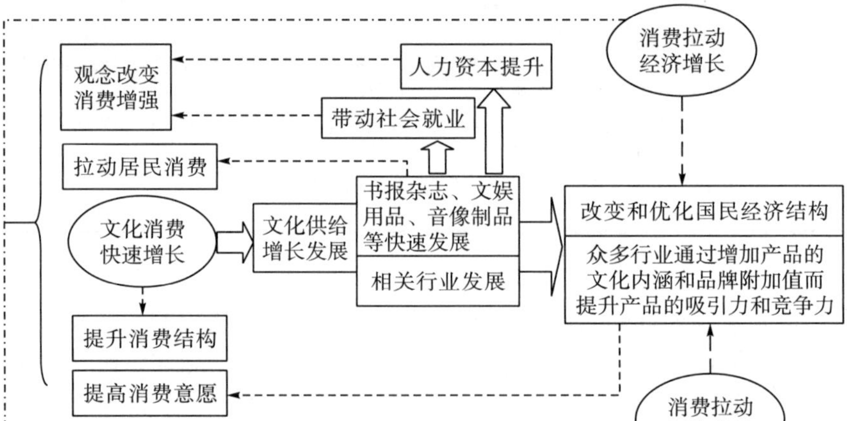

图 7-1　文化消费增长引起经济发展的系列变化

资料来源：赵鑫，吴石磊. 文化产业发展对居民消费的影响机制分析. 光明日报, 2014-07-13.

7.1.2 提升文化软实力是中华民族伟大复兴的重要任务

人类的发展历史表明，任何一个大国的崛起，都是经济强盛与文化兴盛的综合表现，没有文化的支撑，任何一个民族的发展都不可能持久。最先提出“软实力”(soft power)概念的美国学者约瑟夫·奈(Joseph Nye)(1990年出版的《注定领导：变化中的美国力量的本质》)指出，20世纪90年代初形成的“苏联解体、东欧剧变、两极格局结束、美国一霸独强”的世界格局，得益于美国除军事和经济等硬实力外的文化等软实力优势[4]。现在中国已经是世界第二大经济体，中华民族的伟大复兴需要文化软实力的有效提升。基于党的十八大对中国特色社会主义建设与发展“五位一体”(经济、政治、文化、社会、生态)的总体构架，按照前文对“文化”的内涵外延的分解(表7-1)，我们可以把“五位一体”的经济之外的四大要素统称为“文化”，因此，中华民族的伟大复兴需要经济(及军事)的硬实力和文化的软实力同时提升。

另外，文化是一个民族的灵魂和血脉，是人民的精神家园，是民族凝聚力和创造力的重要源泉。良好的文化建设，不仅可以促进社会政治经济的发展，而且可以在满足人的内在精神需求、引领社会发展方向等方面发挥不可替代的重要作用；文化的繁荣发展、国民素质的整体提升是文化软实力事关精气神的凝聚，是国家综合实力的核心[5]，文化建设是中国特色社会主义事业总体布局的重要组成部分。

7.1.3 提升文化软实力的系统框架

文化是一个内涵十分丰富的概念，进行文化建设、提升文化软实力是一个十分庞大的系统工程。作者认为，文化建设应当从城乡文化交流及现代传统文化交融、制度社交生态文化建设、在与外来文化碰撞共生中彰显中华文化三个角度展开，共同构成中国文化建设的系统框架内容(图7-2)。

1)城乡文化交流及现代传统文化交融

一是城市文化的建设和发展。城市是国家和地区现代化的标志，城市文化代表着先进文化。当今世界城市化浪潮正在快速推进，中国也正处于快速城市化的历史时期，中国的新型城镇化将给予中国城市文化以新的内涵，我们需要以城市文化为重心，在城市建设发展中充分厘清现代城市文化的内容体系，着力推进代表现代化的城市文化的建设与发展。

二是乡村文化的传承与发扬。乡村文化是与城市文化相对应的文化形态，一般地，从乡村文化转向城市文化表示着进步与发展，但是这也不意味着要全部抛弃乡村文化。正如当前中国正在进行的新型城镇化建设要求“望得见山、看得见水、记得住乡愁”一样，现代城市文明也需要相应的乡村文明。当前需要我们着力的是认真梳理传统乡村文化，弄清楚能融入现代文化中的乡村文化内容，予以积极地保护、传承与弘扬。

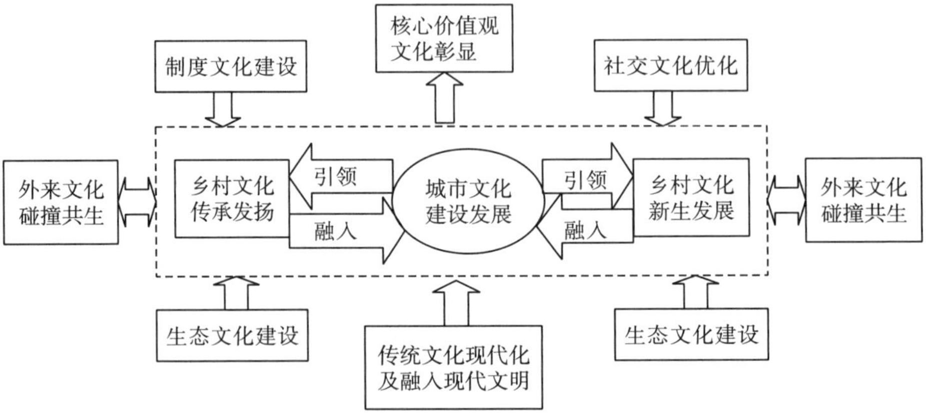

图 7-2　文化建设的系统内涵框架

三是现代文化与传统文化的交融。中华文化是世界三大文化体系之一，在上古时代到 15 世纪，中华文化独立发展，始终居于世界文化的前列[6]。在全球化背景下，中国传统文化仍扮演着重要角色，她是中华民族生生不息、发展壮大的丰厚滋养，是中华民族最深沉的精神追求，是激励全国各族人民奋斗的重要力量，对化解人类面临的矛盾冲突能够提供有益的帮助[7]。我们必须以对历史、对民族、对后人高度负责的态度，深入挖掘和阐发中华优秀传统文化的时代价值，做好优秀传统文化的保护、传承及创新创造。

2) 制度社交生态文化建设

一是制度文化的建设。制度经济学的代表人物诺斯指出，制度是一个社会的游戏规则，是为决定人们的相互关系而人为设定的一些制约，包括禁止人们从事的某些活动及允许人们在怎样的条件下可以从事某些活动，因此，制度制约是为人类发生相互关系所提供的框架[8]。2014 年 12 月，习近平总书记提出的“四个全面”（全面建成小康社会、全面深化改革、全面依法治国、全面从严治党）重大战略思想[9]，开启了中国新一轮顶层设计与制度建设的新征程，其中的制度文化建设是制度设计建设的重要基础和有效保障。为此，我们需要处理好“传统、习惯、经验与知识积累形成的制度文化”“理性设计和建构的制度文化”“机构、组织、设备等实施的机制文化”三者的关系[10]，形成推动中国制度创新设计与建设的系统制度文化，充实与优化中国文化建设系统内容，促进中国文化软实力的提升。

二是社交文化的建设。社交文化是社会上人与人之间的交际往来中所体现出来的文化现象，这是从个体角度来探讨文化。社会上人与人的交际往来，通常可以分为三大类：①家庭成员、亲戚朋友之间为交流思想、共享亲情、增进友谊而进行的社交；②职场中同事之间、合作伙伴之间为传递信息、合作共识、共同发展而进行的社交；③偶然交往而发展成为朋友或事业伙伴的社交。其中，第一类社交具有起源意义上的价值，不论时代怎么变化、生活格局怎么变化，我们都要重视家庭家教、家风的建设，发扬光大传统家庭美德，促进家庭和睦、亲人相亲相爱、下一代健康成长、老年人老有所养，使千千万万个家庭成为国家发展、民族进步、社会和谐的重要基点[11]。另外，随着中国家庭的小型化、互联网的快速运用，传统交往的方式正在逐渐减少、频率逐渐降低，网络社交逐渐凸显，移动社交网络更是成为当今重要的信息传播媒介，新的社交方式正在增多，新的社交文化正在形成。此外，中国人社交的“圈层化现象”，有利有弊，需要我们在社交文化建设中有效疏导、扬长避短。

三是生态文化的建设。近年来，中国已经走过了从生态环境保护到生态文明建设再到美丽中国建设，从新型工业化、城镇化、信息化、农业现代化的“四化”到新型工业化、城镇化、信息化、农业现代化和绿色化的“五化”的概念演进和新型城镇化建设要求望得见山、看得见水，生态文明、生态文化的建设，已经不再仅仅是“经济账”的核算，更要重视“社会账”“政治账”的考量。因为生态文明建设，关系人民福祉，关乎民族未来。良好的生态环境是最公平的公共产品，是最普惠的民生福祉[12]。生态文化建设需要处理好传统生态文明与现代生态文明、经济社会环境三大效益，以及城市与乡村生态协调等关系，构建新型的国家与地区生态系统。

3)在与外来文化碰撞共生中彰显中华文化

一是外来文化(世界文化)的交融。当今世界，文化交流、碰撞、融合时时发生；中华民族的伟大复兴，必然伴随着中国文化融合世界并在世界文化之林占据应有的位置。近几十年来，欧美文化特别是美国文化在世界有较大的影响力；近年来，韩国文化异军突起，均在中国产生较大影响。中华文明源远流长，中华文化要在国内、国外与世界文化特别是发达国家文化交流、碰撞；面对外来文化，我们既不能妄自菲薄，也不能盲目自大，要不断增强文化自信，着力传承、融合、创新。

二是彰显社会主义核心价值观文化。一个人要想体面地行走在世上，必须要有自己的安身立命之本；一个国家要立于世界民族之林，也必须要有自己的精神支柱和文化之魂。党的十八大报告提出的“富强、民主、文明、和谐”与“自由、平等、公正、法治”及“爱国、敬业、诚信、友善”的 3 组 24 字的社会主义核心价值观，是中华民族的独特精神世界的支柱，是当代中国思想、文化生活的主线[13]。中华文化的系统建设，要以社会主义核心价值观为出发点与落脚点。

7.1.4 旅游开发与文化建设的互动

一是旅游与文化密切相关。旅游是到非居住地的观赏体验，观赏自然景观、体验人文风情，其过程都伴随着文化交流与文化感悟，没有文化的旅游是枯燥乏味的。现代人的旅游，无论探险猎奇还是休闲度假，都对旅游过程的文化体验提出了更多更高的要求。民族文化的旅游开发，是旅游与文化的密切结合。文化是人类与环境交互影响的产物，不同空间地理位置的不同民族，由于自然条件、发展基础、发展能力的差异，形成了不同的与环境交互影响的方式，产生了异彩纷呈的民族文化；在当今世界多极化、全球多元化的发展中，不同民族的文化异质多元、具有更强的内聚力与外引力；中国是统一的多民族国家，发展民族文化旅游已经成为少数民族地区的普遍选择。

二是旅游与文化良性互动。基于旅游与文化密切相关，旅游开发者日渐为旅游活动注入更多更美的文化内涵，看山观水、赏古阅今、来到城市、走进乡村，都有着不同于居住地工作生活的诸多文化体验，于是旅游才有了吸引力与生命力，旅游成为越来越多人的普遍选择；基于旅游的文化要求，文化便或主动或者被动地进入旅游开发与旅游运行中，并从中获得新发展。旅游因文化而生动，文化因旅游而彰显，旅游与文化良性互动。西部地区的旅游资源开发，在走过“自然山水、名胜古迹”的传统开发后，正在着力于“文化旅游”的开发建设，显现出良好的旅游发展与文化建设互动效应，以近 10 多年来国内大型实景旅游演艺为例，西部地区不仅起步早、数量多，而且产生了显著的影响、获得了良好的发展效果(表 7-2)，有学者提出文化旅游是民族地区的新型城镇化产业切入点[14]。

表 7-2 国内大型实景类旅游演艺产品区域分布

编号	西部地区		中部地区		东部地区	
	项目名称	公演年月	项目名称	公演年月	项目名称	公演年月
1	广西桂林《印象·刘三姐》	2004 年 3 月	河南郑州《禅宗少林·音乐大典》	2006 年 10 月	浙江杭州《印象·西湖》	2007 年 3 月
2	云南丽江《印象·丽江》(雪山篇)	2006 年 7 月	河南开封《大宋·东京梦华》	2008 年 4 月	海南海口《印象·海南岛》	2009 年 4 月
3	陕西西安《长恨歌》	2006 年 7 月	江西井冈山《井冈山》	2008 年 10 月	福建武夷山《印象·大红袍》	2010 年 3 月
4	内蒙古呼伦贝尔《天骄·成吉思汗》	2009 年 7 月	湖南张家界《天门狐仙·新刘海砍樵》	2010 年 3 月	山东泰安《中华泰山·封禅大典》	2010 年 4 月
5	四川都江堰《道解都江堰》	2010 年 4 月	山西平遥《又见平遥》	2013 年 2 月	山东威海《神游华夏》	2010 年 5 月
6	新疆鄯善县《神游楼兰》	2010 年 8 月	湖北恩施《龙船调》	2014 年 7 月	浙江舟山《印象·普陀》	2010 年 12 月

续表

编号	西部地区		中部地区		东部地区	
	项目名称	公演年月	项目名称	公演年月	项目名称	公演年月
7	云南大理《希夷之大理·望夫云》	2011年7月	湖北襄阳《草庐诸葛亮》	2014年8月	河北承德《鼎盛王朝·康熙大典》	2011年6月
8	重庆武隆《印象·武隆》	2011年10月	山西五台山《又见五台山》	2014年9月	山东兖州《菩提·东行》	2012年9月
9	西藏拉萨《文成公主》	2013年8月	江西婺源《梦里老家》	2015年9月	天津蓟县《天下·情山》	2014年6月
10	陕西法门寺《法门往事》	2017年1月	湖北咸宁《嫦娥》	2016年5月	山东招远《金山佛谕》	2015年8月
11					江苏南京《报恩盛典》	2016年10月
12					浙江横店《火烧圆明园》	2016年12月
13					海南三亚《田野狂欢》	2017年2月

资料来源：根据相关资料整理

基于旅游与文化的良性互动，西部地区的旅游资源开发，应当强化传统民族文化资源的旅游开发和城市现代文化资源的旅游开发，前者是西部地区传统文化的独特优势文化，后者是西部地区发展的基本追求。

7.2 西部民族文化旅游资源开发与城镇化建设

7.2.1 西部民族文化旅游资源开发主体内容

1) 西部民族文化旅游资源开发内容选择

民族文化是民族与自然环境对话交往和相互影响中形成的与自然环境和社会交往互动的诸多关系的总和。西部地区有很多民族文化旅游资源可以开发，如何选择开发内容、确定开发顺序，是一个不能回避的重要理论问题与实践问题。明晰此问题的前提是民族文化开发的旅游性，即开发民族文化资源，首先是为了旅游者接受、欣赏、感悟，没有旅游者的接受与欣赏，就不能实现其旅游价值，就难以为继。这不同于政府主导下的“民族文化保护与传承”，它是为了保留和传承优秀的民族文化、彰显其文化价值与学术价值，它可以不计投入、不考虑有没有旅游者的到来。当然，保留得好，有旅游者来，顺便产生旅游效益，进而促进保护与传承良性运行下去，这是政府主导保护与传承可以或应当称为“兼顾的追求”，但不是“首先的追求”。旅游主导的民族文化开发，可以和应当积极借助政府主导下的民族文化保护与传承的积极成果，但其追求首先是投入产出有效。

基于旅游者的接受与欣赏的民族文化资源的判断与选择，至少应从如下两个方面展开。

一是民族文化的独特性与差异性。在中国提升文化软实力的文化建设中，民族文化也当有所发展。民族文化的旅游开发要突出独特性与差异性，因为没有独特性与差异性，或者独特性与差异性不足，其旅游开发就将因旅游性不足(旅游者不接受)而难以持续。民族文化是散布于广大农村区域的各民族在各自不同空间地理位置与环境交互影响的产物，乡间田野性、原始古朴性与浓郁民族性是民族文化的特色与优势，也是判断与选择民族文化旅游开发内容的首要依据。

二是民族文化旅游开发的层次性。民族文化自身也是一个庞大的系统，以国家级非物质文化遗产名录为例，它就包括民间文学，传统音乐，传统舞蹈，传统戏剧，曲艺，传统体育、游艺与杂技，传统美术、传统技艺，传统医药，民俗十大类，显然并不是所有的都适合旅游开发。对应民族文化开发的旅游性，我们可以把民族文化资源的旅游开发分为三个层次：一是直观显性层次，包括民族服饰(在国家非遗名录中归属于民俗下)、民族餐饮(在国家非遗名录中没有单列)、民族习俗婚俗(在国家非遗名录中归属于民俗下)、民族工艺品，这是旅游者走进民族地区就能随处可见与直观感受到的；二是时令展现层次，包括以民族节庆(在国家非遗名录中归属于民俗下)为载体，涵盖民族音乐、舞蹈、戏剧、曲艺、杂技与竞技，以及直观显性层次文化等诸多内容的整合，在一定的时令节气整合展现供旅游者观赏体验；三是深层体验层次，主要是民间文学、美术和传统医学医药等，一般情况下(除非专题旅游)，旅游者在旅游地对以上这些事物的感受体验不多、不深，因而一般不将它们列为旅游资源开发对象或不专门为旅游而开发之。这也与少数民族非遗的旅游开发以表演艺术、社会民俗、礼仪、节庆、传统手工艺技能展演为主[15]的现状一致。

2) 西部民族文化旅游资源开发内容主体

基于旅游者的接受与欣赏的民族文化资源开发内容判断与选择的认识，对应食、住、行、游、购、娱的旅游活动六大要素，参照旅游者在民族地区参观旅游景观—观赏民族服饰—品尝民族饮食—购买民族商品的共性内容，作者认为，西部地区民族文化旅游开发首先应当注重民族餐饮、服饰、节庆活动与民族习俗、工艺品等主体内容，这些内容的开发不仅能满足旅游者的基本需求，更能因为其民族特色而提升旅游者的旅游体验。

一是民族餐饮。民以食为天，吃饱穿暖是人类生存发展的基本需求，在“吃饱”后还要“吃好”。餐饮因此成为旅游的基本需求和发展需求。民族餐饮文化包括食品、酒、茶及其烹饪、盛放、储藏器皿等餐饮物质文化和饮食方式、饮食习俗、饮食礼仪、饮食环境、宗教信仰等餐饮非物质文化。前者表现在食材的选择与利用(如西南少数民族的主要食材是稻米和玉米、西北少数民族的主要食材是小麦)上，利用当地物产自酿酒品饮料(如内蒙古的马奶酒、宁夏的葡萄酒、贵州茅台及青海牦牛奶)，对野生茶树、果树驯化和人工种植形成各种果品、茶品(如新疆大枣、云南的沱茶与普洱)；后者表现为餐饮过程中的歌舞、餐饮品生产制作工艺、生产活动场景及贸易(如茶一直都是西南的茶马古道和西北的“丝绸之路”上贸易的重要商品)。品尝民族餐饮，是现代旅游者最乐意的选择；采买糖果、糕点、水果、干货、茶、酒等旅游商品，能提升旅游体验、加深旅游回忆。

二是民族服饰。温饱问题解决以后，“穿着”便与“打扮”紧密相连，穿暖以后便追求“穿好、穿出个性、穿出风采”。从最初人们基于现实自然环境的需要而形成的对穿着材料的选择、制作工艺的提炼到逐渐衍生出多样化的款式、多类别的饰品、多材料的选用、多工艺的制作，以及蕴藏其间的生活习俗、审美情趣、色彩爱好、图腾崇拜、宗教信仰等服饰元素，服饰文化呈现出丰富的内涵体系。随着时代的推进，服饰文化在区域、国家、世界的交流中逐渐形成“世界潮流”“国际趋势”等共性特征，也逐渐强化“民族性”与“地域性”的认同与张扬，所谓“越是民族的，越是世界的”即是如此。少数民族服饰古老朴实、图案生动、造型独特、工艺精细、色彩斑斓，具有浓郁的民族特色和民族标识性。走进西部地区一个个具体的民族地区，当地居民斑斓精致的民族服饰[16]，不仅具有很高的观赏审美价值和收藏保值价值，还可从中探析到各族人民的历史变迁、环境适应、宗教信仰、图腾崇拜、创造创新等。走过越多的西部民族地区，见过越多样的民族服饰，旅游者越会形成民族服饰的宏观认识(如高山草场里的内蒙古、藏、哈萨克、塔吉克等民族多用牲畜皮毛制作衣、裤，南方少数民族多用棉麻做衣裙)，这些认识不仅丰富、提升了旅游体验，更有助于旅游者增知长智、能力提升。

三是民族节庆活动与习俗。在解决吃饱穿暖和吃好穿好的过程中，人们展开了与自然环境的多种多样的实践活动与创新发展，形成了人与人交往的多种习惯与规约。不同民族人群根据季节时令、宗教祭祀、英雄人物对重大事件的纪念、郊游娱乐等而在长期的生产、生活中形成的不同实践活动[17]，形成了不同的民族节庆活动与习俗文化，包括民族节庆、民族祭祀、民族习俗婚俗等，它们不仅是不同民族生动的生产、生活实践，更是不同民族的智慧体现。如傣族泼水节，彝族火把节，蒙古族那达慕的骑马、射箭、摔跤、歌舞、马头琴表演等民族节庆活动；炎帝祭典、黄帝陵祭典、成吉思汗祭典、凉山彝族尼木措毕祭祀，高山族的“鱼祭”“狩猎祭”“驱出祭”“插秧祭”“出操祭”“收获祭”等多种祭祀活动与祭祀形式等。可供旅游者参与民族节庆与习俗活动，体验民族民俗文化，感悟异域文化风采。

四是民族工艺。传统手工技艺、民间技艺，是各族人民在自身的生存发展中锤炼和传承的文化传统，是民族的性格与精神的有形展示，是民俗文化的重要成分。在机器大工业生产、产能大幅度提高的时代，以民族工艺为核心的手工制作、小规模生产更具独特价值，它可能是人们儿时记忆、族群认同的依据，也可能是民族智慧、民族文化的展现，甚至还可能是高品质、高价值的体现。在中国旅游商品相对薄弱的背景下，西部地区各种民族工艺品及其背后的民族民间手工技艺，更显现出良好的旅游价值与经济价值，在旅游过程中可观、可赏、可用，在旅游结束后可作为礼品赠送亲友也可自己留存回味旅游，从而极大地彰显出西部旅游的独特魅力，这对于促进中国旅游业结构优化意义重大。同时，西部民族工艺品销售给旅游者可实现经济价值，其扩张拓展走向更大市场可获得更大经济效益，从而成为西部地区经济发展的有效路径。例如，渝东南地区的木雕、根雕、石雕、刺绣、挑花、蜡染、竹编、银饰、铁具、陶器等，正在日渐成为渝东南旅游购物的最佳名片与传统文化的代言者，也将成为渝东南地区经济发展的新增长点。

7.2.2　西部民族文化旅游资源开发类型模式

1) 单品开发：旅游过程的亮点

西部民族文化旅游资源的单品类开发，是对上述民族餐饮、服饰、民俗活动、工艺品等主体内容及其他民族文化旅游资源的某一品类的旅游开发，进而成为旅游活动过程中的亮点项目，这对于较长时间在西部旅游的旅游者来说将是“惊喜连连”，从而使整个旅途充满期待、充满激情。

一是民族餐饮的旅游开发。可以从餐食品种、餐食活动及餐饮环境、餐饮空间、餐饮礼仪等方面展开，安排旅游者进入民族特色餐饮店、餐饮一条街，享受特色美食、感受独特餐饮文化。例如，在云南吃一份“过桥米线”；在内蒙古草原来一场“烤全羊+游人与牧民载歌载舞”；到了重庆，早晨在街边小巷吃一碗“重庆小面”，晚上在江边或市区吃一顿“麻辣火锅”等。特色餐饮使旅游增色，促进旅游业发展。同时，还可以从民族特色餐饮的工业化生产、民族餐饮文化主题展示等角度进行开发，前者如参观伊利工厂，后者如川渝火锅文化节。

二是民族服饰的旅游开发。首先要在战略上系统构架。一方面，在经济全球化、信息便捷化的冲击下，在接受、学习外来服饰的同时，少数民族的服饰面临着“存续危机”，少数民族服饰的穿着越来越少，有的已经濒临消失；另一方面，旅游者对民族服饰的消费需求似乎不多，可见的似乎只有“景区点穿戴民族服饰照相留影”而已。我们需要在思想观念上重新认识民族服饰的特殊价值，在行动措施上有政府的大力扶持与社会的广泛参与，在目标追求上有民族族群自身的服饰自信、民族服饰的旅游者喜爱、民族服饰生产制作销售的多面影响力，从而构成民族服饰旅游开发及其保护传承的战略构架与战略行动。其次要在战术上多元开发。在民族服饰穿戴留影方面，要改变服饰的不洁不整及不伦不类，形成穿戴留影的场景美化优化，使民族服饰穿戴留影不是“可有可无”而是“积极参与”；

在民族服饰文化的展示方面，可通过服饰表演[如苗族服饰，2011 年 6 月，贵州组织的法国巴黎苗族服饰展览让中外专家学者赞叹、令法国时装设计师惊讶；2013 年 11 月，国家民族事务委员会(简称国家民委)在北京举办的“美丽中国·和谐家园”民族题材摄影获奖作品展暨多彩中华——苗族服饰展、瑶族服饰展再次掀起人们对苗族服饰艺术的热情和对苗族等少数民族地区的向往]、制作参观、民族服饰声像讲解、居民自信自如穿戴、民族服饰设计大赛等多种路径进行有效展示；在民族服饰的宣传传播方面，要刺激和引导旅游者购买民族服饰或相关饰品(如蜡染服装、刺绣抱枕、织锦围裙)带回自用和馈赠亲友，要建立国家—省区市—地州市—县乡及私人民族服饰博物馆体系及相关研究机构，利用报刊影讯传播民族服饰文化的专家解读与百姓认同，要给予传承人一定补贴、鼓励他们进行民族服饰文化宣传与技艺推广，等等。

三是民族节庆活动与习俗的旅游开发。在千百年的生产生活实践中，西部地区不同民族形成了丰富多彩的民族节庆活动与各种习俗婚俗。在 2006 年、2008 年、2011 年、2014 年公布的四批国家非物质文化遗产中，“民间文学，传统音乐，传统舞蹈，传统戏剧，曲艺，传统体育、游艺与杂技，传统美术、传统技艺，传统医药，民俗”共 1372 个项目中，民俗类项目只有 159 个，占比 11.59%，在 10 大类中数量排序为第 4 位；而全国 159 个民俗类国家非物质文化遗产项目有 104 个在西部地区，说明中国民俗类国家非物质文化遗产项目集中在西部地区；而西部地区 104 个民俗类项目民族节庆类有 47 个，占 45.19%(表 7-3)。因此，西部地区民族节庆活动是民族民俗的集中体现，民族节庆成为民族文化旅游开发的重要方面。近年来，西部地区傣族的泼水节、彝族的火把节、自贡灯会、各地庙会、藏历年、瑶族的盘王节等成为全国知名旅游项目。对民族节庆的旅游开发，有“原生态”和“整合型”两种形式，前者更多遵循民族节庆自身的本来面目，民族自身的节庆需要是主、旅游者的旅游需要是辅，旅游者走进“原生态旅游节庆活动”中，可以更深入地感受民族文化特色，但可能有诸多旅游的不方便；后者是基于旅游消费需要而整合民族文化旅游资源开发的，以旅游者为主，民族节庆活动在遵循民族自身历史、传统的同时最大限度地兼顾旅游者感受、体验，旅游方便但可能存在文化失真。目前，民族节庆旅游开发正在成为民族文化资源旅游开发的热点，其中，“旅游演艺”与“民俗博物馆”是民族文化资源旅游开发的两种基本形式。目前，“旅游演艺”在全国、西部都发展得轰轰烈烈、如火如荼，“民俗博物馆”的发展却相对滞后，在国外则发展较好。例如，法国巴黎有一家私立民俗博物馆，收藏了 180 余套中国苗族服装，其收藏的“百鸟衣”比贵州收藏的还多。因此，其馆长说：“100 年后研究苗族服饰文化，中国人或许还要到我的博物馆来”[18]。另外，各民族的习俗、婚俗走进旅游，成为旅游者感受民族文化的对象，其旅游开发更多的是自然状态展示，旅游者走进民族地区自然感受、体验，当然也有以民族习俗婚俗为载体整合开发的成功案例，如泸沽湖与摩梭人的相互提升，但“民族习俗婚俗整合开发”还有许多问题值得深入研究与探索。

表 7-3　西部地区民俗类国家级非遗归类统计

全国国家非物质文化遗产项目			西部地区民俗类国家非物质文化遗产项目		
大类	数量/个	数量排序/位	小类	数量/个	占比/%
传统技艺	241	1	民族节庆	47	45.19
传统音乐	170	2	民族服饰	18	17.31
传统戏剧	162	3	民族祭祀	12	11.54
民俗	159	4	民族习俗	11	10.58
民间文学	155	5	民族歌舞	8	7.69
传统舞蹈	131	6	民族婚俗	7	6.73
曲艺	127	7	其他	1	0.96
传统美术	122	8	合计	104	100
传统体育、游艺与杂技	82	9			
传统医药	23	10	全国	159	
总数	1372		西部/全国		65.41

资料来源：根据国家公布资料进行统计(数据截至 2014 年)

四是民族工艺品的旅游开发。要遵循兼顾工艺独特性与旅游纪念性开发原则，通过张扬民族工艺的独特魅力，激发旅游者兴趣；对应旅游者的需求规律与购买习惯，使旅游者方便购买与携带民族工艺品。要形成产品—工艺—场景—文化的多种开发形式，引导旅游者关注民族工艺品、探究民族工艺、体验民族工艺品的生产场景及展示场景、感受民族工艺文化。要有效保护和激励民族工艺传承人，促进民族工艺发扬光大。

五是其他民族文化的旅游开发。包括民间文学、传统美术和传统医药等需要深层体验的民族文化的开发，通常主要是组织专题旅游进行深入探究，如组织学生、学者探究《白鹿原》《平凡的世界》；组织建筑、美术及影视的学生到藏族的“碉楼”、白族的“三房一照壁”等各种特色民居参观、写生、创作等。当然，这些民族文化的旅游开发，也可适时进入大众旅游线路，成为其中的一个项目甚至特色亮点。

2)整合开发：旅游演艺成为特色

旅游演艺是以旅游地特色地域文化或民族文化为主题，综合运用歌舞、戏剧、杂技和曲艺等艺术表现形式，在传统旅游景区、主题公园、城市剧场等上演，主要服务旅游者的一种旅游产品。旅游演艺是“演艺”与“旅游”的结合创新，可以是演艺发展成为品牌而引起“因演艺而旅游”的游客流动，如“到北京某相声社听相声”的旅游，这是“演艺旅游”，是值得探索推进的一种新型旅游业态；可以是整合旅游地演艺资源、将“演艺产品”嫁接进入旅游行程安排，或者旅游地整合各种文化资源为旅游者开发专门的演艺项目与产品，对应旅游活动的“娱”的需求，这是“旅游演艺”[19]。

中国的旅游演艺，起源于演艺产品被嫁接入旅游过程，以20世纪80年代西安的《仿唐乐舞》为代表，演艺只是旅游的陪衬；起步于主题公园的文化演艺，以1995年深圳“世界之窗”的《欧洲之夜》、1997年杭州宋城集团的《宋城千古情》等为代表，演艺成为旅游产品的重要部分；以2004年《印象·刘三姐》为开端，印象系列、山水系列、又见系列等数十部作品，使中国旅游演艺行业逐渐成形[20]。

西部地区旅游演艺起步早，曾引领中国旅游演艺业的潮流。伴随着越来越多的省区市级相关景区管理人员认识到旅游演艺的巨大经济社会价值，全国各地的旅游演艺业快速发展，竞争日益激烈，加上旅游演艺项目投资大，西部地区旅游演艺项目的垄断性优势逐渐淡化而不得不参与市场竞争。目前国内大型实景类旅游演艺产品中，西部地区大约占1/3，甘肃、宁夏、青海、贵州4省区尚无大型的实景旅游演艺项目(表7-4)。

表7-4 国内大型实景类旅游演艺产品区域时间演变

年份	西部地区	中部地区	东部地区
2004	广西桂林《印象·刘三姐》		
2006	云南丽江《印象·丽江》(雪山篇) 陕西西安《长恨歌》	河南郑州《禅宗少林·音乐大典》	
2007			浙江杭州《印象·西湖》
2008		河南开封《大宋·东京梦华》 江西井冈山《井冈山》	
2009	内蒙古呼伦贝尔《天骄·成吉思汗》		海南海口《印象·海南岛》
2010	四川都江堰《道解都江堰》 新疆鄯善县《神游楼兰》	湖南张家界《天门狐仙·新刘海砍樵》	福建武夷山《印象·大红袍》 山东泰安《中华泰山·封禅大典》 山东威海《神游华夏》 浙江舟山《印象·普陀》
2011	云南大理《希夷之大理·望夫云》 重庆武隆《印象·武隆》		河北承德《鼎盛王朝·康熙大典》
2012			山东兖州《菩提·东行》

续表

年份	西部地区	中部地区	东部地区
2013	西藏拉萨《文成公主》	山西平遥《又见平遥》	
2014		湖北恩施《龙船调》 湖北襄阳《草庐诸葛亮》 山西五台山《又见五台山》	天津蓟县《天下·情山》
2015		江西婺源《梦里老家》	山东招远《金山佛谕》
2016		湖北咸宁《嫦娥》	江苏南京《报恩盛典》 浙江横店《火烧圆明园》
2017	陕西法门寺《法门往事》		海南三亚《田野狂欢》
合计	10	10	13

资料来源：李广宏，吴大为，杨洁. 国内大型实景演艺旅游产品开发现状探析. 怀化学院学报, 2005, 12: 47-52

近年来，中国旅游演艺业发展有两个新情况值得注意：一是旅游演艺的技术创新与资本密集。一方面，虚拟现实(virtual reality，VR)技术、全息影像等技术引入旅游演艺，使旅游演艺呈现新的发展式样与体验形态，将进一步刺激旅游消费需求；另一方面，在国家大力促进文化产业发展和旅游演艺业良好前景刺激下，社会资本密集进入旅游演艺行业，相关的人才、管理、运营及市场开拓、资本运作等进一步被带入旅游演艺及旅游业，将催生与促进旅游开发的创新发展。二是旅游演艺行业开始出现经营惨淡甚至倒闭的情况，特别是在政府和企业组团旅游淡去、旅游散客化趋势更加明显的情况下，旅游演艺行业的竞争将会更加激烈，这需要我们冷静分析、有效面对。

基于此，西部地区民族文化旅游资源整合开发及旅游演艺业发展应当注意如下方面创新。

(1)做好现有旅游演艺项目的优化以保持足够的市场吸引力与竞争力。要在技术、运营和文化挖掘三个方面保持创新驱动，在技术上保持与国内大型实景旅游演艺项目一致水平，不落后、不掉队；在运营管理上强化人才开发、市场开拓、演出优化、配套服务等，增加旅游演艺的旅游者参与感、体验性与舒适度；在文化挖掘上，基于地方文化、民族风俗的丰富内涵，不断开发新的文化内容融入旅游演艺，使演出不断出新。

(2)寻求民族文化旅游资源整合开发的新途径。要跳出“表演性”，还原民族文化“真实性”，形成不同开发主题。例如，以民族餐饮为主题的整合开发——云南大理的“白族三道茶茶艺表演”，其“头苦二甜三回味”的文化哲理逐渐获得游客的认知与接受，也带来了经济效益[21]；以民族祭祀为主题的整合开发——陕西省黄陵县举办的“黄帝陵祭典”、甘肃省天水市举办的“太昊伏羲祭典”等正在成为大规模旅游者集会，形成了良好的经济效益与社会效益；以民族医学医药为主题的整合开发——在人们越来越注重健康与养生中也将会有良好的发展前景；如此等等，要跳出旅游演艺的“表演性”，获得民族文化旅游资源开发的新主题、新路径。

(3) 实现“高产出投入比”是民族文化旅游资源整合开发的前提。旅游演艺的投入包括剧场、设备、化服道等硬件投入和演职人员、运营管理等软性投入，在产出有限的情况下要着力投入缩减，要用投入的“本真化”替代“现代化”，不是越贵越好，而是越真越好；要用演出的“小型化”化解“大型化”，以“小主题、小演出”适应“小规模”，实现“小演出、小主题”的系列化，弥补“大主题、大演出”的不便，获得“多产出”。

(4) 着力“民族村寨旅游开发”是民族文化旅游资源整合开发的新空间。西部地区有许多的民族村寨，其民族文化相对集中和浓郁，如四川阿坝的桃坪羌寨是中国羌族文化的典型代表，四川甘孜丹巴县的甲居藏寨是藏族文化的典型代表，重庆酉阳县龚滩古镇汇聚了土家族文化与土家风情，云南的周城、诺邓、新华等白族村的白族建筑、金属器皿加工、扎染等独树一帜，西双版纳傣族园一寨一景区实现了旅游观光、傣族文化体验和民族文化产业一体化发展，贵州以西江为代表的民族村寨已经成为民族文化产业和旅游景点景区综合体等等，充分显示着民族村寨是民族文化整合开发的又一突破口。

7.2.3 民族文化旅游资源开发与西部城镇化

民族文化旅游资源开发促进民族地区城镇化，除了旅游开发促进城镇化的一般效应外，要特别关注和强化居民心态的开放与发展的自信和民族文化产业发展两个方面。

一是居民心态的开放与发展的自信。外来旅游者的到来，民族地区居民在与客人平等交流中开始了解外面的世界，吸收外面的信息，跟上现代化的步伐，心态逐渐平和与开放。更重要的是，外来旅游者对民族文化的热情，使民族地区居民的文化自信开始增强，民族的归属感也得到强化，并逐渐发现新的发展机会，获得新的发展，建构了发展自信。例如，云南大理白族自治州鹤庆县新华村，不仅发展旅游成为中国知名旅游地，更在旅游中开发“银饰品”，从而逐渐发展成为中国银饰品的加工基地与外销中心，靠“旅游拉动+传统民族手工艺品加工”形成的产业，探索出一条“不离土、不离乡的城镇化”新路[22]。

二是民族文化保护传承下的文化产业发展。基于民族文化保护传承的文化产业发展，在民族地区具有易进入、能壮大、可持续的优势，是民族地区城镇化的重要发展内容。文化产业发展将促进各民族交往、交流、交融，进而提升民族地区居民的生活品质，实现现代化、城镇化。

7.3　西部城镇文化旅游资源开发与城镇化发展建设

7.3.1　城镇文化建设的价值与问题

1) 文化建设是城镇持续发展的根本

(1) 城镇文化越独特城镇发展越历久弥新，这是世界城镇发展的经验。纵观古今中外，每个城市都有自身的特点与文化底蕴。欧洲许多中世纪的建筑，经历百年千年仍流光溢彩、熠熠生辉，不仅成为世界艺术史上的典范，而且受到世界各地旅游者的追捧，成为城市最重要的旅游景观。

(2) 城镇文化问题正在成为中国城镇长远发展的中心问题。中华人民共和国成立后，城镇化在走过了行政主导型城镇化（改革开放之前的计划经济体制和户籍管理制度）和经济引导型城镇化（改革开放以来的市场经济和人口流动）的发展历程后，社会和文化发展开始日渐强烈地凸显出来。因为每座城市都建起了高楼大厦，现代建筑鳞次栉比，所有城市都换上同一副面孔，似乎在将城市的自身特色一点点抹去。文化传承、文化建设、文化彰显，是新时期中国城镇化发展的重大课题；促使中国城镇形成各自品位、性情、风格，城镇居民的幸福指数和愉悦感才有提升的新空间，城镇才能进一步持续健康发展。

(3) 城镇文化问题已经成为中国城镇"人的城市化"的关键问题。中国的城镇化，已经走过了"土地城镇化""建筑城镇化"的快速推进时期，而人口城镇化相对滞后。2018 年，中国农民工数量达到 2.88 亿人（表 7-5），他们虽然生活、居住、劳动在城镇，但尚未真正获得市民的同等待遇，虽然政府、学术界乃至普通市民都已不再无视他们的存在和诉求，但距离真正的"市民化"还很遥远。因为对于这些城镇新移民来说，真正融入城镇、成为城镇市民，是一次跨越生活方式和文化观念的艰苦旅程。他们进入城镇，不仅要面对基本的生存问题，更要面对深刻的文化转换与适应问题，即适应诸如工作节奏、社交模式、行为准则、道德认知和社会期望等城镇的运行规范和文化价值。另外，人口城市化发展的滞后，进入城镇的农民在城镇经济转型升级时不得不返回乡村，被迫反乡的农民工事实上给我国"三农"问题的化解带来新的问题[23]。

表 7-5　2008～2018 年中国农民工数量统计表

年份	2008	2009	2010	2011	2012	2013	2014	2015	2016	2017	2018
农民工数量/亿	2.25	2.30	2.42	2.53	2.63	2.69	2.74	2.77	2.82	2.87	2.88

资料来源：根据网络公布的国家统计数据整理

(4) 城镇文化建设推动城镇良性发展。上海将老厂房、老仓库改造为工业设计展示平台、艺术品集散中心的典型成功案例，充分显示了文化建设与文化产业发展不仅自身有良好的经济价值与社会效应，而且较好地促进了旧城改造、产业转型与创新发展，顺应现代城镇“低能耗、污染小、高附加值”的产业发展趋势。因此，因地制宜地对城镇历史街区、文化景观、废弃工厂等进行开发与再利用，一方面对城市经济发展的意义重大，能提高城镇文化的科技含量，为城市发展提供创造力；另一方面可复兴当地优秀传统文化，推动当地文化发展[24]。

2) 中国城镇文化建设发展问题

应该说改革开放40多年来，中国的城镇化建设取得了巨大的成就，特别是对中国经济增长发挥了明显的推动作用。但是，总体上看，过去的城镇化还是粗放式的城镇化，更多地着力于土地城镇化，这种城镇化模式已经带来了城镇“产业升级缓慢、资源环境恶化、社会矛盾增多”等诸多风险，继续延续则可能落入“中等收入陷阱”，进而影响现代化进程［《国家新型城镇化规划(2014～2020年)》，2014年3月公布］。其中，城镇文化出现了诸多问题值得今后大力改进：

一是城镇文化脉络被破坏。在“摊大饼”式的快速城镇化过程中，一些地方为了追求土地升值而不顾城镇的自然脉络、历史文化脉络，改变城镇的风貌与格局，既破坏了城镇的文化脉络，也影响了城镇的生命力与吸引力。“桂林山水甲天下”，桂林是我国著名的风景旅游城市和国家历史文化名城，然而，桂林的城市建设曾经走过弯路，出现了城市形象与美丽山水不相称，有游客甚至戏称桂林是“穿着破旧衣裳的美丽姑娘”，近些年来，在各方努力下，桂林城市面貌华丽蝶变，桂林已成为“穿靓衣的美丽姑娘”。另外，有人用“所谓的现代眼光”去衡量历史街区和文物古迹，对历史城镇、历史街区、古老建筑、古朴民居进行开发，在城镇建设中，或者直接拆除或迁移，或者改变周边环境使之成为孤立的陈列品……凡此种种，不仅破坏了城镇原有的文化脉络，使城镇没了根基，而且破坏着城市的文化多样性。

二是诸多建筑、设施阻挡和隔离着人们的便利。例如，玻璃幕墙、户外广告、防盗网、街道栅栏、过街天桥、高架桥等，不仅增加了人们出行的不便，阻隔着人们的交往，而且人与人之间的闭塞、冷漠让城镇人更为孤独。

三是城镇生态环境在恶化。在城镇化快速发展过程中，人口快速增长、城市快速建设、能源消费增多等，致使城镇排放着大量的污染物，城镇的生态环境日渐恶化。资源过度消耗、环境污染加剧、生态系统破坏严重、生态安全隐患突出等生态问题，不仅成为制约我国城镇化发展的主要因素，而且影响到人民福祉、民族未来及“两个一百年”奋斗目标和中华民族伟大复兴中国梦的实现。近年来，北方城市大规模的“雾霾”笼罩、全国1/3以上的城市被垃圾包围[25]等，就是很好的例证。

四是“快文化”侵蚀着城市人的生活品质。40多年改革开放形成的中国发展，速度之快，举世称奇。但同时也孕育和强化着“快文化”，“快”似乎是经济、政治、社会、文化等各个领域的价值标杆，人人像被一条鞭子不断抽打而高速运转的陀螺，急匆匆地工作、急匆匆地生活，来不及感受生活，生活品质的低下在所难免。同时，在“快文化”的趋势下，城市发展的动力机制与平衡机制、城市社会的公共秩序与社会理性在一些方面、一定程度上初露不良的端倪[26]。

五是空间失配加重了城市人的疲惫。一个最典型的事例就是空间失配导致城市人上下班时间增加，以城市人上班时间为例，在全国城市上班时间排行前 50 位的城市中(表 7-6)，平均单程上班时间超 30 分钟的有 34 个，占比 68%(平均上班距离超 10km 的城市有 37 个，占比 74%)。可见，城市人上班路程并不近，耗费体力、精力，增加疲惫感，而且随着二三线城市的发展，上班距离远不再是一线城市的特色，也是二三线城市的常态。

表 7-6　全国 50 城市上班时间排行榜　（单位：分钟）

排序	城市	平均时间（总体）	平均时间（公交）	平均时间（驾车）	排序	城市	平均时间（总体）	平均时间（公交）	平均时间（驾车）
1	北京	52	57	48	16	无锡	36	44	29
2	上海	51	56	47	17	贵阳	36	44	28
3	广州	46	52	45	18	杭州	35	42	31
4	天津	46	53	40	19	石家庄	35	40	28
5	佛山	44	46	35	20	珠海	34	42	29
6	苏州	43	50	37	21	济南	34	42	29
7	重庆	43	47	35	22	青岛	34	41	27
8	南京	41	48	35	23	秦皇岛	34	40	28
9	成都	41	47	30	24	沈阳	33	41	26
10	深圳	40	48	35	25	宁波	33	40	26
11	武汉	39	47	32	26	昆明	33	40	26
12	东莞	38	46	30	27	厦门	32	40	27
13	西安	38	43	30	28	长春	32	39	26
14	大连	37	46	31	29	温州	31	38	25
15	中山	37	46	30	30	哈尔滨	31	36	24
31	合肥	31	36	23	41	徐州	26	31	21
32	长沙	30	38	26	42	银川	26	33	18
33	郑州	30	37	24	43	南宁	26	32	20
34	南昌	30	36	23	44	呼和浩特	26	33	19
35	烟台	29	35	22	45	洛阳	25	31	20
36	兰州	27	32	27	46	乌鲁木齐	25	30	20

续表

排序	城市	平均时间（总体）	平均时间（公交）	平均时间（驾车）	排序	城市	平均时间（总体）	平均时间（公交）	平均时间（驾车）
37	福州	27	32	22	47	海口	25	31	19
38	太原	26	32	23	48	吉林	24	30	20
39	唐山	26	32	21	49	西宁	24	27	19
40	桂林	26	33	20	50	汕头	22	29	16

资料来源：全国大城市上班距离排行榜：你上班需要走多久？. http://www.phb123.com/city/tese/5735.html

7.3.2 城镇文化的系统培育与彰显

1)城镇物质文化建设

城镇是人口集中而致的聚落形态，相较于乡村聚落，城镇是另一种完全不同的空间形态。城镇物质文化是城市发展演变所形成与积淀下来的物质遗产和城市建筑、设施、环境、产业等蕴含和附着的文化。城镇物质文化建设要注意如下方面，以彰显城镇文化内涵。

一是城镇的整体空间形态优化。包括外部空间与内部空间两个方面的形态优化。内部空间形态优化，包括城镇的内部道路、交通网络优化，居住区与工作区的空间匹配，城镇建筑物与公园、广场、休闲娱乐设施及商业设施的配合，城镇学校、医院、图书馆、科技馆、电影院等文化设施的配套与完善。在外部空间形态优化上，要着力城镇整体与区域发展格局协调，在区域经济社会协调发展和城乡一体化发展的格局里明确城镇定位，依托现有山水脉络让城镇融入大自然，让居民望得见山、看得见水、记得住乡愁。

二是着力城镇新老建筑的景观化。城镇新建筑如重庆观音桥商圈的蝶变——楼宇墙体的幕墙化、灯饰化，20 余个国际一线轻奢品牌彰显“国际范”；步行街路面宽敞、花草树木伴休闲椅，加上各种智能设施设备，实现“进入观音桥，优享慢生活”。城镇老建筑如成都宽窄巷子——作为老成都“千年少城”城市格局和百年原真建筑格局的最后遗存、北方胡同文化和建筑风格在南方的“孤本”，2005～2008 年的保护性改造，成为以旅游、休闲为主，具有鲜明地域特色和浓郁巴蜀文化氛围的复合型文化商业街和四川特色文化旅游地。

三是注重城市地标建设与张扬。充分注重地标的形式、环境、象征三个层次的建设培育、审美解读与感受体验。在形式层次，着力地标的建筑工程(高度、面积、体量、形体)与视觉性(视觉化造型、色彩)的建设与解读；在环境层次，从文化性(文化策源地——改变城市面貌、带给区域活力，城市发展地——大量出现在各类媒体及影视作品中、反映城市发展历史、代表城市发展方向)、民间性(参与度、互动性、体验性、循环再生性和满足人们商务、爱情、聚会、娱乐等各种活动需求)解读与张扬；在象征层次，遵循“主体目光–符号形式–符号意义”的序列展开符号性解读与感悟，注重投资方、政务工作者、传媒命名的象征性与旅游者感悟的象征性之间的衔接与共生[27]。西部地区，一方面要把城市、城镇打造成为区域的地标，使一座座富有个性的城市、城镇镶嵌和闪耀在广阔的西部大地上，成为城市居民美好生活的家园和旅游者流连忘返的乐园；另一方面要着力地标的发展性，形成老地标仍生辉、新地标在闪亮的格局。

四是开发建设“城市客厅”。城市客厅是城市居民和八方来客共享都市休闲、娱乐的中心场所，汇集了城市的历史、发展、未来、文化等诸多元素，是融旅游供给信息、咨询、游览、讲解、教育、休闲、娱乐、购物、餐饮等旅游设施和服务功能为一体的服务“平台”。现代社会，城市广场已经成为“城市客厅”的代名词，成为城市旅游的中心与招牌，如重庆解放碑广场、成都天府广场、西安大雁塔广场等。“城市客厅”的建设，需要系统整合城市旅游资源和交通、资讯、休闲、商贸、餐饮、娱乐、文化等各种旅游服务，在给予城市居民诸多便利与提升生活品质的同时，也有利于游客在城市停留、消费、娱乐，从而延长游客滞留时间，提高旅游总体收入。

五是让城市的夜空美起来。绚丽的夜景是城市旅游不可或缺的重要部分，良好的城市照明在保证交通安全、扩大夜间消费的同时，也美化了城市风貌、丰富了城市文化生活。现代城市夜景应包括城市照明体系和城市居民活动体系，前者通过对城市中建筑、广告、橱窗、小品、绿化等物质组成要素的形象再塑造，体现城市经济发展成绩、文化底蕴和整体审美层次；后者通过市民和游客的旅游、购物、娱乐、文体、休闲、交通和节日庆典活动等来体现城市的活力。城市照明的根本目标是为市民和游客的夜间活动提供良好的光环境，并以此鼓励市民和游客进行更多的夜间活动。当前游客夜间旅游参与度高、消费旺，九成左右游客有夜间体验的经历，2019 年春节期间游客夜间消费占目的地夜间总消费近三成[28]。因此，城市要努力让夜空美起来，积极发展城市夜间旅游。在照明上，要根据人的视知觉规律设计城市照明的总体亮度水平和城市照明的亮度、色彩分布，使夜晚城市空间环境的交通、休闲、娱乐及商业等功能良好发挥；在夜间消费活动上，提供必要、舒适的休闲、娱乐、购物及交往的项目的同时，要形成自然、和谐的夜景，提倡格调高雅、大方气派的夜景观，凸显地方特色、文化传统、时代特征。

2)城镇非物质文化建设

一是城镇形象建设与塑造。城镇形象是城镇景观、文化、市容、市民及城镇经济、城镇功能、城镇管理、城镇潜能等多元素整合而成的城镇总体特征和风格[29]。从 1960 年凯文·林奇出版专著《城市意象》第一个提出“城市形象”概念，到 1996 年 10 月全国城市形象设计研讨会(金华市)的召开标志着城市形象成为中国城市科学领域一个崭新的研究方向的正式兴起[30]，中国城镇形象的理论研究与实践探索逐渐深入和蓬勃开展。但是，目前城镇形象的研究与探索主要集中在沿海经济发达地区及文化底蕴深厚、特色突出的城市，西部地区的研究较少[31]。实践已经表明，城镇形象是城镇重要的无形资产，建设与塑造良好的城镇形象，对于城镇发展具有巨大的带动作用[32-34]，能够强化城镇感召力，促进招商引资、人才吸收、要素集聚和经济发展；能够提高城镇知名度与美誉度，帮助城镇营销；能够增强城镇向心力与内聚力，引导市民行为，促进城镇文化建设与精神文明……城镇形象的建设与塑造，是一个内容庞大的系统工程，各级各类城镇在高度重视城镇形象总体设计与规划建设思路的基础上渐次推进，当前尤其要重视城镇的文化发展与生态建设，注重城镇环境的人性化、生态化、艺术化，将自然、人文、艺术协调融合以满足人们的心理、精神、物质、行为规范等诸多需求，将城市功能需求与城市文明需求有机结合以全面提升城镇居民的生活质量，拓展城镇的文化内涵[35]。

二是城镇制度文化建设。城镇是人口、经济、文化等各种要素的集中聚集地，在现代市场经济体制和区域一体化发展中，城镇的内聚与外显功能日益强化。要实现城镇的健康持续发展，必须进行系列的制度建设与创新。当前，中国的新型城镇化建设要求围绕“以人为本”展开制度建设与彰显制度文化，包括城镇自身的产城融合发展[36]、新市民融入城镇、城镇文化产业发展、城镇生态文明等和城镇外联的城镇等级体系改革、城乡统筹与一体化、城镇经营与城镇竞争等及城镇转型中的政府机构、非政府组织、企业、城镇家庭及个人等三个层面的制度建设。

三是城镇文化产业发展。文化产业的发展及占有和享受文化精神产品的水平，是衡量公民幸福的重要指数和生存发展健康程度的重要标准之一[37]。发展城镇文化产业，将直接推动城镇医疗卫生、教育科技、文学艺术创作、文化创意的发展，带动城镇建筑、交通、环保的智能化与信息化，增强城镇文化内涵。文化的辐射作用，将引导城镇文化消费，提高人的素质修养，优化城镇人文环境，促进城镇政府管理、商业运行与公共服务创新。因此，城市应加大文化产业发展力度，打造城市发展新动力。西部地区城镇文化产业的发展，要科学界定与有效区分文化事业（公共文化服务）和文化产业（市场型文化服务），在健全各种公益性文化机构、文化设施、文化队伍、文化网络及其服务内容的同时，大力发展一批文化传媒集团，充分挖掘利用西部地区丰富的文化资源，通过产业手段实现文化资源的商业增值；将创新意识、创意能力、文化元素融入传统产业的产品和品牌中，拓展传统产业创新路径，实现传统产业创新发展与优化升级；塑造个性化、层次化的文化产业品牌，培育文化消费市场，创造文化消费，引导群体心理[38]。

四是城镇特色语言保护与提炼。首先是保护地方语言、民族语言。地方语言是一种具有鲜明区域特色的传统文化习俗，是许多地域文化产生与发展的源泉。地方语言中包含许多有关人文与自然的知识，保护地方语言、民族语言，可以丰富地域文化、守住地方文脉、留下珍贵文化财富，保存中华文化多元、增加思维方式、增添生活乐趣[39]。当然，保护地方语言、民族语言，不能影响沟通、交流。其次是形成地方特色语言。例如，“云南十八怪”，不仅生动地描述了云南的风土人情、生活习俗及云南人民的智慧，让游客会心一笑、记忆悠长，而且不同版本的演变也彰显着云南的发展进步(表 7-7)。

表 7-7　多个版本的“云南十八怪”

序号	版本一	版本二	版本三
1	鸡蛋用草串着卖	鸡蛋用草拴着卖	洞经古乐赛天籁
2	摘下斗笠当锅盖	草帽当锅盖	建水汽锅神仙爱
3	三只蚊子一盘菜	三个蚂蚱一碟菜	翡翠人人身上带
4	火筒能当水烟袋	竹筒做烟袋	赤脚踏火真能耐
5	糌粑被叫作饵块	米饭粑粑叫饵块	刀山当作云梯赛
6	背着娃娃谈恋爱	竹筒当锅煮饭卖	太阳历法彝家寨
7	四季服装同穿戴	四季服装同穿戴	宴席长长摆通街
8	蚂蚱能做下酒菜	过桥米线人人爱	民歌小调下酒菜
9	姑娘被叫作老太	牛奶做成扇子卖	燕子窝窝皇帝爱
10	和尚可以谈恋爱	土锅通洞蒸鸡卖	烧豆腐用玉米数着卖
11	老太爬山比猴快	谈情说爱用歌代	草芽当作象牙卖
12	新鞋后面补一块	星云湖里鱼分界	披星戴月纳西噻
13	汽车还比火车快	火车没有汽车快	北回归线双胞寨
14	脚趾常年都在外	新娘要把墨镜戴	三步走过五条街
15	娃娃全由男人带	娃娃出门男人带	百间房子一家在
16	花生蚕豆数堆卖	大理石头当画卖	树叶洒水表示爱
17	这边下雨那边晒	石头生在云天外	火把节来人人爱
18	四个竹鼠一麻袋	四季鲜花开不败	独龙纹面古传代

资料来源：根据百度百科相关资料整理

五是城镇家庭建设。家庭建设是国家建设、社会建设的基石，是社会和谐发展的稳定器[40]。改革开放 40 多年来，我们正在经历着家庭的裂变与重构，城镇从“单位人”到“社区人”的转换、独生子女外出后形成的城镇“空巢中老年人”，乡村因青壮年外出务工而凸显的“空巢老人”“留守儿童”“夫妻长期分居”，以及提前而至的老龄化、养老问题，等等，都在考验和拷问着中国的家庭建设。重塑家庭的社会基石功能，加强家庭建设，强化家庭成员的亲情联系，崇尚“朴实谦逊、崇德明礼、向善向上、讲礼讲义”的家风传统，凸显“言传身教、平等交流、润物无声”的家庭教育，城镇应该走在前面，并以此带动城镇文明、带动乡村家庭建设。

参 考 文 献

[1] 许峰. “文化”的内涵及翻译. 郑州航空工业管理学院学报(社会科学版), 2008, (4): 94-96.

[2] 李永刚. 文化如何成为经济学研究的对象. 经济学家, 2012, (2): 5-12.

[3] 李海舰, 王松. 文化与经济的融合发展研究. 中国工业经济, 2010, (9): 5-14, 25.

[4] 张国祚. 文化软实力研究需寻求共识的几个问题. 光明日报, 2014-11-19, 16 版.

[5] 邹广文. 全球化时代文化软实力建构路径. 人民论坛, 2014-08-20.

[6] 黎莉. 浅述中国传统文化的当代价值. 福建理论学习, 2011, (8): 20-22.

[7] 王杰. 中国传统文化的当代价值. 中国党政干部论坛, 2007, (2): 51-53.

[8] 道格拉斯·C.诺斯. 制度、制度变迁与经济绩效. 上海: 上海三联书店出版社, 1994.

[9] 曲青山. “四个全面”: 实现中国梦的战略指引. 人民日报, 2015-02-11, 7 版.

[10] 曾小华. 文化、制度与制度文化. 中共浙江省委党校学报, 2001, (2): 30-36.

[11] 习近平. 在 2015 年春节团拜会上的讲话(2015 年 2 月 17 日). 新华网, 2015-02-18.

[12] 鹿心社. 建设生态文明 增进民生福祉——深入学习贯彻习近平同志关于生态文明建设的重要论述. 人民日报, 2014-10-28, 7 版.

[13] 房广顺, 张宏伟. 社会主义核心价值观的传统文化意蕴探析. 理论探讨, 2015, (1): 30-33 .

[14] 周竞红. 文化旅游: 民族地区新型城镇化的产业切入. 开发研究, 2016, (6): 20-24.

[15] 桂榕, 吕宛青. 民族文化旅游空间生产刍论. 人文地理, 2013, (3): 154-160.

[16] 梅其君, 杨权英. 现代技术冲击下苗族银饰锻制技艺的变迁与传承. 中央民族大学学报(哲学社会科学版), 2019, (4): 169-176.

[17] 吴兴帜. 文化旅游情境中的民族节庆遗产保护研究——以云南省西双版纳橄榄坝傣族园泼水节为例. 中南民族大学学报(人文社会科学版), 2015, (1): 24-28.

[18] 周朝晖. 非物质文化遗产保护视角下的少数民族服饰文化发展战略研究. 湖南社会科学, 2014, (5): 173-176.

[19] 朱虹. 旅游演艺: 旅游经济新的增长点. 井冈山大学学报(社会科学版), 2015, 36(3): 5-7.

[20] 林振宇, 赵瑞熙. 中国旅游演艺产品开发策略探析. 西北民族大学学报(哲学社会科学版), 2017, (3): 77-82.

[21] 邢启顺. 西南民族文化产业与旅游融合发展模式及其社会文化影响. 云南民族大学学报(哲学社会科学版), 2016, (4): 122-127.

[22] 范建华. 中国城镇化之路新探索: 来自云南大理新华村的启示. 学术探索, 2013, (4): 14-18.

[23] 李林杰. 人口城市化: 解决三农问题的根本之路. 河北大学学报, 2005, (3): 77-81.

[24] 周海彬, 朱蓉. 中国城市历史街区的保护复兴与文化旅游研究.安阳师范学院学报, 2019, (5): 59-62.

[25] 丁建彪. 如何治理城镇化发展中的“垃圾围城”. 光明日报, 2013-08-25, 7 版.

[26] 刘奇. “快文化”之殇. 精神文明导刊, 2014, (8): 42-43.

[27] 李海霞, 孙厚琴. 基于场理论的旅游城市地标三度审美研究. 齐齐哈尔师范高等专科学校学报, 2015, (1): 97-99.

[28] 戴斌. 共同推动夜间旅游健康可持续发展. 中国旅游报, 2019-03-26, 3 版.

[29] 陈柳钦. 城市形象的内涵、定位及其有效传播. 湖南城市学院学报, 2011, (1): 62-66.

[30] 董晓峰. 城市形象研究的兴起. 西北史地, 1999, (3): 5-8.

[31] 李勇, 徐建刚, 王振波. 城市形象研究进展及展望. 云南地理环境研究, 2009, (2): 20-26, 37.

[32] 李明友, 江锡华. 城市形象建设与精神文明建设. 城市规划汇刊, 1997, (1): 32-35.

[33] 董力三, 吴春柳. 城市形象和城市文化的社会经济意义. 经济问题探索, 2006, (1): 135-136.

[34] 田菲, 王淑娟. 城镇化进程中的城市形象塑造. 光明日报, 2014-05-11, 7 版.

[35] 李卓. 城市形象建设与环境艺术设计路径. 光明日报, 2014-01-26, 7 版.

[36] 陈绍友, 田洪. 城市社会背景下的“产城融合”发展问题研究. 重庆师范大学学报(自然科学版), 2014, (5): 132-137.

[37] 禹新荣, 陈湘舸. 文化产业发展的深层原因与历史作用透视. 经济学家, 2008, (2): 26-30.

[38] 王杰群. 新常态下文化创意产业提升路径. 光明日报, 2015-03-28, 7 版.

[39] 胡翠娜. 普通话与地方语言文化传承功能的比较分析. 长春教育学院学报, 2014, (5): 37-38.

[40] 翟博. 家庭建设是培育和弘扬社会主义核心价值观的重要基础. 儿童大世界(上半月), 2017, (1): 4-7.

8　西部地区产业旅游资源开发与城镇化建设

旅游业是涵盖众多行业部门的综合产业，旅游业的发展促使相关的行业部门也积极行动起来，不仅积极支撑旅游服务，而且逐渐彰显出各自的旅游观赏、体验功能，成为新的旅游资源。这些区别于传统自然山水、文化古迹的产业旅游资源的进入，成为旅游业发展的新空间、新形态，并呈现出良好的发展态势。西部地区的旅游资源开发，也当充分重视产业资源的旅游开发，既推动西部旅游的发展及城镇化建设，也促进相关行业部门自身的发展进步。本章在明晰产业资源进入旅游开发现实性的基础上，按照国民经济的三次产业分类进行分别论述。

8.1　产业资源进入旅游开发的现实性

8.1.1　旅游需求复杂多样奠定现实基础

旅游业是为旅游者提供服务的众多行业的综合体[1]，围绕着旅游者出游前、出游中、出游后的各种需求，众多的行业部门汇集、连接起来，相互配合、相互支撑，共同为旅游者服务。当今的旅游，已经远远超越了“游山玩水”，旅游者外出观光、休闲度假、商务往来、科考探险、探亲访友、寻根问祖……反映了旅游需求的多样性；旅游者走进名山大川看山看水，走进工厂、农村抚今追昔，走进古镇古村抒发乡愁，到城镇、乡村看现代成就品、品民风民俗……反映了旅游需求的层次性。旅游需求的内容多样、层次复杂，单纯的名山大川旅游已经无法有效满足。于是，各类旅游开发者纷纷寻求新的旅游资源、开发新的旅游产品。这促使各种经济社会发展成就与社会事物纷纷进入旅游开发者的视野，成为旅游开发的对象和旅游消费的对象。这便是产业资源旅游开发的实践基础。我们已经清晰地看到，旅游开发已经不仅仅是传统的自然山水和名胜古迹的开发，社会发展中的相关资源也已经进入旅游开发的范畴，其中，国民经济体系中现存的依附于相关产业、行业的资源和经济社会发展中将要形成的实物及观念为旅游业所用，这便是产业资源的旅游开发。这也是旅游资源的内涵创新与外延拓展的结果。

在产业资源进入旅游开发的发展中，一种新的区域协调发展理念和模式——“全域旅游”出现并开始盛行。全域旅游概念是国家旅游局提出的，2015 年 8

月，国家旅游局《关于开展“国家全域旅游示范区”创建工作的通知》（旅发[2015]182 号）提出了“全域旅游”创建考核指标；2016 年 1 月 19 日国家旅游局相关领导在全国旅游工作会议上提出，中国旅游要从“景点旅游”到“全域旅游”转变，至此，“全域旅游”这个概念开始受到关注。全域旅游是以旅游业为优势产业和先导产业，引领一定区域内的经济社会资源生态环境、相关产业及公共服务、体制机制、政策法规、文明素质等全面优化、系统整合，以旅游业带动和促进经济社会协调发展，实现区域资源有机整合、产业融合发展、社会共建共享的区域发展新理念与新模式[2]。2016 年 2 月 1 日，国家旅游局公布了首批 262 个市县成为国家全域旅游示范区创建单位，其中，东、中、西及东北地区分别为 83 个、62 个、85 个及 32 个。全域旅游概念的盛行及全域旅游示范区的创建，已经显示出对产业资源及其他社会事务进行旅游开发的现实性与生命力。

8.1.2　产业旅游发展走强揭示广阔空间

产业资源进入旅游开发，形成旅游产品，并不是现在才出现的事情，只是现在变得越来越凸显而需要高度重视。在中国，早在 2002 年 11 月 12 日和 2003 年 2 月 21 日，国家旅游局先后发布《全国农业旅游示范点、工业旅游示范点检查标准(试行)》和《关于对首批全国农业旅游示范点、工业旅游示范点开展检查验收工作的通知》，2004 年 4 月 5 日在青岛召开的全国工农业旅游示范点验收工作会议，正式拉开中国工农业旅游示范点的申报与评审验收工作；2010 年，《农业部　国家旅游局关于开展全国休闲农业与乡村旅游示范县和全国休闲农业示范点创建活动的意见》（农企发[2010]2 号），又启动了全国休闲农业和乡村旅游示范县和全国休闲农业示范点的创建工作；2016 年 7 月 1 日，国家发展和改革委员会、财政部以及住房和城乡建设部三部委联合发布《关于开展特色小镇培育工作的通知》决定开展“全国特色小镇”培育工作，计划到 2020 年，培育 1000 个左右特色小镇，2016 年 10 月 14 日公布了第一批 127 个中国特色小镇名单。目前，农业、工业等产业资源的旅游开发已经形成良好的发展态势，农业旅游、工业旅游发展如火如荼；特色小镇的特色，包括休闲旅游、商贸物流、现代制造、教育科技、传统文化、美丽宜居等，但目前第一批 127 个特色小镇中大多做“旅游文章”、打“旅游牌”——很大比例的小镇以“休闲旅游”为特色，其他特色小镇往往也拥有良好的田园风光与古村文化，可做“旅游文章”[3]。

另外，康疗、养生、度假等旅游的快速崛起，也显示着产业旅游资源开发的现实价值。例如，广西巴马瑶族自治县甲篆镇平安村巴盘屯，作为“世界长寿之乡”被外人传扬后，众多患者和养生者慕名前往，希望以“巴马疗法”延长寿命。人们渐渐发现，巴马人的长寿村，与地理、气候、环境关系密切——山区、森林，空气十分清新，负氧离子含量很高；与良好的生活方式、合理的膳食结构有关——低盐、低糖、低脂肪、低动物蛋白、高纤维的膳食结构[4]。另一个典型案例是海南的冬季旅游与旅游地产，每年冬季，为避寒，人们纷纷到海南旅游、度假，特别是春节黄金周假期里，尽管物价奇高、服务令人不满意，但旅游者仍然趋之若鹜，形成“不满意还买”的悖论。现在，许多来自全国各地的退休人员都期望在海南购买一处房产以备冬天到海南居住。这些都充分显示出地方经济社会发展成就进入旅游开发、旅游开发渗透进地方经济社会发展的态势，显示着产业发展成就进入旅游，成为开发对象的现实性、可能性。

基于此，西部地区的旅游资源开发，应有更宽的视野。不仅要关注传统的名山大川、历史古迹，更要着力对社会资源、产业资源的旅游开发。产业旅游资源开发成为西部旅游开发发展的新领域、新“金矿”[5]，西部地区要在工业旅游、农业旅游、校园旅游、休学旅游、体育旅游、文化旅游等旅游形式基础上，主动利用城市建设成就——城市广场、滨江路、特色交通(如重庆的过江索道、穿露轻轨)，经济发展新成果——城市灯光秀、最美乡村公路、现代农业园区等诸多新的旅游资源，进一步发展城市观光休闲、购物、娱乐和乡村度假康养、瓜果采摘等新的旅游产品。

8.2 农业旅游及现代农业发展

8.2.1 农业旅游的内涵及其价值

农业旅游，是农业生产形态、农民劳动场景、农业生产工具、农产品加工及农业文化为旅游业所利用，形成农业观赏、体验、参与及研学、传承的旅游活动，是旅游业与农业的交叉型新兴产业[6]。农业旅游与乡村旅游相互交叉又互不相同，在空间上，农业旅游主体在乡村，但一些现代化的农业园区、都市农业等也是农业旅游开发的重要对象；在内容上，乡村旅游包含乡村的农业旅游，还包括乡村文化、生态的开发利用。西部地区农业旅游的发展，既要着力彰显农业现代化中现代农业的科技性、有机性等特征，也要重视农业文化遗产(如云南红河哈尼稻作梯田系统)的挖掘、利用、发展，凸显传统农业的历史文化与科技文化价值。

农业旅游可以吸引、招徕本地城镇居民和外地游客而有广阔的发展前景。在中国，农业、农村、农民似乎是落后、贫困的代名词，开发、发展农业旅游似乎只是迎合了都市人怀旧或远离城市喧嚣的需求。目前，中国的农业旅游及乡村旅游，绝大多数也只是以就近城市居民为主要客源。这些似乎都预示着农业旅游的发展空间不大、潜力不足。然而，放眼国外，我们可以清晰地看到，农业旅游不仅有上百年的发展历史，吸引着本地城市居民，更是本国游客和外国游客的重要旅游形式。法国，1953 年就成立了法国农会常设委员会(APCA)，1998 年又设立了农业及旅游接待服务处，形成了包括农场客栈、露营、暂住及农场点心、骑马、狩猎、教学、探索和农产品市场等系列产品。阿根廷，2000 年政府就开始制定和推行乡村旅游业发展计划，鼓励所有农牧业生产者加盟“阿根廷乡村旅游网”，举办巡回展览和专题研讨会，向从业者提供农业旅游及乡村旅游的知识培训和金融自助；“马背上的阿根廷”“南美土著部落”“农庄生活”“乡村手工制作”“乡村美食”“乡村节日之旅”等旅游项目相继推出。美国夏威夷，2000 年全州就有 5500 座农场从事农业旅游，不仅吸引游客进入，也促进了农产品就地销售。德国、意大利、新西兰，农业旅游发展也都成绩斐然[7]。

农业有丰富的资源可供旅游利用，进而形成特色旅游产品和创新旅游产品。除了传统的乡村文化、农耕文明、民俗生活外，日渐加快推进的农业现代化和新农村建设也将成为农业旅游开发的对象。一是高效生态农业资源。应用现代科学技术与管理手段进行生产经营的高效生态农业，既是一种新型的现代农业模式，又是一种全新的农业发展思路，是农业经济、农村社会、自然生态的同步系统优化，因而是重要的观光、休闲等旅游资源。中国农村地域广阔，各地因地制宜地将形成多种高效生态农业发展模式(如三峡库区，表 8-1)，为旅游业提供多种资源基础，可有效开展农业观光、优质农产品品尝、现代农业学习考察及乡村休闲度假等多种旅游活动。重庆市永川区，依托黄瓜山、圣水湖、八角寺、石笋山等高效生态农业成就，发展农业旅游，取得了良好的经济社会效益，并进一步促进了永川区各镇街的特色生态农业园发展。其中，在梨、姜等果蔬及漫天梨花、梨子飘香的基础上渐次发展的蓝莓园、梨博园等 14 个生态农业示范园，不仅使黄瓜山成了“中华梨村”，更成了全国农业旅游示范点、全国休闲农业和乡村旅游示范点、重庆现代农业示范区，黄瓜山成为永川旅游的名片。二是农产品加工工业资源。农产品加工是提高农业附加值的重要路径，美国、法国、德国、意大利、日本、丹麦、瑞士、瑞典等发达国家，其农产品原料加工率都在 70%以上，而我国农产品加工业产值在工业产值中所占比例一般在 10%以上[8]。随着农业市场化与现代化的发展，特色农业、特色农产品的发展是必然结果，特色农产品加工工业及农产品加工产业链的形成与优化也将顺理成章，据此开发旅游产品、开展旅游活动，对中小学生学农、知农和大学生考察、钻研进而在农业领域创业具有积极意义，因而有良好的市场吸引力与广阔发展前景。三是新农村建设形成的旅游资源。具有“生产发展、生活宽裕、乡风文明、村容整洁、管理民主”特征的社会主义新农村，不仅将是农民的天堂，而且将是城里人向往之地进而吸引城里人去旅游、去居住。这在欧美、日韩等发达国家和地区出现的城里人流向农村(理论上称为逆城市化趋向)的现象中可以得到印证。

表 8-1 三峡库区高效生态农业发展模式

分类依据	发展模式
地形	平坝区、丘陵区、低山区、中低山区、高山区及庭院经济等高效生态农业模式
发展内容	农林复合型、木本粮油型农业、农林牧复合型、农林牧渔复合型等模式
发展目标	自给型粮食种植、优势果蔬、生态经济林(含茶、桑、药、油桐、笋材等)、效益型畜牧、增值型绿色产品加工业、休闲型观光农业等模式
发展条件及发展重心	河谷平坝水陆循环、浅丘低山互惠共生、中低山区水土保持、中高山区名优土特、城郊都市等模式

资料来源：苏维词，滕建珍，陈祖权. 长江三峡库区生态农业发展模式探讨. 地理与地理信息科学, 2003, 19(1): 83-86；张俊，李玲，王定勇. 三峡库区生态农业模式探讨. 农业环境与发展, 2004, 21(2): 27-28；黎智洪. 三峡库区发展高效农业的战略途径. 经济前沿, 2005, 6: 23-27；官冬杰. 三峡库区不同地域类型高效生态农业发展模式. 资源开发与市场, 2006, 22(2): 130-132

发展农业旅游，不仅有利于丰富中国旅游产品、增强中国旅游业发展后劲，更有助于农民增收、农村发展与农业现代化，进而促进农村地区的城镇化建设发展。旅游是“就地出口产业”，发展农业旅游，引导旅游者到农业生产地采摘、品尝、采购，改变了农民自己采摘运输外卖的流程，不仅节约了成本，而且因为新鲜和体验价值而提高了价格，一进一出，农民的收入增加了。同时，旅游者参与、体验、欣赏农业生产过程、农民传统劳作方式、农业现代化发展成就，感受农民生活、感悟乡村文化，等等，使先前“不值钱”的环境、文化有了更好的效益。另外，农业旅游吸引外来的人流、信息流和资金流，农民接触到大量外地旅游者，其服务意识增强，眼界视野拓宽，主动寻求市场信息、把握市场机会、更好地按照市场机制进行生产，实现农业市场化、现代化发展，农村文明、和谐，农民走上幸福、小康路。

8.2.2 西部地区农业旅游的发展现状

以国家认证的全国农业旅游示范点和全国休闲农业与乡村旅游示范县、点为例，其在整个大区上分布较为平衡，也就是说，西部地区的农业旅游总体上与全国的发展情况一致(表 8-2)。但从各省区市的数量看，差距则比较明显。省区市数量排序显示，西部 12 省区市进入全国前 10 位的是少数，在后 10 位的是多数(表 8-3)，说明西部地区农业旅游的发展水平还是较低。其原因有如下几个方面。

表 8-2　全国农业旅游示范点和全国休闲农业与乡村旅游示范县、点的大区分布

项目	东部 10 省区市	西部 12 省区市	中部 6 省	东北 3 省	全国合计
全国农业旅游示范点/家	161	96	56	46	359
全国休闲农业与乡村旅游示范县/个	62	63	41	20	186
全国休闲农业与乡村旅游示范点/家	176	171	90	45	482

注：全国农业旅游示范点 2004 年首次认证了 203 家，2005 年新增了 156 家，共 359 家；全国休闲农业与乡村旅游示范县、点从 2010 年开始认证到 2014 年共 5 年，示范县分别认证了 32 个、38 个、41 个、38 个、37 个，共 186 个，示范点分别认证了 99 家、100 家、100 家、83 家、100 家，共 482 家

表 8-3　全国农业旅游示范点和全国休闲农业与乡村旅游示范县、点的省区市排序

排序	省区市	全国农业旅游示范点数量/家	省区市	全国休闲农业与乡村旅游示范县/个	省区市	全国休闲农业与乡村旅游示范点/家	排序	省区市	全国农业旅游示范点数量/家	省区市	全国休闲农业与乡村旅游示范县/个	省区市	全国休闲农业与乡村旅游示范点/家
1	山东	55	浙江	13	浙江	23	17	北京	7	黑龙江	6	广东	15
2	江苏	43	山东	10	福建	23	18	甘肃	7	山西	5	安徽	15
3	辽宁	34	江苏	9	山东	22	19	云南	6	陕西	5	江西	15
4	贵州	18	湖南	9	辽宁	20	20	湖北	6	甘肃	5	陕西	15
5	四川	17	四川	9	江苏	19	21	上海	5	宁夏	5	贵州	15
6	安徽	17	福建	8	新疆	19	22	江西	5	内蒙古	5	山西	13
7	河北	15	河北	7	四川	19	23	天津	4	贵州	5	湖北	13
8	浙江	14	河南	7	湖南	18	24	陕西	3	重庆	5	内蒙古	13
9	广东	14	安徽	7	重庆	18	25	湖南	3	北京	4	黑龙江	13
10	山西	13	江西	7	广西	17	26	吉林	3	广东	4	甘肃	12
11	河南	12	新疆	7	北京	16	27	福建	2	青海	4	吉林	12
12	广西	11	吉林	7	河北	16	28	海南	2	上海	3	宁夏	11
13	新疆	10	辽宁	7	上海	16	29	宁夏	2	天津	2	青海	11
14	内蒙古	10	湖北	6	河南	16	30	青海	2	海南	2	海南	10
15	重庆	9	云南	6	云南	16	31	西藏	1	西藏	1	西藏	5
16	黑龙江	9	广西	6	天津	15		全国	359	全国	186	全国	482

一是自然条件的限制。西部地区有一半以上的地域上是高原、丘陵、沙漠、戈壁等地带，地形地貌复杂、自然灾害频发、生态环境脆弱，可耕种的土地面积较小，致使西部地区的农业大多尚处于“小块经营”“精耕细作”的传统农业发

展状态。

二是市场规模的制约。西部地区人口稀少，再加上大量农民外出打工，较少的人口数量，使农业的市场规模不大，制约着西部地区的农业发展。目前，西部地区大量农地抛荒、撂荒，西部农村大量的“空巢老人”“留守儿童”充分说明农业发展的困境。张冬平[9]对各省区市农业现代化程度的评价结果表明，西部地区除新疆、内蒙古、宁夏、广西外，其余 8 个省区市的农业现代化程度均在全国 20 位以外(表 8-4)。

表 8-4 中国各省区市农业现代化程度 (%)

排序	省区市	农业现代化程度	排序	省区市	农业现代化程度	排序	省区市	农业现代化程度	排序	省区市	农业现代化程度
	全国	54.18	8	山西	62.58	16	湖北	56.01	24	重庆	53.43
1	吉林	66.90	9	湖南	59.20	17	河南	55.83	25	安徽	52.93
2	辽宁	64.86	10	上海	58.99	18	江苏	55.39	26	四川	51.94
3	黑龙江	64.45	11	内蒙古	57.78	19	广西	55.31	27	云南	50.90
4	北京	64.33	12	山东	56.93	20	福建	54.95	28	甘肃	47.01
5	天津	64.09	13	广东	56.89	21	浙江	53.78	29	贵州	46.62
6	河北	63.64	14	海南	56.89	22	陕西	53.72	30	青海	44.55
7	新疆	62.25	15	宁夏	54.17	23	江西	53.49	31	西藏	41.22

三是开发水平的滞后。从 20 世纪 90 年代初开始至今，中国农业旅游已经衍生出多种多样的农业旅游形式(表 8-5)。东部发达地区，20 世纪 90 年代中后期，就开始兴起将农业生产性与观赏性有机结合、以自然景观为主体人造景观为辅、突出强调生态性和乡村文化的主题公园——田园公园，并逐渐形成南方以广东为中心、北方以北京为中心、长江中下游以上海为中心的田园公园建设格局；在珠三角出现了“三大类六模式”(表 8-6)。但在西部地区，农业旅游开发还相对落后，特别是科技示范型农业旅游开发、农业旅游的规模发展等还有很大的差距。

表 8-5 农业旅游/乡村旅游资源开发建设的模式类型

文献	模式	类型	特点
梁文生. 2005-7-18. 我国农业旅游现状及其意义. 中国旅游报		科技示范型	向游客展示现代农业科技成果，普及农业科技知识
		农业观光型	把观光旅游与农业结合在一起的一种旅游活动，包括观光农园、特色果园、菜园、茶园、花圃和森林公园等
		生态农业型	利用农业生态资源和自然生态资源向游客提供回归自然的休闲体验
		农村民俗型	住农家屋、吃农家饭、干农家活、看农家景、购农家物

续表

文献	模式	类型	特点
张莹. 2007. 农业与旅游业互动开发模式探析. 山东省农业管理干部学院学报, 6: 52-53	田园模式	田园观光型 农业园区型 休养度假型	利用自然或人造的乡村环境空间，向游客提供逗留场所，包括观赏型农田带和瓜果园、花卉苗圃、农业园区、乡村休闲度假地及珍稀动物饲养场等。使游客身临其境，感受真切的田园风光和自然生机
	乡村模式	“农家乐”型 租赁农园型 民俗风情型	以乡村生活形式及传统庆典和娱乐活动实现城乡居民广泛交流；在农村居所、乡村活动场所等营造乡村生活氛围，让游客参与体验并实现精神交流
	科技模式	农业科技型 教育农园型	通过农业科技示范、生态农业示范和科普示范等典型的、浓缩的农业模式，传授系统的农业知识，增长教益
	商业模式	农贸交易会型 农产品购物型	在农副产品生产加工区域，以实现经济效益为重点，借鉴商场经营模式，开发商业服务型农业与旅游业互动项目
张海良. 2013-06-10. 乡村旅游建设的类型、机制与原则. 光明日报		观光游览型	以较大体量的绿色景观和田园风光为主题，如油菜花田、百草园，包括各种花卉果品、稀有植物等农业公园，吸引游客
		知识教育型	以农业教育园、农业科普示范园、农具陈列馆、农业博物馆为载体，开展农村、农业和农民的知识普及和游览、娱乐互动，对旅游者，尤其对于青少年学生，起着拓宽视野和增长见识的作用
		民俗文化型	通常在少数民族聚集地，如广西桂林的阳朔、云南的丽江等，以原始自然生态、秀丽自然山水与人文生态景观、特色历史文化、浓郁民俗风情、节庆活动等吸引游客
		参与体验型	通过采摘果品，品尝美食，参与农事活动、节庆活动，购买土特产品等，让旅游者融入乡村环境氛围中去体验感知和寻觅纯朴乡情
		休闲康乐型	以林中远足、采蘑菇、挖竹笋、采茶、山地野营、森林滑草、滑雪、游泳、漂流、森林探险、徒步、攀岩等达到强身健体、休闲娱乐的目的

资料来源：根据相关文献整理

表 8-6　珠三角田园公园的类型模式

类型	特点	模式
类型 1	具有以自然生产和环境为基础，公园面积大，功能多样化，乡村性特征明显，经营成本低和风险小的特点	番禺“绿野乡风”化龙农业大观园 中山市“岭南水乡”
类型 2	具有人工田园性的特点，因人工成分较多，投资较大，公园画积受到限制，公园的生产功能差，经营成本高，市场风险大	深圳“海上田园风光”基塘生态农业园 高要“广新农业生态园” 三水“荷花世界”
类型 3	具有以高技术展示、高投入和高观赏性的特点	珠海“农科奇现”

资料来源：王云才. 从珠江三角洲的实践看我国田园公园的发展. 旅游学刊, 2001, 2: 39-43

另外，我们也要看到，西部地区农业旅游业具有许多不可忽视的优势：

一是农业的多样性与传统性。西部地区复杂的地形地貌、多样气候条件，形成了多种多样的农业发展类型；小块、非成片成带、传统生产方式，正是西部地区农业旅游发展的独特优势。

二是农业发展的后发优势。西部地区农业相对落后，也正预示着其发展的后发优势。特别是在温饱问题解决以后，人们从“吃饱”转向“吃好”“吃出健康吃出品味”的新时期，西部地区依托多样的地形与气候条件进行特色化的农业生产经营，恰好有更广阔的发展空间与更美好的发展前景。

三是西部地区农业产业化发展为农业旅游发展奠定了良好基础。以重庆巴南区为例，2013 年全区农业产业化龙头企业 200 家、家庭农场 107 个，涉及农牧渔、种养加等多个品类，具有一定规模，为旅游开发奠定了良好的基础；但目前其旅游开发还较为薄弱，因而没有发挥最大化的经济效益(表 8-7)。重庆被设立为直辖市以来，经济社会快速发展，自 2014 年开始到 2016 年，重庆 GDP 连续十二个季度领跑全国，经济的快速发展形成强大的农业旅游需求，以巴南区为代表的各区县的农业产业化发展成就正好对接这样的市场，农业产业化发展成就为农业旅游的发展奠定了良好的基础，拓展了农业发展的新空间。

表 8-7　2013 年重庆巴南区农业企业、家庭农场情况

农业企业：共 200 家		数量/家	占比/%
产业类别分类	休闲观光农业企业	23	11.5
	优质蔬菜农业企业	36	18.0
	特色水果农业企业	51	25.5
	花卉苗木农业企业	27	13.5
	优质茶叶农业企业	7	3.5
	生态渔业农业企业	22	11.0
	优质粮油农业企业	11	5.5
	特色畜牧业农业企业	23	11.5
经营规模分类	1000 亩以上	25	12.5
	500～1000 亩	19	9.5
	100～500 亩	64	32.0
	100 亩以下	92	46.0
年销售收入分类	1000 万元以上	24	12.0
	500 万～1000 万元	8	4.0
	100 万～500 万元	47	23.5
	100 万元以下	121	60.5

家庭农场：共 107 个		数量/个	占比/%
经营类别	种植业	50	46.7
	畜牧业	32	29.9
	渔业	17	15.9
	种养结合	7	6.5
	其他	1	1.0
经营规模分类	500～1000 亩	7	6.5
	100～500 亩	39	36.5
	50～100 亩	18	16.8
	50 亩以下	43	40.2
年经营收入	50 万元以上	62	57.9
	10 万～50 万元	34	31.8
	10 万元以下	11	10.3
年农业经营纯收入	10 万元以上	43	40.2
	5 万～10 万元	48	44.8
	5 万元以下	16	15.0

资料来源：彭华荣. 重庆市巴南区都市农业发展研究. 重庆师范大学硕士学位论文, 2014; 1 亩≈666.67m^2

8.2.3　西部地区农业旅游的优化策略

一是充分挖掘利用西部地区农业的多样性与传统性。西部地区农业的多样性与传统性，对应了农业观光旅游者的个性化、多样化旅游需求，其多样共存、和谐共生，展现着丰富的、强劲的旅游吸引力。西部地区不必“妄自菲薄”，特别不要以“现代化”的名义破坏和毁掉了农业的传统优势与传统文化，要以现代的市场观念与现代技术手段去保护、开发、彰显西部地区农业的特色与优势，变“面朝黄土背朝天”为“抬起头来笑迎旅游者”，变“在土里刨食”为“教城市孩子种地”，变“传统农业的低效益”为“旅游农业的高收入”。

二是着力实现农业旅游与农业现代化的良性互动。西部地区农业必须现代化，但现代化的路径可以不同于东部地区，总体上看，受地形地貌的限制，西部地区难以像东部地区及东北地区那样实行“大规模的机械化耕作”；在“记得住乡愁”的新型城镇化时期，西部地区农业现代化要探索新路，要借助农业旅游发展来推进农业市场化、现代化发展，要通过“保留传统特色优势”的农业现代化来促进农业旅游发展。

三是发展有机农业提升农业旅游中农产品直接销售的比重。当前，我国的农业旅游主要是对应城市居民周末休闲度假需求的，在休闲度假结束时顺便采购农副土特产品，特别是当农副土特产品是新鲜的、健康的、有机的时，参与农业旅游的城里人会更惊喜，农业旅游会更圆满。因为随着人们生活水平的提高，选择购买健康、安全、环保的有机农产品的人群规模会越来越大，消费能力会越来越强，有资料显示：2015 年中国有机农产品的市场规模达到 600 亿元，有机食品占到整个食品市场的 1%～1.5%[10]。西部地区要抓住这一历史机遇，着力创新发展有机农业，通过农业旅游努力提升农产品的就地销售比重。

8.3　工业旅游及其对工业的带动

8.3.1　工业旅游的内涵及其价值

工业旅游是旅游业和工业交叉融合的产物。发达国家，从 20 世纪 50 年代法国雪铁龙汽车制造公司组织客人参观生产流水线取得良好经济效益与社会效益、开启工业旅游(学者普遍认为这是工业旅游的起源)开始，至今已有 60 多年的发展历史[11,12]。目前，许多发达国家发展工业旅游的意识较为强烈，大企业开展工业旅游活动较为普遍，不仅有工业遗产，如英国威尔士首府加德夫郡的大矿坑采矿、蒸汽机等工业革命时代的企业和生产资料，德国传统煤铁工业基地鲁尔区等发展工业旅游，更有众多的现代工业企业及一些医院，如美国华盛顿的美国国家造币厂、休斯敦的宇航中心，德国奔驰、大众、西门子、BOSS 等。中国，从 20 世纪 90 年代初山东青岛啤酒厂向公众开放至今，工业旅游也有了 30 多年的历史，目前中国的工业旅游大多依托现代化或高科技企业及国家重大工程，如宝钢、首钢、大庆油田、长江三峡水利枢纽工程、青岛海尔等，一些知名大企业纷纷介入工业旅游发展。

纵观国内外的实践探索与理论研究，可以看到工业旅游资源的外延逐渐扩展、类型多种多样。杨文森和付业勤将工业旅游资源分为工厂企业、工业项目、工业遗产三大类(表 8-8)[13]。其中，工厂企业类资源最为常见，国家工业旅游示范点也多属于此类，工业旅游的实践和讨论也几乎都集中在此类；工业项目类资源以矿产、电力和港口物流等领域的户外露天的在建或建成的工业工程项目为主；具有历史、工艺、建筑、科学和社会价值的工业文化遗迹和遗物类资源[14]目前受到的关注度和探索还远远不够，这恰恰是中国工业旅游的独特魅力与价值。李蕾蕾和 Soyez 指出[15]，中国至少应当对中华人民共和国成立之前、中华人民共和国成立之后至改革开放以前、改革开放之后到现在 40 多年来这 3 个阶段的工业文化遗产和遗迹加以保护和开展工业旅游(表 8-9)。至此可以做出这样的界定：工业旅游是以工业企业和工业项目及工业遗产遗迹为主要依托，以厂区环境、生产形态、设施设备、工艺流程和研发实力、产品影响、经营管理、员工生活及企业文化、发展成就与历史沉淀等各种资源为吸引物，开展参观、体验、学习、娱乐、购物等活动的旅游形式。

表 8-8 工业旅游资源的系统构成

资源类别	具体内容
工厂企业	建筑环境，厂房仓库、办公和居住楼、基础设施、厂区环境及设施等的呈现；设施设备，展示其历史悠久或技术精密或气势雄伟；流程场景，展示从原材料到制成品的各个环节的演进过程与劳动场景；生产技术，以实体和多媒体展示技术研发和产品实验；生产成果，产品的展示、介绍及出售；文化历史，发展历史阶段上的物化成果与管理经验
工业项目	包括水利工程的坝区、船闸、库区、水电机组，太阳能、风力、天然气、地热与核能发电站，油田、矿山、港口、工业园区等项目及其与周边自然环境和人文景观融合
工业遗产	物质类，工厂、矿山、水利、能源、仓储、交通等设施与工业活动设施；非物质类，构成企业或工业特性的精神、知识和感情等无形要素，包括图画照片、文字资料、声像记录，以及品牌文化、价值体系和传统信仰等

资料来源：杨文森，付业勤. 工业旅游资源类型、发展模式与产品设计研究——以福建省晋江市为例. 衡水学院学报, 2003, 1: 107-112

表 8-9 中国值得关注的工业遗产旅游资源

时期	具体内容
中华人民共和国成立之前所建立和发展起来的工业	包括清末洋务运动、民国时期崛起的民族工业，如上海、武汉该时期的工业景观比较密集
中华人民共和国成立之后至改革开放以前、计划经济体制下的工业	包括“大、小三线”建设时期分布在西北、西南等地的工业，如贵州的军工企业，东北、华中、华北的传统工业基地等
改革开放之后到现在 40 多年来市场经济体制下的工业体系	如分布在“珠三角”“长三角”等东部沿海发达地区的工业

在国内外工业旅游发展实践中，我们越来越清晰地看到，工业旅游发展对工业企业、旅游业和地区发展都起着积极的推动作用。具体表现如下：

一是有助于企业增加收益、展示形象。一方面，工业企业通常只需要在原有设施、设备基础上增加必要的服务设施、服务场所，如运载工具、解说服务、餐饮购物及安全保障等，就可以开展工业旅游，对正常的生产经营活动没有影响或影响不大，而旅游者的到来不仅直接增加了门票收入、餐饮收入，还可以直接销售工厂自制的商品、纪念品。更重要的是，许多工业旅游者就是该企业产品的消费者，旅游者的到来，将带来企业产品优劣长短的评价与反馈，从而有助于企业改进产品、创新服务。另一方面，工业旅游实际上是一种特殊的广告，是展示企业形象、推销企业品牌的艺术[16]。例如，首钢发展工业旅游，不仅让人们了解了“钢铁是怎样炼成的”，更让人们在“花园式工厂”中改变了以往的“钢铁厂设备傻大黑粗、环境脏乱差”的形象。因此，工业旅游具有“投入少、收效广”的特征。

二是有助于丰富优化我国的旅游产品，增强旅游业的发展后劲。①拓宽了旅游资源的范围，工业旅游的发展，使一些即使缺少名山大川、名胜古迹的地区也能发展旅游，不仅促成了当地生产力的再发展，而且使旅游发展的地区格局更为平衡。②丰富了旅游产品，增加了旅游者的消费选择，特别是其“知识性文化性强、感受性震撼性足”，形成了越来越强的吸引力，工业旅游正在成为一种新兴的旅游形式[17]，是当前和今后城乡居民，特别是大中小学生所喜闻乐见的旅游类别。③扩大了旅游经济覆盖面。旅游业从名山大川的“游山玩水”、环城游憩带的“放松身心”拓展到城市、乡村的“民生产业”的发展演变，要求大力推进旅游业与相关产业的融合发展。其中，工农业旅游的发展，就是很好的路径。

三是有助于保护我国的工业遗产、传承文明，推动地区经济、社会、文化的健康发展。上下 5000 年的中华文明，不仅有 3000 年的西安——秦皇汉武八百里，长歌当啸；1000 年的北京，明清故苑皇城根，不胜感慨；百余年的上海，中国民族工商业重镇，风情依旧[18]；更有几千年来传承下来、散落在全国各地的许许多多的手工业及其在现代社会融合新技术后的新发展，这不仅是中华文明的见证，更是中华民族的骄傲。然而，在现代化建设发展中，我们曾经忽略了这些传统文明，甚至肆无忌惮地毁坏、抛弃。在中国发展新常态的新时代里，过去的失误与弯路要及时修正，开展工业旅游是非常好的方式。

8.3.2　西部地区工业旅游的发展现状

工业旅游的发展，适应了旅游需求的个性化、特色化发展趋势，是一种很值得关注的创新事物和创新产业[19]，工业旅游正在呈现加速发展的趋势。目前，我国工业旅游活动的开展已遍布全国各地，涵盖了现代企业、高新企业、特色工业、传统手工艺等领域。

然而西部地区，总体上看，工业旅游发展还相对落后，水平较低。以国家级工业旅游示范点为例，345 家示范点主要分布在东部地区，西部地区除新疆外，其余 11 个省区市的工业旅游示范点数量不多，其中青海、西藏还没有(表 8-10)。这充分表明西部地区工业旅游发展相对落后，水平较低，还没有引起更广泛的重视与注意。这既有西部地区工业基础薄弱、区位不佳、客源不足、整体经济实力不足等原因，也有工业旅游开发意识不强、开发能力不高的因素。

表 8-10 全国工业旅游示范点(2004～2007 年)省区市数量排序及区域分布(单位：个)

排序	省区市	数量	排序	省区市	数量	排序	省区市	数量	排序	省区市	数量
1	山东	39	9	河北	14	19	贵州	7	28	海南	1
2	江苏	29	9	山西	14	19	黑龙江	7	29	宁夏	1
3	浙江	25	12	吉林	13	21	天津	6		青海	0
4	安徽	24	13	广东	11	22	湖南	5		西藏	0
5	辽宁	21	13	陕西	11	22	云南	5	东部	162	
6	河南	19	15	内蒙古	9	24	江西	4	中部	70	
7	新疆	16	16	福建	8	24	湖北	4	西部	72	
8	上海	15	16	四川	8	24	重庆	4	东北	41	
9	北京	14	16	广西	8	27	甘肃	3	全国	345	

另外，西部地区的工业旅游发展又迎来了新的机遇与优势。一是中国“向西开放”“丝绸之路经济带”“中国工业 2025”等战略给予西部工业和工业旅游的发展新机遇。例如，西部地区国家级工业旅游示范点之首的新疆，就是因为其作为中国能源资源战略基地、中国向西开放的重要门户、西部地区经济增长的重要支点而吸引着世界 500 强企业、中国 500 强企业及国内外其他知名企业，为工业旅游发展提供了坚实基础和有利条件[20]。西部地区唯一的直辖市重庆，积极发展笔记本电脑产业集聚，在几年时间内实现了笔记本电脑产业从无到有的快速发展[21]；2014 年初，贵州省开启大数据产业发展，凭借先天的自然优势和先发先行的政策优势，贵州迅速成为全国大数据产业发展的典范，形成当今中国“谈大数据必谈贵州，谈贵州必谈大数据”的态势，为全国提供了可资借鉴的“贵州样本”[21]。显然，西部大开发和中国向西开放，给予西部地区工业发展以良好的机遇，也为工业旅游发展奠定了良好的基础。二是传统手工业及工业遗产给予西部地区工业旅游发展的新空间。工业旅游的可开发内容十分广泛，可选择空间十分宽阔，杨文森和付业勤从我国工业化程度、企业资源类型以及旅游业发展水平出发，结合工业旅游实际情况，归纳出生产流程型、文化传承型、创意产业型、工艺展示型、工业景观型和商贸会展型 6 种工业旅游发展模式。然而，目前我国工业旅游大多集中在现代工业、高科技工业，对传统手工艺工业、民族特色工业的开发重视还不够、力度不够，而这正是西部地区的长项，基于此的西部工业旅游将拥有

独特的发展空间域客源优势。例如，新疆已经形成了资源凝聚式(博物馆、陈列馆)、本原式(遗迹公园、工业过程)、人工复合生态式(生态工业园区)、物品式(工业旅游商品)、节庆式(节庆活动)五种工业旅游产品的开发模式[22]；云南的卷烟、制茶、制糖、电力、橡胶加工、有色金属冶炼等工业在全国都具有特殊的地位，其工业旅游开发发展将成为云南旅游的后劲之一[23]。

8.3.3　西部地区工业旅游的推进策略

一是发展战略上将工业旅游纳入西部地区旅游发展大格局。工业旅游发展具有多方面的积极价值，具有良好的市场预期，因此，工业旅游被称为“睡美人梦中的宝藏”、一座新“金矿”。西部地区应当高度重视工业旅游的发展，成立专门的工业旅游推进机构，全面挖掘、梳理地区工业旅游资源，形成工业旅游发展规划，出台相应促进政策措施，引导企业和相关组织积极发展工业。

二是根据城市“退二进三”战略的实施，发展工业遗产旅游，提升城市品质。以北京 798 艺术区、上海 8 号桥、成都东郊记忆为代表，工业生产退出城市、对工业遗产进行旅游开发，收到了城市发展与旅游发展的双重积极效应。重庆，2016 年底新增了一处以“工业文化”为主题的旅游新景点和城市文化新地标，这是以大渡口区重钢原址为基础，以工业文化遗址为内核，工业遗址、文创产业和体验式商业融合一体的工业文化博览园项目[24]。

三是在观光、休闲旅游线路上，开发传统工艺手工工业旅游、三线建设工业旅游等，丰富旅游内容。例如，重庆涪陵 816 核工业旅游、榨菜生产旅游等，大大地丰富了重庆市内外游客到涪陵白鹤梁、武陵山旅游线路上的旅游内容。

8.4　第三产业的旅游开发发展

第三产业是除农业、工业以外的众多产业的总和，第三产业的旅游开发和旅游业对第三产业的带动，直接丰富着城镇的内容，促进着城镇的发展。第三产业与旅游业的关系可以归类为两种情况：一是某些三产部门如食住行游购娱，本身就是旅游业的有机组成部分，它们或者整体介入旅游业或者部分介入旅游业；二是一些三产部门借助旅游开发运营的思路，既为旅游业发展服务，又实现自身的发展与增长，如民俗体育的旅游开放、商业设施引进旅游思维。本节内容按照这两类情况进行第三产业的旅游开发发展的讨论。

8.4.1　食住行游购娱旅游六要素的旅游开发

应当看到，食住行游购娱的旅游六大要素，作为旅游消费要素与旅游服务要素，通过积极有效的开发可以形成相应的旅游吸引物。食住行游购娱的旅游开发，又可以分为两种情况：

一是六要素的结构优化与品质提升，帮助现有旅游活动与旅游产品提升品质、转型升级。这里需要注意宏观和微观两个层面，宏观上要注意旅游消费需求“从观光旅游到休闲旅游”的变化，它预示着旅游活动与旅游产品的设计要重新思考食住行游购娱六大要素，休闲旅游者更加注重“食”的品质(如安全、非转基因、绿色等)、“住”的舒适(如清洁、温暖而非仅仅高档)，而对“游”已经不再像观光旅游那样需要更多的景点，深厚的文化、安静的环境、充足的阳光、更多的负氧离子等正在成为越来越多的休闲旅游者的钟爱；微观上要注意从旅游者愉悦体验的角度去优化六大要素，如远距离旅行时的“旅途游览化”，或者在适当的地点让旅游者停下来休整一下，或者在旅途中增加游乐活动让旅游者参与其中而忘记旅途的劳累。

二是六要素的分化、重组、扩张，形成新的旅游活动与旅游产品。旅游需求的个性化、特色化发展，使一些新的旅游活动安排不完全按照行、游、住、食、购、娱的传统六要素来安排。例如，去“乡村旅游”“康疗中心”等，“游览”已经不是主要内容；去“餐饮一条街”，可以不考虑住宿、购物。到香港旅游，购物是不少旅游者的重心；到韩国旅游，美容、医疗正在成为新的追求。商务、会展旅游，食、住的舒适与出行的便捷很重要；校园旅游，文化的内涵是关键。旅游活动六要素的分化、重组、扩张，在六要素并不完全在一起的同时，又增添了一些新的要素，这使旅游开发建设和旅游经济运行呈现出多样化的发展态势，使地区发展的若干历史遗存与现代成果有可能为旅游开发所再利用与创新利用，在此需要特别注意对应不同类型旅游者的不同旅游需求以实现旅游要素之间数量规模的匹配和质量档次之间的对应[25]。

8.4.2 民俗体育的旅游开发发展

体育活动是社会建设的重要内容，它对于培育劳动者的团结、协作、纪律、保持竞争心等有重要的作用，国务院《关于加快发展体育产业促进体育消费的若干意见》(国发[2014]46 号文)已经将全民健身上升为国家战略。体育活动还是经济建设的重要支撑，在发达国家，体育产业已经成为一种新的产业形态，创造了相应的精神财富，并影响着物质财富的再分配[26]。中国是统一的多民族国家，各民族在漫长的发展中形成了丰富的传统体育活动项目(表 8-11)，这些民俗体育是各民族的文化符号，对其进行旅游开发发展，不仅有助于各民族传承自己的文化理念、提升文化价值，而且将有效地促进民族旅游的发展，丰富旅游活动内容，提高旅游经济效益与社会效益[27]。西部地区是我国少数民族集中地，实施民俗体育活动项目的旅游开发发展，意义尤为重大。当前，要特别注意以下几个方面。

表 8-11　中国 56 个民族的传统体育运动项目汇总

序号	民族	传统体育项目
1	汉族	武术、舞狮、舞龙、围棋、象棋、赛龙舟、放风筝等
2	壮族	“东方橄榄球”抢花炮、同心板鞋、抛绣球 、踩风车、打棍、跳桌等
3	满族	赛马、跳马、跳骆驼、冰嬉、秋千、滑雪、赛船、角觝、击球、采珍珠等
4	回族	赶木球、掼牛、爬木城、掷子等
5	苗族	“吹枪”、“鸡毛键”、射弩、打禾鸡、打泥脚、上刀梯、八人秋、接龙舞等
6	维吾尔族	摔跤、走绳(高架绳，维吾尔语称为达瓦孜)、打尕尕（打木棒)、较量、滑冰等
7	土家族	舞龙灯、打飞棒、安石砣等
8	彝族	摔跤、磨秋、蹲斗、舞铃铛、跳火绳、玩场、顶扁担、顶肩等
9	蒙古族	摔跤、赛马、套马(绳索和挥杆)、射箭、蒙古象棋等
10	藏族	赛马、赛跑、摔跤、抱石头、马术、射箭和赛牦牛等
11	布依族	斗牛、扭扁担、拍线球、赛马、射弩、射箭、划龙舟、划竹排、划三板船、打水枪、水上漂石、打石仗、抱花腰(摔跤)等
12	侗族	“多高贝”(汉语意为“打柴头”)、“抢花炮”
13	瑶族	射击(我国历届少数民族传统体育运动比赛，瑶族射击队常获桂冠)、放木排、竹排、踩独木、拳术、剑术、打陀螺、打尺寸、游泳等
14	朝鲜族	足球、摔跤、滑冰、跳板、打秋千等
15	白族	赛马、松花会、秋千会、霸王鞭、耍海会、赛龙舟等
16	哈尼族	坐骑秋千、摔跤、赛球、爬树赛、打陀螺等
17	哈萨克族	赛马、骑马抢布、马上角力、叼羊、姑娘追等
18	黎族	跳竹竿、射箭比赛、打红、摔跤、盖冽（串藤圈)、打狗归坡(具有黎族特色的曲棍球赛)、大象拔河(又叫“拉乌龟”)、格斗、赛跑牛、登山抢姑娘、荡转车、打秋千等
19	傣族	赛龙舟、武术、赛马、斗鸡、堆沙、丢包、秋千、孔雀舞、敲象脚鼓、浴水等
20	畲族	畲家拳、打柴棒及打尺寸、节日登高、盘柴槌等
21	傈僳族	射弩、荡秋千、过溜、摔跤、快速砍竹子、上刀杆、泥弹弓、溜索、游泳等
22	仡佬族	打竹绣球、抢花炮、打磨秋、舞狮、打篾鸡蛋等
23	东乡族	摔跤、当尕达之拿杜、咕咕杜拿杜、赛马、跳跎跎、打土块等
24	高山族	背篓会、刺球、叉鱼比赛、竿球等
25	拉祐族	摔跤、踢架、射弩、火枪射击、打陀螺、荡秋千、标杆、爬杆、武术、拳术、拔腰力、拔河、拉猪、双人三脚跑、仿牛斗角、搬手、丢包、丢石、穿针、甩标枪、跳芦笙等体育活动及老鹰捉鸡、老虎抱蛋、骑马传物、打马桩等体育游戏
26	水族	赛马、斗牛、扳腰(主要有搂腰摔跤和抬扛相撞两种形式)、杂技(也称“土杂技”,有倒立、翻滚、耍刀、舞棍等项目，其中最吸引人的是“走草绳”)及“扭扁担”等
27	佤族	佤族摔跤、拔腰、打鸡棕、陀螺、击石子、射弩、溜索、跳竹、怒球等
28	纳西族	打秋千、打磨秋、赛马、摔跤和射箭打靶等
29	羌族	骑射、武术、摔跤角力、扭棍子、羌族摔跤、溜索等
30	土族	轮子鞦、赛马和赛牦牛、武术、 打毛蛋、台毽巴嘎、丢钱、“抓子儿”、“抓羊”、解绷绷、罕跃、阿斯陶(民间棋类)、喇吗跃(民间棋类)等

续表

序号	民族	传统体育项目
31	仫佬族	舞草龙、象步虎掌、群龙争珠、斗鸡会等
32	锡伯族	射箭、摔跤、举重、游泳、赛马、叼羊、踢毽子、荡秋千等
33	柯尔克孜族	赛马、刁羊、摔跤、马上角力、跑马拾银元、跑马射元宝、月下寻物等
34	达斡尔族	赛马、角力、摔跤、曲棍球等
35	景颇族	“汤碟”(即“标准靶”)、“刀术”和爬滑竿等
36	毛南族	武术、打陀螺、爬杆及同填、圆圈、同顶、民间棋艺等
37	撒拉族	打“蚂蚱”、拔腰、蹬棍、摔跤、赛马等
38	布朗族	“景歪”(长刀舞)、“景纳”(木棍舞)、“景歪纳”(双人舞)、“景款堕”(甩棍舞)、“景弟”(拳术舞)等武术及“布朗球”和“打磨档秋”等
39	塔吉克族	刁羊、挂波齐(马球)等
40	阿昌族	秋千(分为“甩秋”和“轮秋”)、拳术(分公鸡拳、猴拳、十字拳、四主拳)、风车等
41	普米族	打靶、荡秋千、赛马、赛跑和捕捉飞鸟等
42	鄂温克族	赛马、射箭、摔跤、滑雪、拔河等
43	怒族	溜索(有平溜、陡溜两种方式)及拨腰、打鸡棕陀螺、射弩、瓜棋、牛角棋等
44	京族	捉活鸭、摸鸭蛋、跳竹杠、舞花棍、顶头、捉贝、走田、赶狗占窝等
45	基诺族	射弩与射箭、泥弹弓、藤条拔河、踩高跷、竹竿比赛、跳嘎(跳牛皮鼓)和大鼓舞等
46	德昂族	篾弹弓和德昂拳。德昂拳有梅花拳、左拳、四门拳、白昼拳、磙子拳等
47	保安族	射箭、甩抛尕、打五枪、抹旗、抱腰比赛、塔石纳特等
48	俄罗斯族	溜冰、滑雪、钓鱼、打猎等
49	裕固族	摔跤、赛马、射箭、拔棍、牛背角力、拉爬牛、毛枪舞、顶杠子等
50	乌孜别克族	摔跤、赛马、击木等
51	门巴族	米嘎巴(射箭)、狩猎、巴加惹比(拔河)和龙普勒(抱石)等
52	鄂伦春族	夏巴(射箭)、射击、塔理木号(拉棍)、尼开米那基塔尔格木号(颈力)、耶路里得楞(赛马)、乌木木号欠(桦皮船)、皮爬犁、滑雪和班等吉等
53	独龙族	射弩、阿扁(摔跤)、阿格来依(跳高)、网石、溜索、老熊抢石头、巴楼木哇、滑草和拉姆等
54	塔塔尔族	赛跳跑、赛马、爬杆等
55	赫哲族	滑雪、托日乞(狗拉雪橇)、杜烈其(争夺)、划船、叉鱼与叉草球、摔跤、射箭、激达(扎枪)、传统舞蹈等
56	珞巴族	射箭、响箭、跳索和剥格(刀舞)等

资料来源：根据实地调研走访、相关人士提供资料、网络资料等整理

一是尽快摸清家底。改革开放40多年来，中国的民俗体育发展走过了高潮—低谷—高潮的曲折过程[28]：初期，改革开放带来的巨大生产力较好地改善了国人的生产、生活条件，生产有劲头、生活有奔头，在节假日、闲暇时，人们通过民俗体育活动来表达生活的喜悦、庆祝生产的丰收，形成一个民俗体育高潮。随后，

为了更好地发展，人们投入更多的时间和精力在经济增长中，民俗体育看似与经济无关而慢慢被冷淡、冷落、陷入低谷，统计数据显示，20 世纪 80 年代存在的 977 个民族传统体育项目至今仍广泛传承的不足 30 个[29]；当前，经济发展进入到一个新的阶段，民俗体育在经济增长中展现出巨大的潜力，民俗体育活动与地方经济建设正在日渐紧密地结合起来，抢救、保护我国优秀的民族传统体育项目，挖掘整理、继承、弘扬我国优秀的民族体育文化，开展多姿多彩的民俗体育活动，已经成为一项十分重要而紧迫的任务。

二是借助旅游、充实提升。西部地区有丰富的民俗体育资源(表 8-12)，在西部地区现有的旅游项目、旅游产品中，要有效嫁接民俗体育活动，形成旅游者可以便捷参与的旅游活动形式，既充实提升现有的旅游产品内涵，又有效促进优秀民族传统体育文化的张扬。

表 8-12　西部地区值得打造的民俗体育资源板块

序号	资源板块	民俗体育活动资源
1	青藏高原雪域佛国	世界屋脊、雪山、大峡谷、西藏民族、宗教文化等
2	大香格里拉幻境	三江并流、神秘异域、古城、民族风情等
3	云贵高原奇景	喀斯特峰林及溶洞、砂岩峰林、瀑布、民族风情等
4	河源科考探险	长江、黄河、澜沧江等大河源头探险，可可西里生态等
5	丝绸之路	祁连山东面的河西走廊东路、西面的丝绸西路等
6	盆地沙漠之旅	三大盆地、沙漠、新疆民族风情等
7	塞外风光	大草原、荒漠、内蒙古民族风情等

资料来源：谷悦宏. 再十年　发现西部旅游经济增长第二极. 中国西部, 2011, 1: 16-19

三是整合、集成新生品牌。充分挖掘西部民俗体育的文化内涵，有效梳理、整合、集成，形成具有民族特色和广泛影响的体育运动项目、体育赛事品牌，既张扬西部民俗体育文化，又创新西部新的旅游活动项目。

8.4.3　其他三产的旅游开发发展

旅游已经成为一种重要的发展工具、一种发展方式和经营方式，相关产业资源引入旅游运营，不仅有利于旅游活动内容的丰富，而且可以较好地促进相关产业的创新发展。在第三产业发展中，交通、商业等是当前尤其值得创新探索的。

一是交通的旅游开发。包括宏观上交通发展规划与土地利用规划、旅游开发规划有机协调，形成“景随路走”与“路为景开”的良性局面；中观上城市交通体系的完善、交通服务的舒适便捷；微观上形成交通休闲化、交通信息完整与查询快捷、自行车道畅通、步行道充足等，引导鼓励绿色出行，绿色出行既有利于环保又有助于身体健康。

二是城市商业的旅游开发。不仅将城市购物点作为旅游活动的一个部分，而且要有意识地强化城市商业中心、步行街的休闲化与旅游化，推进当地居民休闲式购物、体验式购物；在购物过程中借鉴“导游模式”，推行导游式讲解、导购，让购物者不仅买到满意的商品而且获得愉悦的购物体验；要推进商业的综合业态聚合，形成购物中心、Shopping mall，使之成为新的游览点。

中国旅游发展到今天，已经不是吃、住、行、游、购、娱的“六要素”所能涵盖的，“商、养、学、闲、情、奇”正在成为新的旅游六要素(表 8-13)，新六要素成为中国旅游的发展要素或拓展要素。在这些旅游要素的拓展、发展中，更多的第三产业将进入旅游经济或更多地参与旅游开发，如信息资讯——包括信息的汇聚与整理、咨询的传播、较为完善的咨询系统及各类公共信息标识系统，为旅游者的出行和旅游提供便捷的信息服务；康体——包括体育运动、健身、修复、疗养、美容美体、泡汤、SPA 等，越来越为旅游者所认同；科教——包括科技的进步、教育的发展、培训的提升、旅游研究的引导等，这是旅游经济持续发展的保障和支撑，也是旅游者享受高水平旅游服务的持久推动力；环境——包括良好的自然环境和良好的社会环境，在良好的自然环境中，感受当地居民的友善和他们从容的生活态度，是旅游者日益强烈的要求，也是旅游发达的标志；等等。

表 8-13 中国旅游新“六要素”

旅游要素	内涵	内容
商	商务旅游	包括商务旅游、会议会展、奖励旅游等旅游新需求、新要素
养	养生旅游	包括养生、养老、养心、体育健身等健康旅游新需求、新要素
学	研学旅游	包括修学旅游、科考、培训、拓展训练、摄影、采风、各种夏令营、冬令营等活动
闲	休闲度假	包括乡村休闲、都市休闲、度假等各类休闲旅游新产品和新要素，是未来旅游发展的方向和主体
情	情感旅游	包括婚庆、婚恋、纪念日旅游、宗教朝觐等各类精神和情感的旅游新业态、新要素
奇	探奇旅游	包括探索、探险、探秘、游乐、新奇体验等探索性的旅游新产品、新要素

参 考 文 献

[1] Leiper N. Why ‘the tourism industry’ is misleading as a generic expression: The case for the plural variation. ‘tourism industries’. Tourism Management, 2008, 29(2): 237-251.

[2] 戴学锋. 全域旅游: 实现旅游引领, 全面深化改革的重要手段. 旅游学刊. 2016, (9): 20-22.

[3] 刘思敏. 特色小镇为何选择“旅游”作为发展路径?中国旅游报, 2016-11-21, 3 版.

[4] 李晔. 巴马, 有没有生命奇迹. 解放日报, 2013-08-11, 11 版.

[5] 方敬华. 工业旅游是一座新“金矿”. 今日浙江, 2013, (14): 42-43.

[6] 杨洪. 湖南农业旅游开发初探. 农业现代化研究, 2001, (3): 174-176.

[7] 孙钢. 在全国工农业旅游示范点验收工作会议上的讲话. [2014-04-03]. http://www.law-lib. com/fzdt/newshtml/22/20051107023425.htm.
[8] 徐素环. 三峡库区农产品加工业发展对策研究. 中国流通经济, 2006, (2): 37-40.
[9] 张冬平. 现代农业的层次递进性分析. 农业现代化研究, 2008, (3): 272-275.
[10] 任艳. 促进有机农业可持续发展的创新路径. 光明日报, 2014-11-28, 7 版.
[11] 姚宏. 发展中国工业旅游的思考. 资源开发与市场, 1999, (2): 117-118.
[12] 李晓. 工业旅游产业发展研究综述. 现代商业, 2011, (35): 67-68.
[13] 杨文森, 付业勤. 工业旅游资源类型、发展模式与产品设计研究——以福建省晋江市为例. 衡水学院学报, 2013, (1): 107-112.
[14] 谢红彬, 高玲. 国外工业遗产再利用对福州马尾区工业旅游开发的启示. 人文地理, 2005, (6): 52-55.
[15] 李蕾蕾, Soyez D. 中国工业旅游发展评析: 从西方的视角看中国. 人文地理, 2003, (6): 20-25.
[16] 许佳民. 工业旅游: 推销形象的艺术. 企业改革与管理, 2011, (3): 75-76.
[17] 栾丽霞, 王少华, 徐登云. 工业旅游: 一种新兴的旅游形式. 湖北社会科学, 2013, (9): 82-85.
[18] 史鹤幸. 工业旅游正当时. 上海企业, 2011, (1): 16-19.
[19] 张睿, 董少华. 我国工业旅游研究综述. 北方经济, 2010, (2): 36-38.
[20] 杨振. 我国工业旅游产业发展特征及组织优化. 山东农业大学学报: 社会科学版, 2009, (1): 84-89, 95.
[21] 李天云, 王谦. 大数据产业发展的典型:贵州样板. 决策咨询, 2019, (5): 76-79, 85.
[22] 秦燕. 工业旅游开发模式研究——以新疆工业旅游示范点为例. 长春理工大学学报(社会科学版), 2013, (5): 91-92, 131.
[23] 张志军. 工业旅游: 云南旅游产业后劲之一. 创造, 2002, (1): 34.
[24] 杨玥. 渝版 798 开建坐小火车游老重钢. 重庆商报, 2015-01-08, 3 版.
[25] 陈绍友, 郭亮. 三峡库区旅游业发展对区域经济社会的影响机理. 农业现代化研究, 2011, (4): 423-427.
[26] 刘梅英, 周丛改, 李德玉. 加快推动我国农村体育组织的建设. 光明日报, 2014-11-24, 10 版.
[27] 李军. 西部少数民族传统节庆中民俗体育的文化特征及价值. 成都体育学院学报, 2011, (1): 15-18.
[28] 郎勇春, 李刚, 李伟艳. 对城镇化进程中我国民俗体育演进的思考. 北京体育大学学报, 2008, (2): 165-167.
[29] 吕韶钧. 全球化视野下的民族传统体育发展. 光明日报, 2015-03-08,11 版.

9 西部旅游资源开发与城镇化建设的时间演变

旅游与城镇互动发展已经引起了社会的广泛关注与充分重视，在现实运行中，旅游与城镇的互动发展必然会因地因时而不同。由于旅游与城镇互动发展从旅游地开发带动城镇化和城镇开发旅游提升城镇化两个角度展开，互动发展的时间演变也在两个角度上有所不同。其中，旅游地是指以旅游景区点、古村镇等为主体的欠发达地区，是在相对落后、相对封闭的大背景下通过开发旅游资源启动地区打破封闭状态、融入经济大循环、促进城镇化进程和地区大发展，发展旅游是促进地区经济社会发展的初始动力和一个相对较长时期的重要内容，旅游资源优势是发展旅游的主体基础；城镇开发旅游是基于相对较为发达的地区，包括各级各类城市和城镇及城郊，是在相对较好的经济社会发展基础上通过旅游来推动地区发展和城镇质量再提升，旅游是城镇发展的重要变革力量之一，区位优势是发展旅游的主体基础。在时间演变上，旅游地开发带动城镇化和城镇开发旅游提升城镇化最终都将形成城镇化良性建设发展、旅游业成为城镇发展的重要内容、城镇居民生活质量有较大的提升。

9.1 旅游地旅游资源开发带动城镇化的时间演变

从总体上看，基于旅游需求的蓬勃增长，旅游资源的开发建设将拉动旅游人流，带动旅游景区城镇化建设和城镇化水平提高。从发展过程看，可以从旅游地的地位发展演变、旅游地产业演变和旅游地的社会文化演变等三个方面的分解来细化认识和把握旅游资源开发建设带动城镇化的时间演变。

9.1.1 旅游地对外综合影响力的演变

中国旅游 40 多年的发展使我们已经越来越清晰地看到：旅游活动规模的扩张和优化运行，不仅直接带来经济效益、促进经济发展，而且形成经济要素吸引、文化交流扩散、区域对外开放及旅游地居民融入现代化等社会效应。因此，伴随着旅游资源的开发和旅游地的建设，旅游地在区域经济社会发展大系统中的对外综合影响力将发生变化。

1)旅游地对外综合影响力理想演变过程

旅游地对外综合影响力是指旅游地在更大空间地域范围内的知名度、与外界经济社会文化的交往度、对更大空间地域的贡献度等指标的变化，随着这些指标的提升，旅游地的综合影响力提高，旅游地在更大空间地域范围内占据更为“积极”“有为”的地位。反之，旅游地的地位就相应衰落。当今世界任何一个国家和地区(包括旅游地)，都当积极努力地提高在更大空间地域范围内的知名度，增大与外界经济社会文化的交往度，提升对更大空间地域的贡献度。谁在区域经济一体化的形成与发展中占有先机做出贡献，谁就能在经济全球化与一体化的竞争中获得优势，彰显综合影响力，并进一步推动一体化发展[1]。

因此，旅游地对外综合影响力，可以很好地描述旅游地在更大空间地域范围内的地位变迁。

对于旅游地发展演化的研究，可以追溯到 Gilbert、Christaller、Stansfield 的研究，但目前学者比较公认且广泛应用和讨论的是加拿大学者巴特勒(Butler)在 1980 年提出的旅游地生命周期理论及旅游产品生命周期曲线[2]。参考巴特勒的旅游产品生命周期曲线理论模型[3]，用旅游地对外综合影响力在时间上的演变来描述旅游地在更大空间地域范围内的地位演变，理想的演变过程通常包含四个基本阶段(图 9-1)[4]：

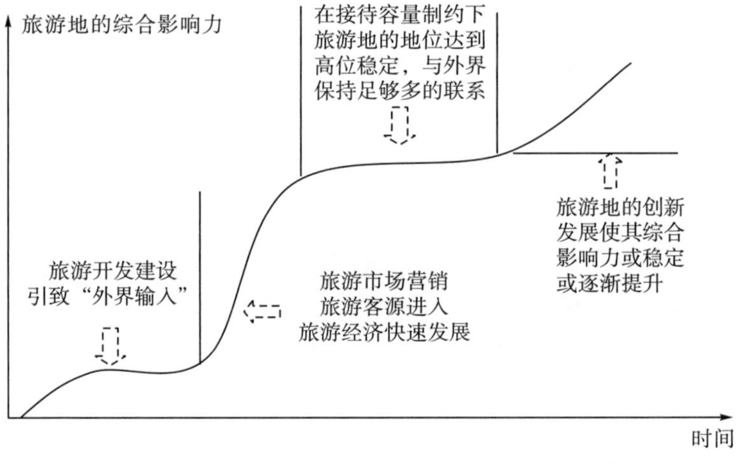

图 9-1　旅游地发展的对外影响力理想演变过程模型

阶段一：旅游地对外综合影响力开始显现。通过旅游资源的开发和旅游基础设施的建设，旅游地与外界的联系与交往开始增加，表现为外部的资金(旅游投资)、知识(旅游策划、旅游人才等)、产品(交通工具、宾馆设施、景区点建设用品等)开始进入旅游地，成为旅游地建设发展的重要推动力。旅游地开始进入更大空间地域内的经济社会文化活动系统中，对外的综合影响力开始显现。

阶段二：旅游地对外综合影响力快速提升。伴随着初期旅游资源开发建设形成初步成果，旅游地开始进行积极的对外营销，彰显旅游地的旅游价值，或者自然风光优异，或者人文风情深厚，或者环境宜人，等等，吸引旅游者到来；旅游者到来后，旅游地以良好的旅游产品和服务较好地满足旅游者的基本旅游需求，在获得旅游经济效益的同时旅游地逐渐建构和优化旅游形象，旅游价值进一步彰显，形成良好旅游现象与更多旅游者到来的双向良性互动，旅游地的知名度、交往度、贡献度等快速提高，旅游地对外综合影响力快速提升。

阶段三：旅游地对外综合影响力高位稳定。随着越来越多的旅游者的到来，旅游地形成越来越多与外界的经济社会文化交往，旅游地对外综合影响力达到一个较高的位次。此时，旅游地的环境容量、设施容量、接待频次容量等综合形成一个旅游客源接待容量，制约着旅游地的接待规模，在此规模下旅游地的良性运作使旅游地对外综合影响力保持高位稳定。

阶段四：旅游地对外综合影响力或升或稳。旅游地对外综合影响力达到一个较高位次后，在市场竞争的压力下，旅游地积极谋求自身创新，化解市场挑战，稳定其综合影响力，或者抓住新的发展机会，形成新的发展内容和新的对外影响路径，进一步保持或提升其对更大空间区域发展进步的综合影响力。

中国改革开放初期就开始运营、现在较为成功的许多景区，较好地证明和解读了旅游地发展的影响力理想演变过程模型。例如，长城、黄山、九寨沟、张家界等，这些景区在中国旅游发展的初期都曾经历过一个快速发展、影响力快速提高的过程，也曾在“黄金周”里出现过拥挤、超负荷运行情况，但很快稳定下来，在景区自身运营管理改善、国家休假制度调整和旅游者理性选择等诸多因素的作用下，这些景区的综合影响力在高位上稳定下来、发展下去。简王华等以广西南宁市为例进行的实证研究也证明了旅游地发展的影响力理想演变过程模型，他们发现：随着区域旅游业的不断发展，欠发达地区的旅游地大多会经历旅游依托地—旅游目的地—旅游集散地的发展历程，在区域旅游体系的等级也随之向更高等级演化，即旅游地的综合影响力渐次提升[5]。

显然，我们应当有效把握旅游地发展的对外影响力演变发展规律，适时出台相应的旅游发展策略，以推动和实现区域旅游持续、健康发展，促进旅游地城镇化建设发展及经济社会文化的全面进步。

2）旅游地对外综合影响力演变理想的变异

尽管有不少的旅游地发展证实了或遵循着旅游地发展的对外影响力理想演变过程模型，但在更多的旅游地开发建设发展过程中，其对外综合影响力的演变并不完全遵循理想模型，而是出现了这样或那样的变异。归纳起来，大致有如下六种变异类型（图 9-2）。

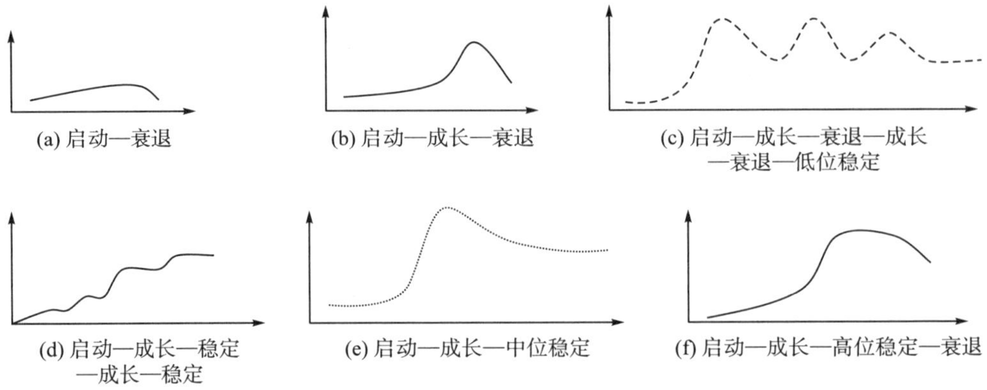

图 9-2　旅游地发展的对外影响力理想演变过程变异

导致旅游地对外综合影响力“不理想”的原因是多种多样的，根本的原因是旅游市场激烈竞争，其引致旅游发展的诸多不确定性，形成旅游地对外综合影响力演变的诸多分歧点[6]。中国当前的旅游发展已经不同于改革开放初期的旅游发展，那时的旅游，开发的是精品旅游资源甚至是绝品旅游资源，开发的数量本身不多，因而市场竞争相对不那么激烈，在入境游客蜂拥而至的情景中迅速成长，而后凭借精品或绝品资源和市场先入优势稳定在高位，旅游地综合影响力在高位稳定持续发展。现在的旅游开发建设，已经是遍地开花，旅游资源品位一般，需要很好地整合开发，旅游市场竞争异常激烈，旅游需求越来越个性化、差异化，旅游地的开发建设发展可能一开始启动就很快衰败，或者迅速成长、迅速衰败，或者不断地经历成长—衰退，当然也有运营得好的旅游地，渐次提升其对外综合影响力，或在快速成长后在中位稳定，或者在高位稳定后衰退，这便出现旅游地发展的对外影响力理想演变过程的诸多变异。

认识旅游地发展的对外影响力理想演变过程的诸多变异，对于现实的旅游地开发建设发展具有重要的启示意义。首先，西部地区既要有推进旅游地快速发展、实现综合影响力高位稳定的理性追求，更要有面对多种“变异”状况的心理准备与应对措施；既不因一时的发展良好而沾沾自喜，也不因一时的困难而灰心丧气。这样，西部地区旅游资源开发及其对城镇化建设的带动才会有持续的工作动力与发展措施，才能有理想的发展局面。

其次，旅游需求的蓬勃发展将引致旅游地发展轨迹发生新的变化，旅游地发展的对外影响力理想演变过程模型的变异将会更加复杂多样，这为旅游后发的西部地区提供了“站在同一起跑线上”的发展机遇。黄华等认为，在国民休闲和扩大内需及打造让人民满意的服务业的新时期，以外来市场输入作牵引、以点状或线状开发的非均衡旅游发展模式已经不适应时代需求，应该重构兼具“目的地”和“客源地”功能的新的旅游地空间系统[7]。进一步分析可以看到，传统的旅游地发展，其旅游经济文化系统与区域经济文化的交融不足，其综合影响力也就不够；强化基于本地旅游需求驱动、内外客源互动的旅游地发展观念，有助于旅游地发展成为区域经济社会文化生态发展大系统的重要组成内容，从而多角度、多层次提高旅游地的综合影响力。

最后，要规避旅游地的老化。旅游产品的老化会引致旅游地综合影响力的衰退。英国海滨城市由于滨海度假产品的老化而进入衰退是最早报道的例子[8]；我国的景洪、从化在20世纪80年代末期90年代初期开始发展旅游业，但在90年代后，随着旅游产品的老化，也出现了停滞[9]，其影响力快速下降。因此，必须时刻关注旅游地的综合影响力变化，加大旅游产品的创新进程，积极谋求相关产业发展，以维持和提高旅游地的综合影响力。

9.1.2　旅游地对内的旅游产业地位发展演变

经济发展，是旅游地开发建设的重心；发展经济、形成优势产业，是旅游地城镇化的重要支撑。因此，关注旅游地的旅游产业演变，推进旅游地的旅游产业优化发展，是西部地区旅游资源开发与城镇化建设良性互动的客观内容。

1)旅游产业地位的演变

旅游地开发旅游资源，首先是为了发展旅游经济，旅游经济的发展带动和刺激相关产业发展，从而引致旅游地的产业演变。同旅游地发展的影响力理想演变过程相对应，旅游地的旅游经济在区域经济社会发展系统中的地位也会呈现初期发展—快速提升—高位稳定—后期分化的理想演变(图9-3)。

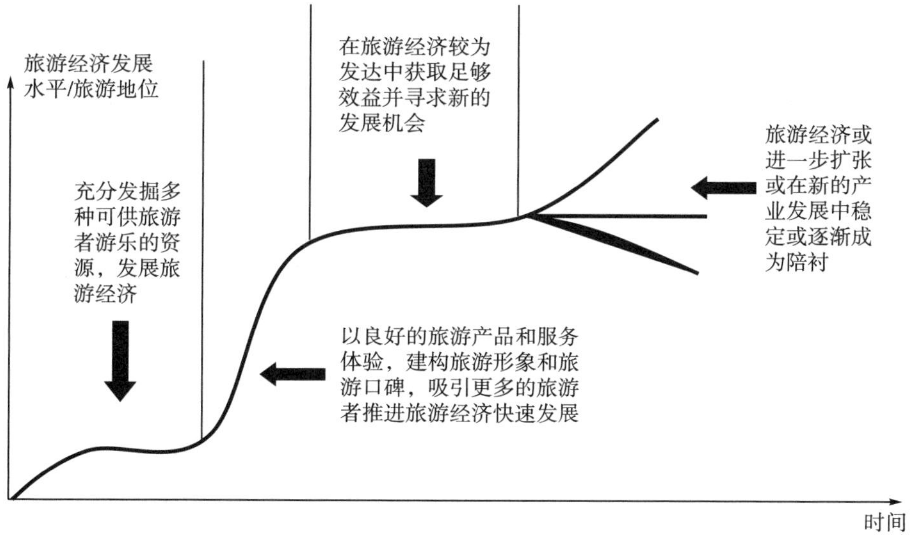

图9-3　旅游经济在区域经济社会发展系统中地位的理想演变过程

2）旅游相关产业的演变

一般，在不同的发展阶段，旅游业与相关产业的互动关系不同。初期阶段，相关经济要素（特别是资金、智力）支撑旅游资源开发和旅游经济的数量规模扩张；中期阶段，旅游业与相关产业相互融合、相互带动；后期（高级）阶段，国家和地区经济快速发展形成的交通通信等基础设施，经济实力增强、市场开放、消费升级等经济环境，文化引领经济发展、文化消费凸显等社会环境，成为旅游资源开发发展的新基础、新背景、新驱动，旅游对相关产业行业部门的带动作用更为明显、更为强劲。

基于此，旅游地的开发建设和旅游经济的发展，必将引致和改变相关产业的发展演变，从而驱动旅游地产业结构发展演变与优化调整。我国旅游城镇化的典型案例湖南张家界市的旅游开发与产业演变充分说明了这种情况。1988 年张家界市（原名大庸市，1994 年 4 月更名为张家界市）成立以来（前文 1.2.1 节实践探索“扫描” 和表 1-3），旅游推动相关产业发生了明显的变迁与发展（表 9-1）。伴随着旅游地的成长和旅游经济的发展，张家界市的产业结构发生了根本性的变化[10,11]：①三次产业结构 1990 年、2010 年、2018 年分别为 38.5∶15.7∶45.8、10.10∶22.80∶67.10、10.2∶17.7∶72.1，农业持续衰退到 2010 年基本稳定在 10%左右；工业有一定发展，比重在 20%以内；第三产业比重持续上升，达到 70%以上。②在张家界市的第三产业中，旅游业是核心产业，也是张家界市真正的支柱产业和主导产业；建筑业和房地产业经过了初期的快速发展后逐渐稳定下来；交通运输业、批发零售贸易餐饮业、金融保险业和其他服务业因为旅游人流、物流将在一个较高水平上发展；仓储邮电业将逐渐衰退。③旅游产业内部结构也在不断优化，住宿、餐饮等要素比重大体呈下降趋势，娱乐要素在总收入中所占比重呈上升趋势。④在未来的发展中，旅游业将引致相关行业部门进一步发展变化，农业与旅游业融合发展将给予农业新的发展机会；旅游购物比重加大将进一步刺激相关工业的发展，旅游资源开发和景区建设优化将给予建筑业与房地产业新的发展空间；批发零售、餐饮、金融保险、仓储邮电及其他服务业将因游客的进一步增加而稳定发展。

3）旅游地产业与城镇的互动发展

一方面，基于旅游地的旅游产业与相关产业的演变，旅游地的经营内容逐渐增多，经营模式逐渐升级。连漪[12]认为，旅游地的经营模式将渐次经历单一的景点开发→景区多样开发→一体化产业发展→度假产业发展→产业整合发展的模式演变。其中，观光游览式的单一景点开发是旅游城镇化发展的初级阶段，旅游与相关产业综合开发、整合发展是旅游城镇化发展的高级阶段。在初级阶段，旅游业对城镇化的驱动仅限于客流增加、消费增多等浅层表现；随着旅游业的发展，旅游业开始与整个社会经济发生千丝万缕的联系，旅游业对城镇化建设发展的驱动呈现出路径多样、力量强化的态势，通过改革创新以减少旅游业发展同城市发展的对立或不一致以促进二者协调、并进，旅游的经济、社会、环境三大效益的凸显与城镇发展和全面进步逐渐统一，城镇化的质量改善明显；到高级(成熟)阶段，旅游业自身的产业内容结构优化、运营管理趋向成熟，同时城镇的发展内容、增长方式、市场体系、治理机制渐次扩张与优化，旅游发展与城镇建设吻合度更高，旅游对城镇化的驱动转向缓和理性[13]，城镇对旅游的支撑开始显现与突出，旅游地的城镇化水平达到较为理想的程度，城镇化发展内容较为丰满与充实，城镇化践行“以人为本”，提高旅游地居民生活质量成为中心目标。

另一方面，伴随着旅游地的旅游产业和相关产业的发展演变，旅游地逐渐形成旅游产业集聚，推动旅游地的城镇化建设与发展。卞显红描绘了旅游地旅游产业集聚由内向外的核心—辅助—外围的网络结构层级[14]：核心网络是旅游企业之间、旅游企业与相关企业之间、相关旅游企业之间的集聚，它们围绕“旅游需求”进行供产销的竞争与合作，共同形成旅游地的产业发展基础；辅助网络是与旅游相关的研究机构、教育机构、旅游投资机构及地方政府、旅游中介机构的集聚，它们为核心网络的良性发展提供智力、人才、资金等要素支持和规划、规制、市场拓展等发展支持；外围网络是区域经济社会文化与旅游企业及相关行业部门的交流与互动，它们为旅游产业集聚提供坚实基础与创新动力。

基于旅游地的产业演变与旅游产业集聚发展，我们可以预期旅游资源开发与城镇化建设将呈现出这样的良好态势：初期旅游业对相关行业部门等的带动进而促进城镇的发展；中期旅游业与相关行业部门集约发展，与城镇实现平衡互动；后期城镇众多行业部门支撑旅游业发展及城镇旅游发展。在旅游地的产业演变及其与城镇化互动中，需要强化三种意识：

一是机遇意识。发展旅游经济，是西部地区当前及今后一个相当长的时期里经济社会发展的重要选择，西部地区当抢抓“国家向西开放”“国民旅游需求膨胀”“国家经济转型发展”等历史机遇，充分发掘和利用各种资源，大力推进旅游业的发展，张扬和放大旅游开发与旅游经济发展对西部地区城镇化建设、经济社会发展、西部人民生活质量提升的积极带动效应，同时，以优秀的旅游开发建设管理去谋划机遇、创造机遇、利用机遇。

二是开放意识。现代旅游经济涉及众多相关行业，在旅游经济的发展过程中，西部地区要有开阔的视野、开放的意识，或者基于旅游者的旅游需求不断完善旅游产品与服务，做大做强旅游产业，进一步提升旅游经济的产业地位；或者在日渐增多的旅游经济交往中敏锐地发现好捕捉新的市场需求、开发新的产品、培育新的产业，并逐渐做大、做成新的重点产业、优势产业。

三是选择意识。当通过旅游带来的人流、物流、信息流、资金流呈现出新的产业发展机遇和发展空间时，西部地区要有选择的能力与放弃的勇气。正如深圳从过去贫穷落后的小渔村到现在中国及亚洲现代化大都市的发展轨迹一样(图 9-4)，西部地区应以自身的现存优势(相对廉价的劳动力、极其丰富的旅游资源)切入经济大循环、启动经济发展，渐次发现和培育新的优势(良好生态、后发优势及其他)实现新的发展，一次又一次地创新实现一次又一次的腾飞，这是西部欠发达地区启动发展、实现发展的有益路径。

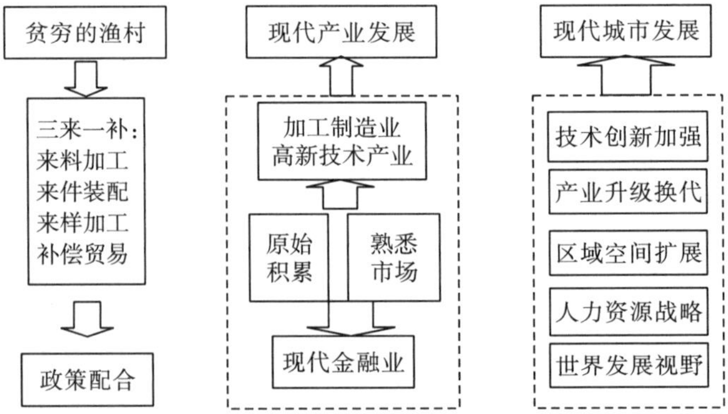

图 9-4　深圳经济发展战略演替

9.1.3　旅游地的社会文化演变

现代旅游活动越来越依赖文化，文化是旅游之魂，“没有文化的旅游是盲流”。因此，加大文化旅游资源的开发，努力提高旅游的文化含量、增加旅游文化消费，是现代旅游经济发展的趋势与创新。旅游文化是附着在旅游活动过程中各种有形器物与无形交往上的审美文化，它既是旅游开发管理者提供的“商品”，更是旅游者消费、享用和向往的对象；旅游文化维系着旅游者和旅游经营者良性关系，扬弃了利益的对立面[15]。西部地区的旅游资源开发，也需要加大旅游文化的开发建设力度，增加旅游活动的文化含量和文化消费，凸显人文关怀、个性服务、精彩体验，这就必然导致旅游地的社会文化变迁。

1)旅游地社会文化演变的基本认识

(1)旅游地同其他任何地方一样都在经历着社会文化的变迁。在经济全球化和信息网络化的时代里，当今世界任何一个国家和地区都需要很好地融入全球化运行，都在接受世界的影响和影响着世界，任何一个地方的文化都在经历着向现代化迈进的过程，都在充实和发展现代文明与现代文化。因此，旅游地的社会文化演变是一个自然和必然的过程。

(2)旅游发展加快了旅游地的社会文化变迁进程。旅游地的旅游资源开发，首先形成了景区的“外来文化”与社区的“本土文化”的冲突，由于各种原因大部分景区管理部门以“城市文化”“现代文明”的名义建设着迎合游客需要的区别于“本土文化”的“外来文化”，诸如房屋建筑城市化、家用物品高档化、服饰时尚化等[16]，这迅速和直接地冲击甚至破坏了旅游地的地域文化、民族文化，加快了旅游地的社会文化变迁。其次是旅游者的到来，让旅游地居民看到了外面的世界，“顾客是上帝”的旅游者强势地位使旅游者的穿着服饰、言谈举止、消费习惯等潜移默化地影响着旅游地居民的传统习惯，进而推动旅游地的社会文化慢慢变迁，总体比没有旅游者到来时的变迁要快。

(3)旅游地社会文化的变迁是一个系统内容的转换过程。旅游资源开发之前，尽管在经济全球化与信息网络化的时代里，旅游地也会逐渐增多与外界的交往从而发生社会文化的变迁，但总体上看旅游地还是相对封闭的，其社会文化遵循着“差序格局”而形成的社会关系、商品经济交换活动、传统价值观、礼治秩序等整合而成的具有“乡土特征”的社会文化系统[17]；旅游开发发展以后，旅游地的传统乡土社会文化系统内容发生变化、增加、删减，逐渐整合形成新的具有市场经济特征的社会文化系统。在这样的系统内容转换中，旅游地始终面临着经济发展模式趋同与地方文化强化的双重文化转换，前者是对经济发达地区的学习和向市场经济转换的文化演进，后者是地方文化的强化，特别是旅游地风俗、习惯、意识形态，体现于各种物化事物上的风格、象征、特色等的诠释、重构、创造，这将成为旅游地旅游业和地方经济社会发展越来越重要的依托(资料 9-1)；如此，最终形成同质性与多样性的对立统一，一般的趋势是地区间的同质性与地区内的多样性同时增加[18]。

资料 9-1 经济趋同过程中的民族文化强化、特化与持续发展[19]

在市场经济体制中，民族地区的开发建设及其与现代经济要素的结合，使民族地区先前的封闭经济发展模式逐渐被打破，逐渐发展和呈现出趋同的经济状态。在经济逐步趋同的过程中,民族地区的表意文化经过初期一定程度的困惑、同化后而日渐强烈地强化与特化，这是民族地区发展的良好趋势，是民族文化多姿多彩、百花齐放进而持续发展的内在要求，因而值得鼓励和进一步推进。民族文化的强化与特化表现主要有:

(1)曾经被汉化的一些族群相继恢复其原来的民族身份。例如，福建省漳浦县赤岭、山东省湖西专区和福建省龙岩市上杭县的蓝姓人及雷姓人分别于 1984 年、1987 年恢复畲族身份；川鄂湘交界处的几百万人在 20 世纪 80 年代末恢复了土家族身份。恢复身份后,他们逐渐挖掘、改造和创造出区别于汉族的独特的新的表意文化因素来，如畲族的新的“民族服饰”、土家族的“摆手舞”，以此来表达他们的民族身份认同和民族感情。

(2)曾经消失的一些表意文化因素被恢复或再造出来以彰显某一民族的特性。

例如，福建晋江陈埭镇的回族在改革开放初期恢复重建清真寺、做礼拜、男性戴白帽子等，并与阿拉伯国家开展经济、文化交流，从而放大了与汉族文化的差异。

(3)一些曾经仅在一个民族的某些阶层中才有的表意文化在内容与形式被扩展和放大后成为该民族的共有特征与普遍特征。例如，黔东南的苗族，过去仅是一些上层家庭的妇女才用的银饰，在经济发展、收入增加的驱动下，现在几乎每一位苗族妇女都有了，且品种繁多、款式精美。

(4)少数民族身份成分不再有压抑感和被歧视感，于是传统的民族文化基调开始升华，民族服装装饰用材更加多样、质地更加讲究、更有美感、更有魅力，有的甚至进入“时装”序列。

(5)民族风情旅游项目创造出新的表意文化元素，在发展经济的同时也强化着民族认同感与民族团结。例如，福建闽东宁德市金涵畲族乡亭坪村于1996年建设的占地50亩的“中华畲族宫”，不仅是一个集中展现畲族文化的旅游胜地，更是一个全体畲族的崇拜中心，成为一种新的文化因素。

(4)旅游地特色文化的保护与张扬改变和优化着旅游地社会文化的变迁内容。现代旅游发展越来越清晰地告诉我们：过度弱化或漠视旅游地的环境和社区特色文化、移植或复制其他地区的文化的观念和行动，正在让游客乏味和难以修复，因而正在被抛弃，而保护、充实和张扬旅游地的特色文化正在成为旅游地开发建设的重要战略举措。其中，旅游地的生态文化、民俗文化、历史文化、经济社会建设的新成果(如新农村建设点、现代农场等)、现代文化等，在进一步提升旅游地旅游吸引力的同时，也成为旅游地社会文化建设系统的重要内容。例如，重庆三峡库区因为移民搬迁而形成的一批特色城镇，是当地居民自主创业、外出农民工返乡创业、外来要素聚合发展等形成新的企业、新的产业而充满生机的新型集镇，正在成为三峡旅游的新的吸引物和地方文化的新内容。

2)旅游地社会文化演变的内容框架

旅游地的开发建设发展，形成了社会文化的快速、系统的演变，从内容上呈现出如下四个层面的渐次演变框架(图9-5)。

其一，最初的演变内容：市场交易规则的进入与冲击带来旅游地人际交往文化的改变与增加。旅游地开发、旅游者到来，首先形成的最强烈冲击是“旅游者与旅游地接待者之间的公平交易”，在宾馆饭店、旅游景区的主体交易带动下，旅游地居民开始逐渐增多与旅游者的交易，从最初的茶叶蛋、煮玉米、烤红薯、水果等自家农产品的路边交易，渐次发展到农民自办乡村旅游点接待旅游者食住，使其观赏农家文化、体验农家生活、游览旅游地后带走农副土特产品等。旅游地居民人际交往中的“人情法则”与“公平法则”相互冲击、取舍、融合，一方面，基于日渐增强的商品经济、市场经济观念而形成交易规则趋于市场化和理性化的新文化逐渐成为旅游地人际交往文化的主流；另一方面，传统的人情关系经过洗礼后保留着“亲情、友情、互助”的淳朴成分而保留在旅游地人际交往文化系统里(其中诸如“红白喜事大操大办随份子”类的人际交往文化将逐渐被抛弃)，并成为让旅游者愉悦和留恋的文化成分，成为旅游地的新的旅游吸引力。

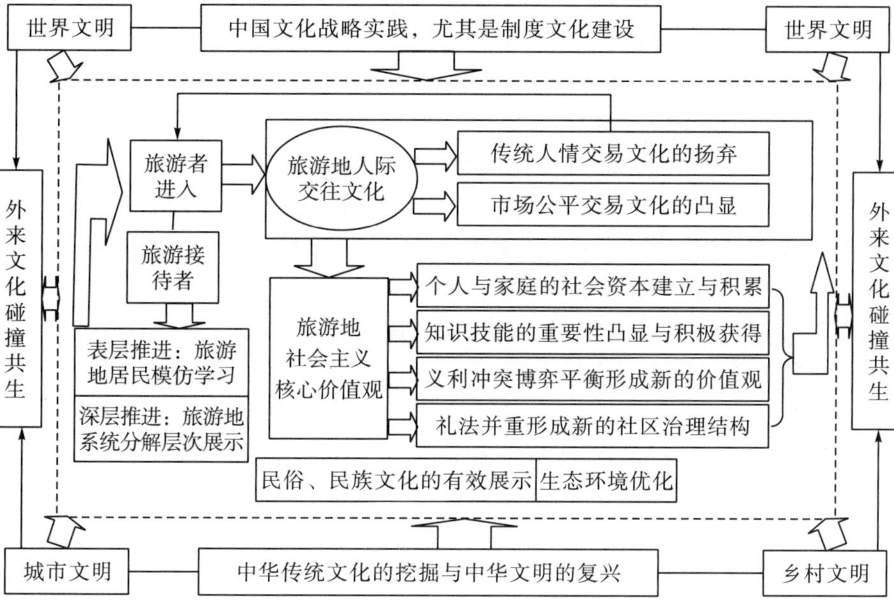

图 9-5 旅游地社会或文化演变的内容框架

其二，随后的演变内容：在旅游者消费与旅游开发创新的互动中旅游地文化形成层次化展示。表层的推动是旅游者的语言、口音、身体、穿着、饰品、伙伴以及散步、照相、收集纪念品等表现与消费影响旅游地居民及其文化观念。例如，模仿旅游者的穿着打扮、言行举止，学习和应用普通话、英语及其他外语进行旅游纪念品的生产销售，等等，从表层上改变与丰富着旅游地的文化内容。深层的推动是旅游者凝视，即旅游者对旅游景观、旅游环境的观赏、思想与价值的判断[20]，通过因新奇而凝视——大众凝视、私人凝视和旅行家凝视、旅游经纪人凝视及旅游者被旅游地居民凝视[21-23]，旅游地的产业、景观、形象、价值观等被重构，旅游地社会文化不断变迁。通过“旅游者凝视”，旅游地将原有的社会文化内容进行有层次的整理、提炼、开发和展示，特别是旅游地的民俗文化、民族文化的有效展示和旅游地的生态环境优化等，更好地满足了旅游者的旅游消费需求，吸引着旅游者。

其三，深入的演变内容：在人际交往文化变革和旅游地文化展示的影响下旅游地的社会文化发生重构。伴随着以市场经济为基础的公平交往文化体系的形成与逐渐强化，旅游地的传统社会文化内容开始发生裂变、新生、重组，逐渐形成新的社会文化内容体系，主要表现在如下四个方面并进一步影响旅游地的人际交往、拓展发展空间：一是个人与家庭的社会资本建立与积累。随着经济交往日渐增多，旅游地居民开始认识到社会关系网络对自身发展的重要性，于是开始积累社会资本，在先前亲戚、朋友、同学、战友的基础上逐渐拓展新的人际关系，包括与外界的各类机构与个人，与本地出去的大学生、农民工，通过互联网等多种路径建立联系、获得信息，并慢慢建立合作社、行业协会等。二是知识、技能的重要性凸显与积极获得。在经济交往与社会资本的建立中，旅游地居民越来越清晰地认识到知识和技能的重要价值，获得知识、习得技能的路径也逐渐增多，于是逐渐展开围绕自我兴趣与发展需要的知识与技能的获取，包括对传统行为规范与现代市场行为规范、传统技艺与现代技能、现代经营管理知识技能、创新创业等多种知识技能的选择与学习，并进一步推动现代公平交易，以及相关文化知识、素质能力的学习与习得进而提高生活品质、促进社会和谐。三是围绕“义”“利”的价值观重构。随着旅游的发展和经济利益的凸显，“重义不重利”开始倒向“重利不重义”，获取各种资源、追逐个人利益与现实价值的观念开始显现[24]；在“义”“利”的冲突、博弈中将最终走向平衡，形成新的价值观，其中，化解独特的传统文化、民居建筑、浓郁的民族风情等公共资源保护“漠不关心”的尴尬局面[25]是旅游地社会文化变迁必须面对和妥善处理的问题。四是围绕“礼”“法”并重形成新的社区治理结构。改革开放40多年的发展演变，包括旅游地在内的相对封闭的中国广大欠发达地区，以血缘、亲缘关系为基础的传统村落权威模式逐渐瓦解，目前基本上不发生作用[26]，然而新的权威尚未真正确立。旅游地的旅游开发建设发展，将推动旅游地社区治理结构重建，突出“以公共权力为基础、凸显经济发展与社会和谐有机统一、强调能人与长者作用”等特征。

其四，背景推动的演变：外围地区文化发展推动旅游地社会文化演变。主要是在“中国传统文化挖掘与传统文明复兴、中国现代文明建设发展”的大潮中，融合城市文明建设、与世界文明对话和交融，考虑相邻地区经济社会文化发展的影响，这诸多因素形成的中华文化传承、外来文化吸收、时代文化建设等构成旅游地社会文化发展演变的背景，在引导旅游地文化发展的同时，与旅游地文化发生碰撞、形成共生，推动旅游地社会文化发生内容、形式、层次等诸多的演变与增减。其中，突出“望得见山、看得见水、记得住乡愁”的新型城市文明，强化儒家文化与国学的传统文化整理、彰显大国文明与大国责任、基于“互联网+”的创新等中国建设发展形成的文化战略，对旅游地社会文化的演变将产生根源性的影响与制约。

3）推进旅游地社会文化良性变迁

纵观旅游地社会文化的系统演变与现实实践，可以看到一些问题导致旅游地社会文化发展得不尽如人意，或出现一些负面效应，目前最为突出的就是文化旅游项目的低俗化、同质化和简单化。例如，一些旅游接待地的民族和宗教节日及活动舞台化表演的场景化、形式化，精美的传统工艺美术品蜕变为粗制滥造的旅游购物品，不顾历史、不顾事实的伪文化，缺乏特色、缺乏差异、缺乏深度认知等，使旅游地的传统文化特色趋于瓦解，正在失去往日的魅力，无法让游客体会到历史文化带给心灵的震撼；过度发展的旅游业形成了对旅游地正常社会生活的干扰、对传统风俗习惯的冲击及对当地特有的行为规则妄加评论，淫秽赌博犯罪破坏着旅游地的道德标准，淳朴善良、诚信勤俭等优秀传统价值观被淡化等[27]，这不仅与旅游地开发建设的目标追求相悖，在长远上阻碍旅游地的持续发展，而且不利于社会主义精神文明的建设发展。为此，需要采取积极有效的措施，包括程序性措施与内容性措施，促使旅游地社会文化良性变迁。

程序性措施主要有：

一是旅游地政府积极管理。包括观念上的修正——既要保护，更要发展，保护不是封闭、隔绝，发展不是否定一切，保护与发展要求开放、交流，在开放交流中比较、吸收、扬弃；行动上的调控——建立编制旅游规划—策划旅游项目—开发旅游产品—建设旅游设施—优化旅游管理—拓展旅游产业的程序与流程标准，定期对旅游地社会文化变迁进行评估，结合国家和地区文化发展战略，明确旅游地文化建设发展规划，施以积极引导与有效激励，促使发展良性演进。

二是旅游地社区积极建设。包括旅游地各类经济机构与非经济机构，根据旅游地文化建设发展规划，首先做好自身机构的文化建设，从物质文化、制度文化、观念文化上渐次完善机构文化体系，并以机构文化的观念与制度引导社区文化、吸收社区文化，形成有利于旅游地持续发展的文化彰显；其次是履行社会责任，杜绝只顾自身利益、伤害社区发展的行动与观念。

三是旅游地居民和旅游者的有效参与。旅游地居民要逐渐形成“旅游地社会文化基本内容架构”的文化认同和积极践行，并有效引导旅游消费，不能因为短期利益而破坏地方特色文化；旅游者要遵循旅游地的基本价值观和风俗习惯，以尊敬、敬畏的心理去凝视和感悟旅游地的文化内涵，以合作、友善的心态去推进文化建设。

内容性措施主要有：

一是着力培育特色文化。总体思路是：在遵循旅游项目开发规律和重视游客服务、安全保障基础上，找准当地文化的精神内核，着力培育旅游地的特色、差异，打造旅游品牌。中心话题是：旅游地居民在生产方式、生存方式、交往方式上接受城市文化(城市文明)的渗透与影响[28]，地方文化的特色得以张扬，旅游地传统文明与现代文明交融发展、交相辉映。

二是重视生态文化建设。良好的生态环境，是旅游地存在和发展的基础，也是旅游地许多文化的根基。要坚持生态保护和生态发展是旅游开发发展的第一标准，在生态标准的约束和指引下进行旅游开发；要加强旅游经济活动的生态监控，引导科学开发、绿色经营、清新旅游，让旅游产品和服务的供给者与需求者都享受到良好生态环境带来的多方面积极效益；要有效进行旅游经济活动的生态评判，短期评估与长期评估相兼顾、单因素评价与全要素评价相统一、官员评判与民众评判相结合；要强化生态环境的文化彰显和文化景观的生态包装。

三是引导文化消费彰显文化价值。建设和优化旅游体验环境，有意识地引导旅游者消费文化旅游产品与项目，并看出门道，品出味道；在自然景观的欣赏中，要跳出“妖魔鬼怪、神话故事”的假、大、空，要以科学的原理进行讲解、阐释，更要引导旅游者在山水之间、朦胧之中得到新体验，获得新享受；要着力使旅游地生态环境建设为旅游所用，放大生态环境建设的旅游价值。

9.2　城镇旅游资源开发促进城镇发展的时间演变

城镇开发旅游，是基于良好的区位条件和较大的人流往来及其旅游需求而形成的旅游发展。伴随着旅游的发展，城镇经济社会文化发生着相应的变化，城镇质量获得再优化。我们可以从城镇旅游的区域功能演变、开发内容演变来理解、把握和促进城镇旅游、提升城镇化质量。

9.2.1　城镇旅游的区域功能演变

人口的集中带动产业要素集中，引致规模经济效应和空间经济效应，使城镇成为当今世界各国各地区经济社会发展的中心；伴随着 20 世纪 50 年代开始蓬勃兴起的旅游需求的刺激，城镇在旅游发展中的重要价值日渐凸显，城镇旅游也快速发展，城镇旅游成为城镇发展的新内容与城镇经济社会发展的新动力。纵观世界各国各地的发展，城镇旅游在区域功能上通常经历了或经历着旅游接待地—旅游目的地—旅游输出地的演变。

以南宁在广西旅游发展地理格局中的地位变迁为例，20 世纪 90 年代以前，桂林以其独特的喀斯特地貌山水风光成为著名旅游地，成为广西的一级旅游中心，国内外游客向往的旅游目的地，而南宁及柳州、梧州、北海等只是二级旅游中心，南宁作为广西的政治经济文化中心却只能成为桂林旅游的接待地和中转地，担负到桂林的游客的车辆转换、餐饮、住宿等功能作用。20 世纪 90 年代以后，伴随着桂南滨海旅游、桂西南生态型山水风光游、桂中民族风情游等大桂林旅游圈逐渐形成和南宁自身城市旅游的发展，南宁逐渐成为旅游目的地。2006～2018 年的 13 年间，接待过夜境外旅游者人数和国际旅游外汇收入，桂林在广西的占比从 65.99%和 65.10%大幅下降，分别下降了 17.14%和 10.24%；而南宁则呈上涨态势，特别是接待过夜境外旅游者人数涨幅达到 5 个百分点以上；而境内旅游方面，2006 年，南宁的接待人数与旅游收入均超过桂林，13 年间尽管南宁的占比相对下降，但到 2018 年南宁与桂林相对平衡、南宁略高(表 9-1)。更为重要的是，近 10 年来，伴随着乡村旅游的快速发展，特别是 2018 年《国务院办公厅关于促进全域旅游发展的指导意见》(2018 年 3 月 9 日)、《促进乡村旅游发展提质升级行动方案(2018～2020 年)》(国家发展和改革委员会等 13 部门，2018 年 10 月 10 日)、《关于促进乡村旅游可持续发展的指导意见》(国家发展和改革委员会等 17 部门，2018 年 11 月 15 日)等政策文件的出台，城镇居民到乡村旅游的热情进一步高涨；2018 年，南宁常住人口比桂林多 130 多万(387.13 万-254.28 万=132.85 万)，城镇居民将进一步扩大南宁国内旅游规模。至此，可以预言，在未来的发展中，南宁必将在广西旅游中占据更重要的地位，在旅游接待规模增大的同时成为旅游客源的对外输出基地。更重要的是，伴随着 2003 年 6 月横县、上林、马山、宾阳、隆安 5 县并入南宁市，南宁的旅游资源进一步丰富起来，南宁不仅成为广西重要的旅游目的地，而且逐渐成为重要的客源输出地[29]。

表 9-1 桂林、南宁及广西 2006 年和 2018 年的旅游业绩

年份	地区	接待过夜境外旅游者人数/万人次	国际旅游外汇收入/亿美元	国内游客人数/万人次	国内旅游总收入/亿元
2006	桂林	110.62	2.63	1227.33	47.78
	南宁	10.65	0.31	1840.68	97.55
	广西	167.64	4.04	7399.67	334.00
2006	桂林占比/%	65.99	65.10	16.59	14.31
	南宁占比/%	6.35	7.67	24.88	29.21
2018	桂林	274.70	15.24	10600.00	1290.89
	南宁	64.43	2.89	13094.60	1368.42
	广西	562.33	27.78	67800.00	7436.08
	桂林占比/%	48.85	54.86	15.63	17.36
	南宁占比/%	11.46	10.40	19.31	18.40
占比变化/%	桂林	−17.14	−10.24	−0.96	3.05
	南宁	5.11	2.73	−5.57	−10.81

资料来源：根据 2006 年、2018 年国民经济和社会发展统计公报数据整理；2006 年桂林旅游外汇收入公布为 20.97 亿元，按 2006 年美元兑人民币平均汇率 1∶7.9718(百度百科“人民币汇率”)折算美元为 2.63 亿美元

1)初期：旅游接待地

旅游发展初期，城镇以其良好的区位和交通条件成为旅游客人的中转站，加上餐饮、住宿、商厦等较为集中的商业服务设施使城镇成为接待旅游客人的重要中枢点，特别是各级各类城市成为旅游者到名山大川、名胜古迹观光旅游及探险猎奇的落脚点。至于一些靠近名山大川、名胜古迹的小城镇，其旅游发展可能与

景区旅游同步或随景区旅游发展而发展，但首先也表现为旅游接待地的功能特征。之所以形成这样的功能特征，主要是此时的旅游需求对象是名山大川、名胜古迹，加上旅游者的时间有限和城镇自身吸引力不足，旅游者便只能在城镇稍作停留、补充体力和相关物资后便离开城镇去向景区。在“旅游接待”功能的要求下，城镇的旅游开发主要集中在交通运输服务、餐饮住宿服务、旅游用品销售服务等内容上，改造公路、改善车船、新修或改造原有的宾馆饭店、发展旅行社等成为初期城镇旅游开发的重心，并带动相应的城镇化建设。

2) 中期：旅游目的地

伴随着初期旅游接待的推进和旅游客流的进入，城镇开始利用已有的旅游资源点进行整理、整合、开发，开始“截留”旅游客流。应当看到，城镇总是有诸多的历史遗存可以挖掘，加上初期的旅行社发展、旅游接待设施的完善，城镇介入旅游者“游览”具有良好的基础，于是在“旅游接待”功能基础上城镇开始增添新的功能。进一步发展下去，城镇不仅开始建设旅游景区点——或在城中或在城郊，或人文景点或自然景区，或主题公园或游乐公园，城镇在住宿接待和旅行服务安排基础上也新增了越来越多的旅游对象、旅游项目，城镇成为旅游的直接目的地。此时，旅游收入在城镇经济总量中占据着较为重要的位置，旅游经营管理水平逐渐提高，旅游产业规模逐渐增大，旅游对城镇经济社会发展的影响逐渐增大。在旅游发展的影响下，包括自然环境、休闲体验、文化彰显、生活品位等在内的城镇质量逐渐提高。目前，中国的绝大多数城市（小城镇除外），均处于这个发展阶段，这与城市自身的优化发展、城市在区域发展中的要素集聚等也有着关系。

3) 后期：旅游输出地

随着城镇旅游的发展和城镇的发展，城镇的“旅游效应”开始“外溢”[30]，成为旅游输出地，输出的内容主要表现在如下几个方面：一是客源的输出，城镇居民的出游逐渐成为本地旅游的主要客源市场，城镇居民的休闲度假刺激和带动周边旅游开发、建设、发展；二是要素的输出，城镇的旅游资本、技术、人才、经营管理经验及旅游策划、旅游教育培训、旅游市场营销等向外输出，促进周边旅游在较高起点基础上较快发展；三是旅游空间格局优化，城镇成为区域旅游的中心，城镇旅游成为区域城乡统筹发展的重要推动力，通过城镇旅游输出，促进城乡信息、要素、客流互动，使区域旅游的空间联系增多、结构优化。同时，区域城镇化质量提升，特别是区域农村居民的思想观念、行为方式、价值认识等的改变，进一步促进区域旅游发展优化。

9.2.2 城镇旅游的开发内容演变

城镇旅游，可开发的资源范围广，面对的旅游者类型多，城镇旅游开发的内容也便需要因时而异。从服务对象(面对的旅游者)角度看，城镇旅游的开发内容通常会经历服务政商往来者、服务旅游者、服务市民的阶段演变与内容叠加。

1)服务政商往来者的城镇旅游开发

城镇是经济社会发展而集聚的自然产物，是区域经济社会要素在一定地点集聚的结果。因为集聚而产生分工、形成交换和交流，于是商务、政务往来逐渐增多，为商务及政务往来者服务的开发首先凸显和展开，住宿、餐饮、购物、交通等率先建设和优化，其最初的开发建设可能“没有旅游味”，但在现代旅游的视角里，这依然是“旅游开发”——是因“人员流动”而开发，且有良好的经济效益。一个比较典型的案例是重庆直辖初期的交通建设，1997 年重庆改直辖市，辖区最远的城口县到主城即使是专业司机驾驶轿车也要 15 个小时左右，城口县领导到市里开半天会往返需要折腾 3 天，这便是后来“8 小时重庆”“4 小时重庆”的重庆交通建设的一个微观背景。显然，这样的交通建设绝不是为了方便偏远区县领导进城开会，但一定是为了广大重庆子民及市外人口方便快捷地进出重庆主城从事商务活动、办理行政事务，也就形成了重庆城市旅游开发的客观内容。

2)服务旅游者的城镇旅游开发

伴随着城镇的发展，城镇的交通便利与接待服务设施日渐完善，城镇接待和服务旅游者的能力便显现出来。顺势而为，服务旅游者的城镇旅游开发便渐次展开：首先是城市内外交通的旅游化完善，城市住宿、餐饮的旅游化引导与进一步建设。例如，高星级酒店的增加，1997 年重庆还没有一家五星级酒店，但 2016 年就达到了 27 家。其次是城市旅游景区点、旅游吸引物、旅游接待服务设施的建设完善，进一步满足和扩大了旅游需求。重庆不仅进一步优化了渣滓洞、白公馆、歌乐山、南山、南温泉、北温泉等传统景区点，而且大力建设新景点形成新吸引力，如山城夜景、朝天门码头、南滨路、北滨路、大剧院、洪崖洞等，都是近年来海内外旅游者所津津乐道的重庆新景点。最后是城市旅游管理服务的优化建设。包括各类旅游企业、旅游服务项目、旅游环境、旅游营销等的建设优化。近年来，“重庆，非去不可”的旅游宣传口号，引起了海内外的广泛关注，提高了重庆的知名度。

3)服务市民的城镇旅游开发

城市，是市民的城市；城市的发展，最终要为市民服务。城镇旅游开发，在满足政商往来者、各类旅游者的同时，当充分重视市民的休闲度假需求。休闲活动可以分为两类：一是在特定时间(通常是节假日)、经过一定的计划与准备、远离居住地、花费较多的休闲活动——平衡性活动；二是每日或几乎每日都要做的、在家的或离家较近、价格不高、组织较为松散的休闲活动——核心性活动[31]。目前，中国人民和中国政府更多的是关心平衡性休闲活动，伴随着中国经济的快速发展及进入“新常态”后，中国居民的休闲需求正在强烈凸显，核心性休闲活动更需要关心。这是经济社会发展的根本追求，是提高人们日常生活质量的根本要求。关注市民的休闲度假需求，满足市民核心性休闲活动需要，是城镇旅游开发的第三个阶段，也是城镇旅游持续健康发展的根本。

9.2.3 基于城镇质量提升的城镇旅游发展策略

1)着力旅游发展与城镇提质互动

当今世界，旅游资源开发建设与城镇质量提升良性互动已经成为各地的共同探索。上述城镇旅游开发内容的发展演变是对城镇旅游开发发展自然演变的实践总结，在今后的发展中，要着力贯穿以提升城镇质量为中心的自觉行动，而非任其自然演变。其中，有两个方面需要加强：

一是在发展初期要着力城镇旅游与城镇经济社会的互动。发展初期，城镇只是旅游的接待地与中转站，旅游与城镇发展大系统关联度不高。但从发展趋势看，城镇旅游开发建设内容的增加是必要趋势，因此，城镇在发展初期就当着力积极推进旅游建设发展，在发展旅游接待服务的同时，积极梳理城镇旅游资源、规划城镇旅游发展、引进旅游开发建设要素等，这样才能为城镇旅游目的地建设做好准备和加快其进程，实现旅游开发与城镇建设良性互动、有效提升城镇化质量。

二是在发展后期要着力城镇在区域发展和城镇体系中的定位以引导城镇旅游发展。未来的城镇发展，不是单个城镇的独立发展，而是在区域经济社会发展及城镇群、城镇圈和城镇带之间的竞争合作发展，城镇必须根据自身与区域经济社会发展大格局、与区域中心城市的关系等进行系统规划、整合运营，调整自身的发展定位，尤其产业定位，找到自己在区域发展和城镇群落中的恰当位置，以此引导城镇旅游的开发建设发展，这样才能实现城镇的持续发展和城镇与旅游的持续良性互动。例如，云南大理白族自治州鹤庆县新华村，旅游开发不仅使其获得了云南旅游名镇的殊荣，而且还发现、发展了全国性手工银饰品产业，两项支柱产业使新华人安居乐业，使新华村成为特色城镇[32]。

2)优化城镇发展环境促进旅游开发

城镇旅游发展最终会形成以城镇为整体旅游产品的发展格局，城镇的整体形象、影响力、美誉度等带动了城镇旅游系列产品的开发与运营。城镇整体旅游产品是以城镇整体为中心的涵盖城镇经济、社会、文化、生态等多方面资源为旅游活动所用的多种旅游产品的集合体，其良性发展依赖三个因素：一是城镇发展环境是基础；二是城镇经济社会发展成就，代表现代化，具有引领力；三是城镇旅游产品整体与个体的互动优化，整体指导、影响个体旅游产品的开发，个体旅游产品的优化促进整体旅游产品提档升级。

城镇发展与旅游发展良性互动中，有一个基本规律需要充分注意，即城镇发展与城镇旅游发展的动态互动是非线性和多模式的，旅游产品周期和城镇周期两个同样复杂子系统的叠加导致了旅游与城市发展的复杂性结构，实现城市旅游政策长期有效必须充分研究并有效把握不同城镇与旅游的动态系统演变[33]。鉴于此，在推进城镇整体旅游产品良性发展时，需要充分重视两个问题：一是优化城镇发展环境。包括城镇交通条件形成的区位环境、城镇自身的经济社会文化发展形成的实力彰显、城镇的制度环境与人文环境等，实践已经表明城镇居民悠闲舒适的生活状态正在成为城镇旅游吸引力。当前，众多大城市“交通拥挤”问题的化解、“沙尘暴”的治理等，将有效地促进城镇客流增多；“望得见山、看得到水、记得住乡愁”的新型城镇化建设将为城镇旅游增添新的魅力。二是创新利用城镇社会资源。现代旅游越来越深入地融入整个社会发展大系统，工业旅游、农业旅游、校园旅游乃至一场展会、一次体育大赛、一场演唱会等，都会形成强大的人流，从而为城镇旅游带来新的发展空间，如中国2010年上海世界博览会对上海旅游业产生了非常明显的促进与推动作用(表9-2)。事实上，很多城镇依托现代化建设成果正在形成新的旅游号召力，这是城镇旅游开发的新趋势，我们不能局限在传统的自然山水、人文古迹而限制了城镇旅游发展的空间。

表9-2 上海2010年1～12月国际旅游入境人数增长情况

月份	国际旅游入境人数/万人次	比去年同比增长/%	月份	国际旅游入境人数/万人次	比去年同比增长/%
1	54.10	30.40	7	74.93	38.20
2	47.92	2.20	8	74.85	33.90
3	69.43	36.00	9	88.86	68.30
4	67.76	23.40	10	92.11	49.20
5	71.37	45.70	11	73.85	15.10
6	75.66	61.20	12	60.27	20.90

资料来源：2010年上海世博会对上海旅游业的影响分析. http://wenku.baidu.com/view/d6b547d176eeaeaad1f3304f.html

3)彰显城镇“旅游思维”

城镇与旅游互动发展，正在成为城镇发展的一种新潮流，不论是旅游景区点的开发促进城镇化建设，还是城镇发展旅游以化解城镇化的诸多问题，都显现出良好的发展态势。尽管有的城镇可能先前的发展与旅游关联度不高(如浙江的城市除了旅游型城市和文化名城型城市外，还有农业生态型城市、沿海渔业型城市、商贸型城市和其他类型城市，显然旅游产业在这些城市经济结构中的分量不重[33])，但从未来的发展态势看，城镇居民的旅游需求正在蓬勃增长，特别是周末休闲度假需求的快速增长与持续稳定，给予了城镇旅游开发以坚实基础。因此，各级各类城市与城镇都当充分关注和积极发展旅游产业，着力强化和彰显“旅游思维”，充分发挥旅游与城镇化的互动作用。

城镇“旅游思维”是城镇旅游需求与供给蓬勃发展的背景而出现的一种城镇营运的新思维，是围绕“旅游客流”而展开的城镇经济社会文化生态发展的新思路，包括“引导旅游客流”形成相应资源要素的重组与整合、“围绕旅游需求”形成资源要素的挖掘与创造、“发展旅游经济”形成的城镇与外界密切交往与竞争合作、“美化旅游体验”形成的城镇自然与人文环境的优化发展等。“旅游思维”的彰显与实践，可以直接带动城镇的开放、资源再利用、和谐、文化发展，最终提升城镇发展质量与城镇居民生活水平。

参考文献

[1] 连玉明. 中国城市年度报告. 北京: 中国时代经济出版社, 2005.

[2] 郑海燕. 苏州城市旅游生命周期. 中山大学硕士学位论文, 2001.

[3] Butler R W. The concept of a tourism area cycle of evolution: Implications for management of resources . The Canadian Geographer, 1980, 24(1): 5-12.

[4] 陈绍友, 郭亮. 三峡库区旅游业发展对区域经济社会的影响机理. 农业现代化研究, 2011, (4): 423-427.

[5] 简王华, 黄敏, 阎广慧, 等. 欠发达地区旅游中心地发展与演变——以南宁市为例. 旅游学刊, 2008, (8): 34-38.

[6] 杨春宇, 黄震方, 毛卫东. 基于系统科学的旅游地演化机制及规律性初探. 旅游学刊, 2009, (3): 55-62.

[7] 黄华, 王洁, 明庆忠, 等. 基于本地旅游需求驱动的旅游地空间系统重构. 旅游学刊, 2012, (9): 40-44.

[8] Kermath B, Thomas R. Spatial dynamic of resorts: Sosúa, Dominican Republic. Annals of Tourism Research, 1992, 19: 173-190.

[9] 徐红罡. 城市旅游与城市发展的动态模式探讨. 人文地理, 2005, (1): 6-9.

[10] 李民. 张家界旅游产业对国民经济发展的贡献. 湘潭大学学报(哲学社会科学版), 2010, (1): 68-72.

[11] 麻学锋, 孙根年, 马丽君. 旅游地成长与产业结构演变关系——以张家界为例. 地理研究, 2012, (2): 245-256.

[12] 连漪. 广西旅游城镇化经营的整合研究. 桂林旅游高等专科学校学报, 2007, (6): 841-845.

[13] 刘嘉纬, 蒙睿. 关于旅游业对西部城市化动力驱动的研究. 陕西师范大学学报(自然科学版), 2001, (2): 156-160.

[14] 卞显红. 旅游产业集群网络结构及其空间相互作用研究——以杭州国际旅游综合体为例. 人文地理, 2012, (4): 137-142.

[15] 赵小鲁, 王毅. 旅游文化在现代旅游中的核心地位. 光明日报, 2006-09-16, 6 版.

[16] 董红梅, 王喜莲. 旅游景区与其周边农村社区的协调发展研究. 农村经济, 2007, (1): 51-54.

[17] 刘旺, 蒋敬. 旅游发展对民族社区社会文化影响的乡土视野研究框架. 经济地理, 2011, (6): 1025-1030.

[18] 朱沁夫. 旅游与旅游目的地文化变迁. 旅游学刊, 2013, (11): 7-8.

[19] 石奕龙. 经济趋同与表意文化的特化——中国现代化过程中少数民族发展的双重性. 思想战线, 2004, (4): 51-54, 83.

[20]Urry J. 游客凝视. 桂林: 广西师范大学出版社, 2009.

[21] Xie P F, Osumare H, Ibrahim A. Gazing the hood: hip-hop as tourism attraction. Tourism Management, 2007, 28(2): 452-460.

[22] 周宪. 现代性与视觉文化中的旅游凝视. 天津社会科学, 2008, (1): 111-114.

[23] Miller C. Power and tourism: a foucauldian observation. Annals of Tourism Research, 2000, 27(2): 371-390.

[24] 黄光国. 儒家关系主义: 文化反思与典范重建. 北京: 北京大学出版社, 2006.

[25] 刘旺, 孙璐, 吴明星. 少数民族村寨旅游开发中的“公地悲剧”及其对策研究. 开发研究, 2008, (1): 125-129.

[26] 王莉. 从《乡土中国》探析中国乡村社会的几个特征. 民族论坛, 2008, (2): 36-37.

[27] 王健. 旅游接待地社会文化保护问题新论. 旅游学刊, 2009, (9): 12-17.

[28] 李艳. 西部地区城镇化问题研究. 西安建筑科技大学学报(社会科学版), 2002, (4): 1-4.

[29] 凌常荣.客源地出游系统的构建——兼论南宁旅游集散中心的建设. 学术论坛, 2011, (4): 112-115.

[30] 吴玉鸣. 旅游经济增长及其溢出效应的空间面板计量经济分析. 旅游学刊, 2014, (2): 16-24.

[31] Kelly J R, Godbey G. The Sociology of Leisure. State College PA: Venture Publishers, 1992.

[32] 范建华, 张睿莲. 中国城镇化之路新探索: 来自云南大理新华村的启示. 学术探索, 2013, (4): 14-18.

[33] 周少雄. 试论旅游发展与城市化进程的互动关系. 商业经济与管理, 2002, (2): 55-58.

※ 保障措施篇 ※

旅游资源开发与城镇发展的良性互动，是一个内容庞杂、形式多样、时间较长的系统工程，因为旅游资源的范围广，所以催动城镇化建设的路径多，需要因地制宜、因事制宜、因时制宜以形成具体的实施策略与保障措施。同时，在总体上还需要有宏观的体制机制保障、微观的旅游收益惠及旅游地居民、旅游可持续发展战略追求，否则旅游资源开发便难以形成对城镇化建设的长期、持续推动。旅游资源开发与城镇发展良性互动的理论研究与实践探索时间还不长，还是较为新鲜的事物，西部地区的探索，不仅与国内外其他地区的实践处于同一起跑线，而且更可能形成新的认识、新的经验以启示其他地区。

10　西部旅游资源开发与城镇化建设的保障措施

旅游资源开发与城镇发展良性互动的理论研究与实践探索时间还不长，在西方发达国家是第二次世界大战后才蓬勃兴起的，在中国则是改革开放后伴随旅游发展而逐渐引入、逐步探索、到21世纪初开始被重视的；旅游资源开发与城镇发展的良性互动，是一个内容庞杂、形式多样、时间较长的系统工程，目前的理论研究还不充分、不全面，实践探索还有许多问题、许多困惑；中国旅游开发发展正在进入一个新的历史时期，景点开发上的单点突破正在被区域整合所替代，旅游需求上的走马观花为主已经被休闲度假为主所取代，旅游经营上的纯旅游、旅游单独突进已经演变为泛旅游、旅游广泛融入地方经济社会文化大系统。基于此，作者认为，在充分关注、有效推进西部各地因地、因事、因时而实现旅游资源开发推动城镇化建设的“自下而上”的创新探索中，更需要“自上而下”的顶层设计与有力引导并形成系统保障。其中，宏观上的体制机制保障、微观上的旅游收益惠及当地居民、战略上的旅游可持续发展，是基本的总体保障措施。

10.1　体制机制保障

体制机制保障，涉及诸多内容。作者认为，在旅游资源开发与城镇化建设体制上相对独立运行的现有体制机制框架下，通过规划机制的创新优化进而优化体制、通过运营机制的创新优化带动其他机制的运行改进，是实现旅游资源开发与城镇化建设体制机制保障有力的两个关键环节与有效路径。

10.1.1　规划机制

规划(planning)，是基于对未来整体性、长期性、基本性问题的思考和考量而设计并形成未来整套行动方案的过程。古人曰：凡事预则立，不预则废；运筹帷幄之中，决胜千里之外。要实现旅游资源开发与城镇建设的良性互动发展，首先需要良性的规划机制予以保障。而建立良性的规划机制，应当在全面把握规划背景变化的基础上展开。

规划“旅游资源开发与城镇建设的互动发展”，涉及旅游规划、城镇规划和两者互动规划三个方面。一方面，改革开放40多年来，中国的旅游规划、城镇规划的背景都发生了根本的变化；另一方面，旅游资源开发与城镇建设的互动发展还是一个新课题。

1）旅游规划的发展演变

从1984年《经济地理》发表国内第一篇以旅游规划为题的论文（张克东先生译自H.Robinson所著的*A Geography of Tourism*，即《旅游业规划》）[1,2]开始，国内旅游规划的理论研究、1995年国家旅游局在全国范围内倡导创建优秀旅游城市活动开启，国内各级政府纷纷进行旅游发展规划实践[3]，发展至今，中国旅游规划经历了资源导向型规划—市场导向型规划—形象导向型规划—产品导向型规划—经济导向型规划—科学发展导向型规划的思想演进[4]，不同时期的旅游规划具有不同的作用与影响。现阶段的中国旅游规划，更需要在旅游资源评价、旅游空间重组、旅游与休闲娱乐结合、旅游品牌、旅游创新、旅游社区问题、旅游发展制度等[5]多方面进行系统的更新与优化。

2）城镇规划的困境

从实践来看，当前各地城镇“千城一面”、高楼林立、水泥“森林”及大马路、大广场、空城鬼城等现状，说明城镇规划出现了大问题；从理论来看，面对世界城市规划从重“传统美学、王（神）权主义—面对现实问题”的功能主义、物质空间型城市规划（工业社会来临之际）转向“社会发展导向”城市规划（20世纪60年代末～70年代初）再转向“与自然和谐生存、可持续发展导向”城市规划（20世纪90年代后）的三次重大转变[6]，中国的城镇规划面临理念的泛化、理论的淡化和实践的浮华等困境[7]。中国的国情是中国城市规划的最终依据，基于东、中、西三大区域不同地区的经济发展走势及不同城市的经济发展阶段、土地使用制度、城市建设制度，从经济、社会、文化、生态等多角度整合，进行城镇定位、形象建设、土地利用、建筑设计等综合规划设计，方能走出“雷同、模仿”的困局，有效规避“旧伤未愈，又添新痛”。

3）旅游城镇化整体规划设计的不足

“旅游城镇化”还是一个新问题，相关的研究还处于早期的探索阶段，还停留在表面、浅显的层面，还有许多需要深入研究的问题；旅游资源开发与城镇建设在实践上的结合，还处于朦胧与模糊状态，远没有达到“自觉阶段”，两者的良性互动还需要认真的探索和积极的推动，对旅游城镇化的整体规划设计还远远不够。

基于上述背景，当前，西部地区旅游资源开发与城镇建设互动发展的规划机制建设要突出如下要点。

一是张扬旅游资源开发与城镇建设应当且可以良性互动发展的观念。在学术研究上，规划是一个庞大的系统，以旅游规划的学术系统为例，其包括本体论、方法论、实践论、价值论四个子系统(表 10-1)。从运行流程上讲，规划涉及规划地政府、规划编制单位、社区居民、开发商、规划评审机构及各种媒体、社会团体(特别是如环保组织类积极团体)、专家学者、竞争者以及外地政府部门等众多利益相关主体，他们通过协调与合作、共同参与管治以达到对社会资源的最有效利用[8,9]。因此，首先应当从理论上讲明白两者互动的社会经济背景、互动发展的理论意义与实践价值，从实践上不断宣传旅游资源开发与城镇建设互动发展的成功案例、总结提炼发展模式与发展机理，如此以让众多利益相关主体在旅游资源开发规划、城镇建设规划、旅游与城镇互动发展规划的形成过程中主动探索、有效监督旅游资源开发与城镇建设互动发展的内容、方式、措施等。

表 10-1 旅游规划学术系统的层次内容

层次	研究目的	内容列举
旅游规划本体论	回答旅游规划是什么、为什么、包含内容等问题	旅游规划是为促进旅游资源合理配置、优化协调旅游系统、规避发展风险、实现旅游地可持续发展而做出的系统安排；涉及旅游规划的原则、任务、基本功能、结构、本质特征、核心观念等内容
旅游规划方法论	回答旅游规划如何做问题	包括旅游规划的方法和技术路线、运行机制，旅游规划的内容体系和编制规范等。其中，较为广泛运用的方法有系统论、综合考察法、SWOT(优势-劣势-机会-威胁)分析法及尺度层次法、系统动力学、博弈论、头脑风暴法和 RMP(资源-市场-产品)分析法等；运行机制涉及旅游规划者的要求和界定、旅游规划管理等
旅游规划实践论	回答旅游规划的实践优化问题	包括对已有旅游规划实践问题的分析和经验的总结，尤其是对大批国外专家、机构参与国内规划实践的现象进行探讨和反思
旅游规划价值论	回答旅游规划为谁与如何创造美问题	从为当地政府、开发商创造经济价值深入到为旅游者提供观赏、休憩的旅游价值，再到规划地生态、社会、经济的和谐共生与可持续发展

资料来源：章锦河. 中国旅游规划研究的成熟与完善. 旅游学刊, 2008, 8: 9-10

二是凸显旅游资源开发与城镇建设良性互动发展的内容体系。凸显田园城市、山水城市、绿色环保、生态文明、文化彰显的发展理念；科学选择城镇发展主题，通过旅游产品差异化、服务内容特色化、城镇建设旅游化、旅游空间民生化等战略以落实城镇发展主题；完善旅游产品体系与服务设施体系，着力旅游者消费与市民消费的有机结合、“客人”与“主人”平等对话、城市建设与旅游开发相互借鉴、旅游经济运行与城市经济社会文化发展积极融合、旅游管理与城市治理相互促进，以旅游者满意和市民满意促进城镇旅游业的持续发展、推动城镇化建设持续优化。

三是凸显旅游资源开发与城镇建设良性互动发展的对策体系。在不同经济发展水平的区域、不同的发展阶段，对策措施的侧重点有所不同。西部地区旅游资源开发与城镇建设的良性互动发展，需要在全面梳理国内外对策措施基础上，充分关注旅游产业发展壮大这个中心、始终贯彻旅游者愉悦和旅游地居民生活质量提升的目标追求，进行对策措施的选择、组合与系统化。当前，西部地区的城镇发展中，不妨在城镇规划之前先进行旅游形象创意设计，从城镇旅游形象的培育与塑造切入城镇建设发展，以破解“千城一面”的困局，而且这也适应“21 世纪是形象时代，形象力的竞争将成为市场竞争的主导形式之一[10]”的时代潮流。

四是监控进而不断优化旅游资源开发与城镇建设良性互动发展的实践运行。旅游与城镇的互动发展，还是一个需要不断探索的新课题。因此，西部地区旅游资源开发与城镇建设互动发展的规划，不可能一步到位，还需要根据实践运行情况做出积极的调整优化。就西部地区而言，应当在明晰西部地区旅游与城镇互动发展的时间演变的基础上，充分研究旅游资源开发及旅游产业发展的现实问题与发展趋势、旅游与城镇互动的运行效果与优化路径，应全面关注城镇的自然环境、经济环境、社会文化环境、制度环境等，构建旅游开发环境影响的综合评价体系与控制系统，通过监控、考核、评价以做出积极的创新改变。

10.1.2　运营机制

1）旅游营销创新

在目标市场选择上要着力本地客源与外地客源并重。伴随着全面小康、和谐社会建设进程的推进和中国向西开放战略的实施，西部地区人民的旅游需求正在蓬勃兴起。西部地区的旅游资源开发建设发展不能忽视本地客源市场的需求，应实施本地与外地客源市场并重的营销战略，着力通过本地客源市场优化发展旅游以吸引外地客源。在营销手段上要合理选择多种营销手段形成整合营销体系。研究不同地区、不同年龄、不同层次旅游者的旅游需求，在报纸、杂志、电台、电视台、路牌灯箱、社区媒体及微信、微博、APP 移动端、PC 端等互联网媒体等多种媒体和旅游交易会、旅游展览、旅游巡游、旅游知识有奖竞赛、旅游摄影比赛、文艺会演、模特走秀等多种形式与活动中合理选择有效传播，强化旅游品牌建设，提高旅游营销效果。在营销目标上要通过有效沟通实现旅游者满意。只有旅游者满意了，旅游开发才有价值，旅游催动城镇化建设才可持续。旅游销售的是服务、是体验，要加强与旅游者的沟通反馈，强化“旅游是人的本能需求”“旅游业是产生快乐的产业”“旅游品牌是旅游的原始策动力”“旅游营销就是卖故事”等旅游营销运营观念以吸引旅游者到来，且使其来了能满意、不满意可化解。

2）城镇经营创新

萌芽于 20 世纪中叶的城镇经营，即经营城镇，是把城镇当作特殊商品对待，运用经营手段，将城镇纳入市场运作，通过市场无形的力量，提高城镇的区域平台价值，从而强化城镇对资金、人才、信息、物资的吸引力和凝聚力以推动城镇发展[11]。在西部地区旅游资源开发与城镇化建设中，首先要把城镇经营作为一个系统工程。城镇经营不仅仅是城镇经济运作和追求经济效益最大化(尽管这非常重要)，更不仅仅是城镇土地经营，而是追求经济、社会、文化、环境等在内的众多效益的最大化、追求城镇竞争力不断提高和可持续发展的系统经营。当前，中国正在推进经济、政治、文化、社会、生态“五位一体”的总体布局，仅仅看重经济效益已经不合时宜，城镇土地财政已经无路可走，我们需要在更宽的视野里思考与创新发展的内容、探索与实践城镇经营的新内容。其次要通过旅游带动城镇经营。现代社会，旅游已经成为一种重要的发展工具、发展手段、发展路径；在新常态的中国，旅游正在成为一个重要的发展领域。伴随着人们的旅游目的从最初的“朝拜、学习”演变到现在观光体验、休闲度假、商务交流、文化寻根、探亲访友、运动健身、探险科考等的复杂多样，旅游已经成为一种横跨与重组所有传统经济部门的活动，发展旅游需要社会、经济、政治、文化、生态等多方面的积极介入与有效供应，发展旅游将拓展和优化城镇经营的空间与内容。最后要通过城镇经营促进旅游发展。从经济建设与发展的“内容”与“空间”两个角度看，城镇在旅游发展的“内容”上重要表现在城镇旅游是中国旅游产品的重要供给内容和重要引导力量，在旅游发展的“空间”上重要表现在城镇是中国旅游发展格局的重要支撑节点和集散中心。因此，城镇经营的优化将极大地促进旅游开发建设发展。特别是实施品牌战略的城镇经营，通过城镇经营提高城镇品牌价值，进而增强城镇综合竞争力[12]，将形成城镇对旅游者的强大吸引力而促进城镇旅游发展和城镇与旅游的良性互动。

10.1.3 管理机制

1)管理观念引导

要清晰地看到，发展旅游不仅是对日益强劲的旅游需求的回应，更是地方经济社会文化生态发展优化的有益路径。因此，要在全社会大力宣传旅游资源开发与城镇化建设互动发展的观念，特别是要在城市建设部门与旅游管理部门中强化互动发展观念，形成从旅游的视角评议城市发展与城镇建设、城镇化建设与地方经济社会发展助力旅游发展的良好氛围。

2)管理路径建设

各地旅游管理部门要在传统的旅游管理工作基础上，有意识地主动介入地方经济社会文化发展的旅游开发中，形成多种有效的管理服务路径，而不是向相关部门争权夺利；要形成为相关部门的管理提供优化方案、为相关行业的发展提供增收创利新途径，而不为相关部门、相关行业添乱、添堵。

3)管理措施创新

各地旅游旅委要主动张扬、有效奖励旅游资源开发促进城镇化建设与城镇化建设为旅游有效利用的典型单位与个人；各地旅游管理部门要拿出专项资金予以有效配合，主动搜集相关典型事例、积极研判有效指导。

10.2　旅游收益惠及当地居民的实现机制

10.2.1　旅游资源开发与社区居民受益的困惑

经过40多年的发展，中国旅游已经发生了翻天覆地的变化，发展旅游已经不再是仅仅为了出口创汇，旅游客源市场已经形成国内旅游、入境旅游、出境旅游三足鼎立的局面，众多的旅游投资进入旅游行业，旅游开发建设的主体已经由各级政府部门转换为各类企业及个人(家庭)。特别是在十八届三中全会中市场在资源配置中起决定性作用的精神指引下，在旅游开发建设和发展旅游业的过程中，政府主要着力于履行协调、立法、规划与投资四个方面职能与满足闲暇和度假权利、为居民出行服务、推动对旅游业各个领域的开发建设、从事社会和文化开发、保护自然与环境协调共生五个方面基本目标[13]。

各类企业及个人(家庭)作为旅游开发建设的主体，其首要的目标就是追求经济效益，这是资金追逐利润的本性所在，是社会主义市场经济所支持和鼓励的，也是中国旅游大发展所需要的。各类企业及个人(家庭)作为旅游市场供给主体对自身经济效益最大化追求与地方政府对地区经济社会发展的目标追求，尽管有一定程度的吻合度，但毕竟是两种各自不同的目标追求，在旅游开发建设的利益分配与成本分摊上呈现出各自不同的特性，旅游市场主体的利益追求通常不会立即或及时带来全体社区居民的利益增加，反而会要求社区居民承担一定的成本。

众多的理论研究成果和实践案例都表明，旅游资源开发和旅游经济发展，在促进旅游地积极发展的同时，也带来了诸如利益分配不当、贫富悬殊扩大、物价上涨、文化殖民、文化退化及断层、精英独裁等问题与困惑[14]。在乡村，旅游企业在一定程度上抽走了旅游地的旅游资源的收益，旅游地居民较难受惠于旅游企业的直接经济效益，反而还要承担旅游开发建设发展带来的自然、社会、文化的负面影响所形成的成本；在城镇，外地游客与城镇居民争资源、争空间等，影响了城镇居民生活，阻滞了城镇旅游的良性发展，使城镇旅游的积极效应减弱(如近年来出现的一个典型案例是内地居民赴香港个人游和深圳户籍居民“一签多行”在带旺香港的旅游、零售业的同时，也形成了香港旅游的巨大压力，导致了“水客”现象的出现[15])。

10.2.2 旅游景区开发惠及周边农村社区居民的路径机制

1)实施“聚焦贫困人员能力”的新旅游扶贫战略

西部地区经济欠发达，贫困地域广，贫困人口多，旅游扶贫十分必要。旅游扶贫是指在欠发达地区，借助各种外部推动力量，以当地旅游资源为依托，发展旅游业进而带动当地群众实现脱贫致富。对于西部多数地区来说，经济的欠发达使其开发建设启动困难，但因为欠发达却也有较好的旅游资源(“穷山恶水”通常是“好山好水”)，可能产生良好经济效益(绿水青山就是金山银山)，于是通过一定的组织规则把外面的物资、资金、技术、信息等输入进来发展旅游业，便成为欠发达地区实现脱贫致富的一种手段和途径[16]。基于此，我们需要明确和强化：旅游扶贫战略的核心是使发展旅游的贫困区域的人口获得更多的利益和发展机会，包括经济、社会、文化、生态等各方面的利益；现实的路径是通过发展旅游促进贫困区域的人口“收入增加”与“素质提高”，两者互动实现更好的发展，最终实现贫困人口的生活改善与贫困地区经济社会文化的整体发展[17-19]。显然，聚焦人的发展是新时期旅游扶贫的重心，欠发达地区通过旅游开发建设发展，使当地居民看到了外面的世界，他们开始转变观念、积极思考、谋求发展，开始发现机会、集合资源、实现发展，开始在发展中扩大社交网络、积累社会资本[20]，并实现素质能力与发展空间的双向良性互动、螺旋上升，从而不仅从根本上实现了脱贫致富，而且逐步走向现代化、享受现代生活，并因此推动了旅游景区开发与城镇化建设的良性互动。

2)强化旅游景区与周边社区的整合发展

旅游景区开发与周边社区居民受益的困惑，根源于两者的分离，破解之道在于整合发展。旅游景区开发与周边社区整合发展，不仅可以直接让社区居民受益，更能促进旅游景区的持续发展。推进旅游景区开发与周边社区整合发展，在旅游发展运作上，要最大限度地让社区居民参与旅游建设运营以开发其人力资源，让景区参与社区建设管理以促动社区进步，使社区成为景区运营的良好基础和基本构件，使景区成为社区发展的有效指引与动力源头，双方相互的有效参与推动景区旅游业的持续发展和社区经济社会健康发展[21]。在旅游发展内容上，要紧密结合景区旅游业打开社区经济发展空间，一方面是直接参与旅游接待分担和扩大景区客源规模，如开发观光农业、瓜果采摘等新的旅游活动项目以丰富景区旅游产品，建设“农家吃、农家住”的新的接待设施以补充景区接待能力；另一方面是配合景区旅游发展和旅游经济运行优化进而发展社区经济，如传统手工艺品的制作销售，乡村集市、村民娱乐活动等接纳旅游者参与，社区及乡镇的邮电通信、交通运输、基础设施等行业的发展既有助于景区旅游业发展，又带动了社区发展。

3) 旅游景区企业履行社会责任谋求长远发展

企业社会责任的核心内涵是企业在实现企业利润最大化之外还应承担与生态环境、社会福利、公共秩序有关的责任[22]。履行社会责任，会明显强化企业的“声誉效应”[23]，有助于企业持续健康发展。当前，旅游景区企业履行社会责任，首先要增强自觉性。因为社会的健康、稳定是旅游发展的大前提，景区点所在地的经济发展水平直接影响和制约着旅游景点企业的发展业绩[24]。尽管目前企业承担景区环保等的社会责任在财务上还有一定困难[25]，但从长远看，旅游景区企业承担社会责任有助于景区点和社区的全面发展与持续发展。因此，旅游景区企业要增强履行社会责任的自觉性，在财务允许的情况下尽可能多地承担社区发展的责任与义务。其次在行动上要着力多维探索。包括宏观上全面介入社区经济、社会、文化、生态及管理的建设发展行动中，微观上着力景区产品与社区旅游产品及经济建设的共赢、景区现代文明与社区传统文化的共生、景区高素质人才对社区居民的引导、景区主动地承担社区的一些绿化工作等。

4) 旅游地居民创新劳动获得新的收益

首先，要对景区旅游开发建设营运持开放的态度。旅游景区开发建设对社区发展有利有弊，但总体上是利大于弊，旅游地的社区居民要有开放的心态，主动接纳、积极参与其中，不要因为某些局部的、短期的冲击和不如意而反对旅游开发，或者封闭自己。当前，中国的社区居民参与旅游发展的深度与广度落后于西方旅游发达国家和地区、落后于中国旅游发展的实际要求，这种情况在西部地区尤为突出。因此，西部地区的居民尤其要在观念上欢迎旅游开发建设。其次，要积极参与旅游开发建设与旅游营运。通过观察、关注旅游景区的开发者、运营者和一批又一批旅游者，了解外面的世界，学习现代市场经济；进而努力成为旅游行业的从业者，或者成为旅游景区的员工，或者成为旅游商品的提供者，或者成为农业旅游的开发者与运营者；进一步通过“自我发现”，有效把握新的机会，发展新的项目，在促进旅游地经济多元化发展中实现自身收益渠道的多元与收益空间的扩张[26]。在实践中，有的旅游地居民已经成为向旅游者提供农副土特产品、旅游纪念品的经营者，有的已经成为绿色农业、有机农业的旅游企业主。

10.2.3 城镇旅游开发惠及城镇居民的路径机制

1) 进一步强化“旅游经营意识”

现代社会，旅游业已经成为以旅游消费为主线连接多种消费、多种服务及多个行业部门、多种产业要素而形成的综合产业群，是对社会各种资源要素整合利用、综合利用的新型经济形态，已经成为一种重要的发展工具、发展手段、发展路径。城镇是众多经济要素与文化要素的汇聚地，因此，城镇当进一步强化旅游经营意识，实施更加科学的旅游开发、建设、整合、运营的战略策略，推动旅游发展惠及城镇居民和更广大人民。

2)促进旅游产业与民生工程融合发展

在迈入中等收入国家行业的新时期，旅游已经成为中国的民生产业。城镇旅游首先要着力与民生工程的融合发展，全面推动餐饮、住宿、交通、游览、休闲、娱乐、购物、康体等大众服务业发展，要充分关注本地居民的旅游需求，在满足内容多样、个性与层次拉宽、复杂的旅游需求中谋求城镇旅游的健康持续发展与城镇居民利益的增长。

3)妥善调控城镇旅游客流量

包括旅游容量的科学预测、客流量的汇总预警及休假制度的优化、不同景点客流量的引导与分流等具体措施以及城镇居民对城镇旅游认识的优化、旅游者行为的引导与教育等。

4)着力城镇及城郊旅游空间结构优化

包括城镇人文旅游、休闲娱乐旅游、康疗健身旅游、餐饮购物旅游、学校旅游、商务旅游、工业旅游及城郊乡村旅游、农耕文化、风土人情、生态旅游等的开发建设与优化发展，以及城乡经济、社会、文化、生态的一体化协调发展。

10.3 旅游可持续发展的实现机制

可持续发展，是旅游资源开发与城镇化建设互动的基础与目标。要从生态、运作、调控等多方面着力，建设和优化可持续发展机制。

10.3.1 旅游生态促进可持续发展

生态建设与旅游发展相辅相成。良好的生态环境是旅游发展的基础，科学的旅游资源开发必然保护生态环境、促进生态建设。但是，旅游资源开发实践中，由于各种或客观条件限制或主观认识不足，事实上发生着旅游资源开发对环境的负面影响，形成或大或小的环境问题，进而威胁旅游业自身的生存和发展。因此，正视这些问题，一是在旅游资源开发时尽可能少地产生环境问题；二是出现环境问题后尽快化解，这是寻求和探索旅游与生态环境、社会经济和谐发展之路的内在要求。

实现生态可持续发展，要注意如下三个原则。

一要强调“适度开发”原则。以生态环境学、生态经济学和可持续发展理论为依据，兼顾当代人旅游需求的满足和子孙后代发展能力不受损害实现旅游经济不断发展与生态环境保护有机统一；在对旅游区内各类资源、发展基础、环境条件进行全面普查评价的基础上，从资源、环境、生态、经济等多方面科学确定旅游发展容量，进行有序开发，着力实现旅游地生态系统内部各层次的协调、有序及整个系统平衡、持续。

二要加强旅游活动各个参与者的生态文明教育和宣传。包括对旅游管理部门、旅游从业人员和旅游者的教育、宣传，形成和强化生态文明是旅游持续健康发展的指导思想，引导旅游资源开发与旅游服务的生态保护、生态利用、生态发展，张扬生态消费、文明消费，激发生态责任、生态义务。

三要倡导“尊重自然、享受自然”的生态文明观念。以“人是自然的一部分”为基点，敬畏自然、尊重自然；在了解自然规律的基础上利用自然、倾听自然、享受自然；让自然陶冶人，让人与自然和谐共生。

10.3.2　旅游运作促进可持续发展

一是注重人力资源开发与人力资本积累。经济发展的依赖已经从土地资源到资本资源再到人力资源，人力资源已经成为现代社会经济发展的核心资源。人力资源开发与人力资本积累通过促进社会经济发展进而改变旅游动机和旅游需求内容、优化旅游资源开发发展环境、促进旅游相关产业和旅游人才升级等推动旅游产业持续健康发展；西部地区正面临着经济落后—人力资源开发投资不足—旅游产业效率低下—经济进一步落后的恶性循环[27]。因此，西部地区必须强化人力资源开发与人力资本积累，除了加强教育、培训，引进人才、为人才提供良好的工作环境外，更重要的是在旅游资源开发建设发展及与城镇化互动的实践中训练人员、提升素质。干中学、学中干，理论培训与实践训练有机结合，是西部地区人力资源开发和人力资本积累的重要路径之一。

二是加强科学技术运用于旅游资源开发建设的理论研究与实践探索。包括旅游调研时的全面准确与评价科学、旅游规划时的纵横比较与恰当提炼、旅游开发时的合理建设与精准配套、旅游运营中的环境监测与生态恢复等，都需要相关科学技术的及时、合理应用，需要相应的理论指导和实践总结。

三是优化地方文化保护机制。旅游资源开发及其与城镇化建设的互动发展，对地方文化发展既是机遇也是挑战，如何用城市文明和现代市场发展观念引领地方文化发展，是每一个进行旅游资源开发和着力进入经济大循环的地区都当认真思考和应对的课题。其中，保护和保存地方文化、促进地方文化持续健康发展、实现文化多元化和交融共生，是基本的目标追求。要在增加当地经济收益的同时，着力引导当地居民及旅游者通过成本感知、情感性获益感知和物质性获益感知[28]

形成对旅游地语言、服饰、饮食风俗等的文化认同[29]，充分关注当地居民在服饰、饮食、出行、家用物品、收入等物质生活方面的变迁和休闲娱乐、社会交往、价值观念、审美观念等精神生活方面的变迁，科学判断居民对变迁的正向感知及其支持旅游开发发展的行为倾向和负向感知及其反对旅游开发发展的行为倾向[30]，要加强政府自上而下的制度关怀和政策引导，形成保护和传承地方文化的制度环境，有效调动旅游地内部资源，在旅游场域的多方博弈中实现可持续发展[31,32]。

10.3.3 旅游法规促进可持续发展

一是建立跨行政区的旅游合作协定。跨行政区的区域，通常都是边界地区、落后地区，也是旅游资源丰富的地区，这些地区往往同处一个大的空间地域类型而地缘关系紧密、自然条件与发展基础及生态环境相似、发展水平相当和市场基础相近、人文习俗同源与经济交往久远，但由于分属不同行政区，其发展战略、政策机会、开发主体利益等不同，同一资源在相邻地区各自发展、各自为政，严重影响着资源的优化组合，致使资源的整体效益难以充分发挥，因而这些地区往往又是资源热点、生态弱点、管理盲点、交通断点、经济冷点。要建立高一级的行政协调机构和机制，以一系列法规和协议，安排跨行政区的基础设施建设，实施生态旅游的竞合开发，共同培育区域龙头企业，共塑区域旅游形象，共同开发旅游客源市场，实现区域的启动、发展、持续[33]。

二是完善生态效益补偿法规。生态效益是基于生态系统的良性、高效运行而形成的自然生物系统对人类生产生活的有益影响和有利效果的近期效应及对环境自身持续良性的促进进而有利于人类生存发展的长远效益。生态效益属于公共物品，需要政府干预以实现最大化，其中，建立相应的法律法规，对有益于或有损于生态服务的行为进行补偿或索赔，是重要的促进措施。生态效益补偿或索赔的法规，在空间由小到大渐次展开包含旅游点开发运营导致环境负面影响的惩罚法规、旅游区生态效益放大的获益法规、大区域获得生态效益的付费法规；在实现路径上包含利用者补偿、受益者补偿、政府的行政控制与经济调节等。完善生态效益补偿法规，需要在上述框架下确立生态效益补偿的科学标准、运行机制和保障制度，需要整合宪法、森林法以及自然保护区条例等相关法律法规的条款，形成国家层面的生态效益补偿条例，需要健全地方性生态效益补偿法规[34]。

参 考 文 献

[1] H.罗宾逊, 张克东. 旅游业规划. 经济地理, 1984, (3): 236-239.

[2] 章锦河. 中国旅游规划研究的成熟与完善. 旅游学刊, 2008, (8): 9-10.

[3] 郭为, 何嫒媛. 旅游规划: 走向科学实证与概念创意的融合. 旅游学刊, 2008, (7): 5-6.

[4] 邹再进. 我国旅游规划思想导向的演进. 旅游学刊, 2008, (7): 7-8.

[5] 张捷. 旅游规划理论的传统与更新的若干问题. 旅游学刊, 2013, (9): 3-5.

[6] 张京祥. 对我国低碳城市发展风潮的再思考. 规划师, 2010, (5): 5-8.

[7] 魏广君. 当前中国城市规划的困境及思考: 一个逻辑分析的框架. 规划师, 2011, (8): 82-87.

[8] 黄细嘉, 陈志军. 我国旅游规划中的不公平现象研究. 南昌大学学报(人文社会科学版), 2007, (1): 84-89.

[9] 李永文, 康宏成. 旅游规划管治问题及其对策研究. 人文地理, 2011, (2): 122-127.

[10] 邓爱民, 黄鑫. 旅游规划"创新内核"的一个探究. 经济管理, 2011, (7): 100-105.

[11] 吴兴兴. 经营城市: 中国城市经济发展新思路. 湖南商学院学报, 2008, (4): 28-30.

[12] 任寿根. 品牌化城市经营研究: 基于行为区位理论框架. 管理世界, 2003, (5): 52-59.

[13] 匡林. 集权还是分权: 政府发展旅游业的两难境地. 旅游学刊, 2001, (2): 23-26.

[14] 唐晓云. 旅游社会文化影响: 分析框架、测量量表与评价方法. 北京第二外国语学院学报, 2013, (7): 8-25.

[15] 张媛, 李婷婷, 罗婷. 香港旅游承载压力大 深圳居民赴港改为"一周一行". 新京报(北京), 2015-04-14, A08 版.

[16] 周歆红. 关注旅游扶贫的核心问题. 旅游学刊, 2002, (1): 17-21.

[17] Campbell L M. Ecotourism in rural developing communities. Annals of Tourism Research, 1999, (3): 534-553.

[18] Wadpole M J. Local economic impacts of dragon tourism in indonesia. Annals of Tourism Research, 2000, (3): 559-576.

[19] Poultney C. Practical Strategies for Pro-Poor, Tourism: Wilderness Safaris South Africa, Rocktail Bay and Ndumu Lodge. PPT Working Paper, 2001, (1): 27-32.

[20] 陈丽琴. 扩展中的公共空间: 民族旅游对黎族女性的影响研究——基于海南省保亭槟榔谷的实证调查. 长江大学学报(社科版), 2014, (12): 58-61.

[21] 赵福祥. 旅游与社区的整合研究. 桂林旅游高等专科学校学报, 2005, (1): 64-67.

[22] 易开刚. 企业社会责任管理新理念: 从社会责任到社会资本. 经济理论与经济管理, 2007, (11): 71-75.

[23] 石军伟, 胡立君, 付海艳. 企业社会责任、社会资本与组织竞争优势: 一个战略互动视角——基于中国转型期经验的实证研究. 中国工业经济, 2009, (11): 87-98.

[24] 金雪军, 张学勇. 中国典型旅游上市公司业绩与区域经济的关系. 地理学报, 2005, (6): 911-918.

[25] 牛君仪. 旅游企业社会责任对企业财务效益影响实证分析. 财会通讯: 综合(下), 2014, (7): 63-65.

[26] 纪春礼, 曾忠禄. 旅游业对旅游目的地经济多元化发展的影响机理——"自我发现"理论的分析. 经济管理, 2014, (7): 120-128.

[27] 王兆峰. 人力资本投资对西部旅游产业发展影响的实证研究. 江西财经大学学报, 2008, (5): 103-108.

[28] 李宜聪, 张捷, 刘泽华, 等. 目的地居民对旅游影响感知的结构关系——以世界自然遗产三清山为例. 地理科学进展, 2014, (4): 584-592.

[29] 孔伟婧. 民族文化旅游资源开发对民族认同的影响. 赤峰学院学报(自然科学版), 2012, (3): 84-86.

[30] 唐晓云. 古村落旅游社会文化影响: 居民感知、态度与行为的关系——以广西龙脊平安寨为例. 人文地理, 2015, (1): 135-142.

[31] 陈丽坤. 离析现代化与旅游对民族社区的文化影响——西双版纳三个傣寨的比较研究. 旅游学刊, 2011, (11): 58-64.

[32] 李子明, 路幸福, 邓洪波, 等. 旅游发展对泸沽湖地区居民生产生活方式的影响研究. 资源开发与市场, 2014, (6): 740-744.

[33] 刘晓英, 陈国生, 陈晓亮. 湘黔渝川边缘地区民俗生态旅游合作开发研究. 经济地理, 2013, (2): 189-192.

[34] 屈志一. 完善我国旅游开发生态补偿法律制度. 光明日报, 2014-06-15, 7 版.

后　记

本书是2012年国家社会科学基金项目的研究成果。从该项目的研究过程中，我们欣喜地看到，有如下两个方面的变化进而形成相应影响推进西部地区旅游资源开发与城镇化建设的理论探索与实践创新，为旅游资源创新开发、旅游可持续发展、城镇化建设创新推进奠定更加坚实的基础：

一是乡村建设优化发展。其一是2013年中央1号文件首次提出“美丽乡村建设”，同年7月1日财政部启动美丽乡村建设试点，2015年5月27日国家质量监督检验检疫总局和国家标准化管理委员会公布《美丽乡村建设指南》、2019年2月18日国家市场监督管理总局和国家标准化管理委员会发布《美丽乡村建设评价》国家标准。其二是2017年10月18日中共十九大报告首次提出“乡村振兴战略”、2018年中央一号文件《中共中央 国务院关于实施乡村振兴战略的意见》和2018年9月26日中共中央、国务院《乡村振兴战略规划(2018～2022年)》的相继发布与实施。基于中国“乡村不能衰败”的基本国情和“新时代新常态”的基本特征，作为国家战略的美丽乡村建设与乡村振兴实践，正在如火如荼地开展起来，并将持续长久地进行下去，特别是西部地区将取得更加明显的成就，这无疑为乡村旅游的发展、西部旅游资源开发展开提供了广阔的空间，进而为西部城镇化建设带来更多的可能。

二是城镇化格局的进一步变化。2019年8月26日，中央财经小组会议指出：“增强中心城市和城市群等经济发展优势区域的经济和人口承载能力，增强其他地区在保障粮食安全、生态安全、边疆安全等方面的功能。”这意味着中国城市化战略的“大城市化模式”呼之欲出。在这样的发展背景中，城市群、特大城市、大城市与中小城市、小城镇的发展将出现新的变化，广大乡村地区的发展也将呈现新的发展挑战与发展机遇。不可否认，中国的发展不能没有乡村的发展，中国的现代化不能没有乡村的现代化。在新的城镇化格局变化优化中，西部地区的旅游资源开发与城镇化建设发展需要进行新的考量。

据此，我们有理由相信：

城镇化建设发展将进一步聚焦于“人的发展与人性自由”的根本目标。这既是人类社会发展的基本规律使然(从原始社会的采集、狩猎渐次到农业社会的“土地是财富之母，劳动是财富之父”再到工业社会的机器大生产，人类从受制于自然到逐渐获得更多的自由，人类社会的发展过程就是人类追求自由的过程，人的全面发展是社会发展的根本理想和根本目标[47])，也是走过温饱阶段的中国人民的时代呼唤（“仓廪实而知礼节，衣食足而知荣辱”，出自《史记·管晏列传》；近些年来中国社会的价值多元及混乱、需求多样与复杂，急切呼唤着我们充分关注和适应、引导“人的发展与人性自由”）。中国2010年上海世界博览会“城市，让生活更美好”的理念，进一步推动着城镇化建设与发展的重心走向“生活改善和社会进步”，走进“人的发展与人性自由”。

旅游业发展正在呈现出日益创新的新内容、新模式。从第三产业中的龙头产业到国民经济的战略性支柱产业，中国旅游业的地位转变正显现出更为广泛的积极效应；从观山看庙到休闲度假到旅游与城镇化的多方融合，中国旅游的发展内容、方式、路径日益丰富多元。对应现实，我们不仅在起点上对旅游资源开发认识不够，而且在结果上对旅游业的积极价值利用不够，从起点到结果的全面创新将赋予中国旅游更加新颖的内容、模式、路径与方法。

旅游业与城镇化的交融与互动将在许多领域和空间挖掘拓展。现代旅游已经越来越倾向于通过休闲娱乐进而达到提高生活质量的中心目的，其与城镇化建设发展的“人的发展与人性自由”目的的交叉与重合使旅游业与城镇化可以在多个角度、多个层面以多种方式、多彩内容进行交融与互动，从而形成多种多样的互动方式、内容、模式、路径。西部地区还有许多的传统旅游资源没有很好地开发，还有更多的发展成就可以进入旅游开发；西部地区的城镇化建设发展将有更多更好的成就为旅游开发发展提供支撑，更有许多城镇还没来得及大拆大建，还能记得住乡愁，也便有了“一张白纸好绘更美图画”的基础；西部地区的旅游资源开发与城镇化建设发展不仅将为西部以外的人民“人的发展与人性自由”带来更多的福祉，而且将让外出的西部人回乡创业发展，让外面的人到西部旅游、投资，让西部人在乡村也能享受和建设城市文明、现代文明。

陈绍友

2021年5月